Brian Clarke/John Goddard

Die Forelle und die Fliege

Fliegenfischen aus neuer Sicht

Mit 68 farbigen und 128 einfarbigen Abbildungen

Albert Müller Verlag
Rüschlikon-Zürich · Stuttgart · Wien

Aus dem Englischen übersetzt von Prof. Dr. Hermann Aldinger

Titel des englischen Originals: «The Trout and the Fly. A New Approach», erschienen bei Ernest Benn Ltd, London und Tonbridge. © J. Goddard & J. B. Clarke.
Deutsche Ausgabe: © Albert Müller Verlag, AG, Rüschlikon-Zürich, 1982. – Nachdruck, auch einzelner Teile, verboten. Alle Nebenrechte vom Verlag vorbehalten, insbesondere die Übersetzungsrechte, die Filmrechte, das Abdrucksrecht für Zeitungen und Zeitschriften, das Recht zur Gestaltung und Verbreitung von gekürzten Ausgaben und Lizenzausgaben, Hörspielen, Funk- und Fernsehsendungen sowie das Recht zur photo- und klangmechanischen Wiedergabe durch jedes bekannte, aber auch durch heute noch unbekannte Verfahren.
ISBN 3-275-00803-X. – 1/6-82. – Printed in Switzerland

Dank an die Forelle, an das Wasser,
den Himmel, das Sonnenlicht und an
die Ruhe der abendlichen Natur

Inhalt

Einführung: Die einhundertste Forelle 10

Prolog: Die Forelle und die Fliege 12

Teil I. Beobachten: Angler und Forelle 17

1 Wie man sich der Forelle nähert 18
  Kleidung / Bewegung / Deckung / Waten

2 Wie man Forellen ausmacht 22
  Der richtige Gebrauch der Augen / Ausnutzung des Lichtes / Bewegungsweise und Konzentration / Wonach man schauen muß / Worauf man besonders achten muß / Bewegungen / Schatten und Formen

3 Wo Forellen stehen 32
  Die verschiedenen Arten von Forellen-Standplätzen / Typische Standplätze: Brücken / Wehrkolke / Schwellen und Aufstauungen / Überhängende Bäume / Felsblöcke und andere Strömungshindernisse / Krautbetten / Löcher und Rinnen / Schlammfahnen

4 Der helle Fleck 44
  Gemeinschafts-Standplätze

5 Woraus man schließen kann, was die Forelle nimmt 48
  Das Steigverhalten als Schlüssel zur Fliegenwahl / Das «Zeichnen» und seine Deutung / Steigzeichen beim Aufnehmen unterhalb der Wasseroberfläche: Spiegelbilder / Querkräuselungen / Der Unterwasser-«Ring» / Die «Vierteldrehung» / Die «gründelnde» Forelle / Die «Rolle» – Steigzeichen beim Aufnehmen von der Wasseroberfläche: Der «Schlürfer» oder «Kuß» / Der «Platscher» / Das «Wedeln» / Der normale Ring / Das Märchen vom «nierenförmigen Wirbel»

Teil II. Sehen: Forelle und Angler 61

6 Wie die Forelle sieht 62
  Licht, das «Fenster» und der «Spiegel» / Bau und Arbeitsweise des Forellenauges / Die Scharfeinstellung und ihre Bedeutung / Farbsehvermögen / Sehvermögen bei Nacht

7 Was die Forelle von der Fliege sieht 75
  Die Oberflächenfliege als «Auslöser» des Steigreflexes / Die Farbe der Oberflächenfliege / Farbe und der gewitzte Fisch / Die Trockenfliege bei Sonnenuntergang / Die Unterwasserfliege in der Sicht der Forelle / Die Bedeutung des Spiegels

Die Farbfotos: In der Forellenwelt 84

8 Was die Forelle vom Angler sieht 101
  Der Angler im Fenster / Rute und Kleidung / Schnur / Vorfach / Das Furchen

Teil III. Anbieten: Angler gegen Forelle 109

9 Wie man die Nymphe anbietet 110
Traditionelle Methoden des Nymphenfischens / Betrachtungen über
das Fischen mit der Nymphe. Wahl der Nymphe: Gewicht gegen Tiefe
/ Führen der Nymphe: Der Einfluß unsichtbarer Strömungen – Spe-
zielle Anbietetaktiken: Die tiefgeführte Nymphe / Wie man Fische aus
der Deckung lockt / Der versunkene Spinner / Zwei kleine Umwege

10 Wie man liest, daß die Fliege genommen wurde 127
Das Weiße im Maul / Andere Zeichen für das Nehmen beim Fischen
auf Sicht / Zeichen für das Nehmen bei nicht sichtbaren Fischen /
Einige subtile Zeichen für das Nehmen

11 Wie man die Trockenfliege anbietet 133
Der Wurf stromauf: Vom Reiz der Bewegung / Der «einseitige»
Steiger / Der «nicht vorhandene» Steiger – Der Wurf stromab: Auf-
wärtszupfen der Fliege / Schwoienlassen der Fliege / «Midge»-Fischen

Teil IV. Nachahmen: Angler, Forelle und Fliege 145

12 Ausgangspunkt: Auf dem Weg zur perfekten Fliege 146
13 Ziel: Was wir erreichen wollten – und warum 150
14 Lösung: Die Bindeweisen der neuen Fliegenmuster 154
USD Paraduns / USD Polyspinner / USD Maifliegenspinner / Die
neuen Suspender-Muster: Suspender-Nymphe / Maifliegen-Suspen-
der-Nymphe / Suspender-Mückenpuppe / Caenis-Spinner / Schlüpfende Köcherfliegenpuppe / Flohkrebs im Hochzeitskleid / Goddard-
Köcherfliege / «Gerroff» / PVC-Nymphe / «Grey Fox Variant» /
Versunkener Spinner / USD «Black Gnat» / USD Weißdornfliege /
PB-Maifliege / «Super-Grizzly»

15 Postskriptum: Der bartlose Haken 184
Liste der numerierten Abbildungen 187
Register 189

Dank

Viele haben uns bei den Vorarbeiten zu diesem Buch geholfen. Besonderen Dank sagen wir:

Zuerst und vor allem dem Meister-Fliegenbinder Stewart Canham, der unsere 1001 Versuchs-Muster anfertigte, damit sie von uns und anderen am Wasser getestet werden konnten.

Prof. W. R. A. (Bill) Muntz von der Biologie-Fakultät der Stirling University – er ließ uns teilhaben an seinen besonderen Kenntnissen über das Sehvermögen des Fisches und stellte für uns die Tabelle und das Diagramm im Kapitel «Wie die Forelle sieht» zusammen.

Die Physiker Dr. Ray Shack und Dr. Ruth Fenn führten uns geduldig durch das Labyrinth der Unterwasser-Optik.

Bob Adams, Mathematiker, prüfte unsere verschiedenen Berechnungen.

Ron Clark, Meister der Kamera, nahm die bemerkenswerte Farbfoto-Serie «Ein Leviathan wird besiegt» auf.

Max King gab uns wertvolle technische Hilfe, besonders bei der Messung der Lichtstrahlen-Winkel.

Barry Woodward und Dennis Mutton sowie Bernard James waren unermüdlich hilfsbereit während unserer Versuche im Benham Estate-Revier am Kennet.

In gleicher Weise gestattete uns Seton Wills Beobachtungen und Versuche am Wasser des Upper Kennet bei Littlecote, wobei wir auch die Hilfe von Don Macer Wright und Peter Woolnough in Anspruch nehmen durften.

Roy Darlington erlaubte uns, an der historischen Strecke des Itchen bei Abbotts Barton zu fischen und unsere Beobachtungen anzustellen.

The Sunday Times und ihr Fotograf Mark Ellidge gaben die Erlaubnis zur Reproduktion der Abb. S. 153.

Dick Pobst von der Keel Fly Company of America und deren Agent in Großbritannien, H. Turrall, stellten uns die vielerlei Haken zur Verfügung, die wir während unserer Versuche benutzten. In gleicher Weise half uns Dermot Wilson von Nether Wallop Mill.

Ted Andrews machte sich um die grafische Gestaltung der Zeichnungen in diesem Buch nach unseren mehr oder weniger rohen Skizzen hoch verdient.

Wir danken unseren Fischerkameraden für ihre beständige Bereitschaft, die Erfahrungen und Erkenntnisse während unserer Beobachtungen und Experimente zu diskutieren.

Und wir danken unseren Frauen. Keine Frau braucht mehr Charakterstärke als die Ehefrau eines Mannes, der beides ist: ein Fischer und ein Autor.

Einführung:
Die einhundertste Forelle

Die Untersuchungen für dieses Buch wurden an klaren Flüssen und Bächen durchgeführt – hauptsächlich in England, aber auch in Irland, den Vereinigten Staaten und anderswo.

Wir wählten diese Art Gewässer aus, weil sie den besten Einblick in das Verhalten und die Lebensgewohnheiten der Forellen fließender Gewässer gibt: Nur im klaren Wasser konnten wir die Fische *sehen*. Doch bedeutet der Umstand, daß wir an diesem Gewässertyp beobachteten und experimentierten, nicht, daß das vorliegende Buch *nur* von Forellen in klaren Fließgewässern handelt. Die darin geschilderten Erfahrungen gelten für Forellen in Flüssen und Bächen verschiedensten Gepräges und in vielfacher Hinsicht *auch für die Forellen in Seen und Staubecken*.

Bei der Niederschrift des Buches haben wir uns bewußt auf Mitteilungen zum Verständnis der Forelle selbst beschränkt: ihre Lebensbedürfnisse, ihre Beziehungen zu ihrer Umwelt, die Gesetze, denen sie (nicht weniger als wir) untersteht, vor allem aber ihr Verhalten gegenüber natürlichen Vorgängen einerseits, wie gegenüber den hinterhältigen Verführungen durch Anglerfliegen andrerseits.

Wir sind deshalb so besonders auf die Forelle eingegangen und die Bedingungen, die ihr Leben bestimmen, weil wir glauben, daß gerade auf diesem Gebiet noch viele Fragen einer Antwort harren. Ein so großer Teil des Schrifttums über Fliegenfischen befaßt sich mit der *Technik* – mit dem Was? und dem Wie? – und so selten wird die Frage nach dem Warum? berührt, obwohl doch von ihrer Beantwortung alles andere abhängt.

Wir haben das Buch in vier Abschnitte aufgeteilt. Der erste muß sich natürlich mit der Beobachtung des Fisches durch den Angler auseinandersetzen und mit den Schlußfolgerungen daraus. Der zweite behandelt – in wörtlichem Sinn – die Beobachtung des Anglers durch den Fisch und was daraus gefolgert werden kann. Den dritten und vierten Teil haben wir den Techniken gewidmet, die sich auf die ersten beiden Teile stützen, und auf die Lehren, die wir aus ihnen gezogen haben.

Einige unserer wichtigsten Feststellungen betrafen die Art und Weise, wie die Forelle die Fliege wahrnimmt, – und eben unser wachsendes Verständnis hierfür führte uns unter anderem dazu, die Oberflächenfliege grundlegend abzuändern. Wir haben sie buchstäblich umgedreht, nicht etwa aus intellektueller Spielerei, auch nicht einfach, um den Haken zu verbergen. Wir mußten dies tun, wenn wir der Forelle das geben wollten, was sie nach den Lehren, die wir aus unseren Beobachtungen gezogen haben, zu sehen erwartet: nämlich zwei ganz bestimmte Lichteffekte beziehungsweise Auswirkungen der Lichtbrechung, aufgrund deren die Fliege von *unten*, aus der Unterwassersicht, ganz anders aussieht als von *oben*, aus der Sicht des Anglers.

Gleich hier möchten wir klarstellen, daß es nicht unsere Absicht war, eine Einführung in das Fliegenfischen zu geben oder gar ein umfassendes Lehrbuch oder ein erschöpfendes Handbuch zu verfassen. Unsere, vielleicht etwas unbescheidene Absicht war es vielmehr, ein Buch zu schreiben, das dem passionierten Fliegenfischer nutzt: das ihm helfen soll, nicht nur Dutzendforellen zu fangen, sondern auch den Fisch zu überlisten, der dem Angler alles abverlangt – die scheue, schwierige, die *gewitzte* Forelle.

An gewissen Tagen lassen sich neunundneunzig von hundert Forellen vergleichsweise leicht über das Netz bringen, wenn überhaupt. Was den passionierten Fliegenfischer fasziniert, ist die hundertste Forelle. Mit *ihr* haben wir uns hauptsächlich befaßt.

John Goddard
Brian Clarke

Prolog:
Die Forelle und die Fliege

Über die Forelle sind mehr Bücher geschrieben worden als über jeden anderen Fisch, ja vielleicht sogar als über jedes andere Tier; und mehr Bücher sind über das Fliegenfischen geschrieben worden als über jeden anderen Zweig der Angelkunst.

Was ist es, das an der Forelle und der Fliege so fasziniert?

Zunächst die Forelle: Ihre Größe kann es gewiß nicht sein. Viele Fische werden größer, und jedenfalls macht der Angler kaum einen Unterschied zwischen Forellen verschiedener Größe; nicht die *absolute* Größe ist dem Angler wichtig: wo Größe überhaupt eine Rolle spielt, ist es die *relative* Größe – die Größe des Fisches, den wir fangen möchten, im Vergleich zu anderen Fischen im Wasser. Eine halbpfündige Forelle aus einem Gebirgsbach kann auf ihre Weise ebensoviel Freude bereiten, wie eine Zweipfündige aus dem nahrungsreichen Fluß im Flachland oder eine Fünfpfündige aus dem See.

Wenn es also nicht die Größe ist, dann vielleicht ihre Intelligenz? Ist die Forelle etwa klüger als andere Fische? Nimmt ihr Gehirn es mit dem unseren auf, so fintenreich und reaktionsschnell, wie wir Pläne machen und Ränke schmieden?

Nein, die Intelligenz kann es kaum sein. Die Forelle ist, selbst im Vergleich mit anderen Fischarten, nicht intelligent. Wie könnte sie sich sonst überhaupt mit Kunstfliegen fangen lassen, wie könnte sie – mit ihrem ausgezeichneten Sehvermögen – so unüberlegt zupacken, wenn sie intelligent wäre?

Was aber sonst? Wenn es Größe und Intelligenz offensichtlich nicht sind, was an ihr verlockt, was ist es dann? Ihre Schönheit?

Die Forelle ist gewiß ein schönes Geschöpf. Sie ist vollendet stromlinienförmig, wundervoll anzuschauen, wenn sie in der Strömung hin und her schwebt und das Wasser wie lautlose, flüssig gewordene Zeit sie umströmt. Ihre Färbung, von des Schöpfers Hand geschaffen, ist ein Schauspiel: eben noch golden und oliv, jetzt blau und silbern, dann wieder gesprenkelt mit roten und schwarzen Tupfen, das zarteste Gemälde auf schillerndem Grund. Ja – ihre Schönheit spielt sicherlich eine Rolle.

Was sonst noch? Die Art wie sie kämpft? Ja noch einmal – gewiß auch das. Die Forelle, besonders wenn eine scharfe Strömung ihr hilft, ist der ungestümste Fisch, der da schwimmt. Das soll nicht heißen, daß sie am ausdauerndsten oder stärksten kämpft: Karpfen und Barbe zum Beispiel sind stärker als sie, doch nicht so flink und wendig. Vor allem aber springen sie nicht. Sie durchstoßen nicht wie die Forelle die magische Schranke der Wasseroberfläche, um sich in ihrer ganzen naturhaften und zornigen Schönheit zu zeigen. Ihnen geht die Fähigkeit ab, mit einem einzigen Schwanzschlag nicht nur in unser Blickfeld zu springen, sondern wie eine glitzernde Lanze in unser Gedächtnis einzudringen, so daß jede Einzelheit eingeprägt bleibt.

Wer sähe es nicht vor sich: die Schnur kommt aus dem Wasser, mehr und mehr, im Maß wie die Forelle sich der Wasseroberfläche nähert, die Spiegelungen über ihr sich verzerren – und dann der Sprung. Im Bruchteil einer Sekunde, einem winzigen Augenblick, ist sie noch nicht da und ist sie da, jetzt wie eine blendende Zeitlupenaufnahme: ein Film, der im Traum immer wieder abrollen wird, wenn der Sommer längst vergangen ist.

Bilder: ihr im Sprung gebogener Körper gegen den Abendhimmel – Wasser, das ihr Schwanz wie eine Fahne aus Quecksilber hochschlug – die Wasserfläche, wie eine Haut zum Bersten gespannt und zerspringend, wie ein zertrümmerter Spiegel – ein Regen von Wassertropfen, wie auf Sonnenstrahlen aufgereihte Kristalle. Der flüchtige Anblick des Weißen in ihrem starrenden und doch luftblinden Auge; die Fliege, der gefiederte Judas, gehakt im Winkel ihres rosigen Maules. Und dann der klatschende Schlag, die sprühende Wasserwolke, wenn sie wieder in *ihre* Welt eintaucht, bevor sie mit dem Schwanz voran einen Strudel hinabtanzt. Ja doch, Kampf und Sprung tragen nicht wenig zu der Verzauberung bei, die von der Forelle ausgeht.

Und dann ist da noch etwas. Ihr Steigen – auch dies ein Durchbrechen der Schranke zwischen ihr und uns. Der Widerschein der Sonne auf einer tarnfarbenen Flanke, zauberisch sich weitende Ringe. Reine Magie. Sie ziehen die Aufmerksamkeit auf sich, fesseln das Auge in einer Weise, wie das kein anderer Fisch bei der Nahrungsaufnahme je vermag. Sie lenken den Sinn hinunter in dieses stille Reich, ziehen ihn hinab in dessen geheimnisvolle, flüssige Tiefe.

Es ist zudem nicht nur das Steigen an sich, sondern auch seine wundervolle Vielfalt. Das zarteste, kaum hörbare Schlürfen: so zart mitunter, daß es eine Täuschung scheint – war da etwas? – oder *doch nicht?* Und dann der «Platscher», das klatschende Steigen – heftig, wild, raubsüchtig, eine hoch in die Luft gesprühte Herausforderung. Und die Rolle, ölig und behäbig, vom breiten dunklen Rücken bis zu dem in der Sonne glitzernden Schwanz.

Ja gewiß, auch das Steigen zählt mit, sogar sehr. Und dann spielen noch viele andere Dinge eine Rolle. Vielleicht ist die Zahl der Verlockungen, die von der Forelle ausgehen, ebenso groß wie die Zahl der Forellenangler.

Aber vielleicht noch interessanter als die Frage, warum die Forelle uns Angler so fasziniert, ist das Rätsel: warum die *Fliege?* Warum ordnen sich so viele Angler willig dem merkwürdigen Ehrenkodex des Fliegenfischens unter? *Warum* sind solch esoterische Beschränkungen beim Fang einer Fischart vom Vater dem Sohn, von Land zu Land weitergegeben worden, so daß heute in einem großen Teil der Erde für viele Millionen Angler die «einzige» Fangweise für die Forelle das Fischen mit gefiederten Gebilden am Haken ist?

Wir fordern nicht – oder doch? –, daß aus ethischen Gründen oder sportlichem Stolz andere Fischarten nur mit *Imitationen* ihres Futters gefangen werden dürfen. Nirgends auf der Welt gibt es Männer oder Frauen, die in der Abenddämmerung mit «Schwimmbrot» aus Baumwolle auf Karpfen angeln, oder Wettangler, die nachts im Bett neue Bindeweisen für die Larve der Schmeißfliege ausdenken, um damit ihre Beute hinters Licht zu führen. *Sie* alle benutzen den echten Köder, *wir* dagegen Imitationen, mit all den Weiterungen, die dies mit sich bringt.

Natürlich wird durch die freiwillige Beschränkung auf die Fliege unser Sport *bereichert* und *erweitert*, nicht nur erschwert: Fliegenbinden allein ist fast ein Ziel für sich, und manchem macht Fliegenwerfen Spaß, auch wenn keine Fische da sind.

Es ist jedoch nicht das Drum und Dran um die Fliege, und es sind auch nicht die vielfältigen Probleme und Möglichkeiten, die sie bietet, was Fliegenfischen zu einer so faszinierenden Tätigkeit macht. Sie mögen manchem Angler wichtig sein, sind aber Wirkung und nicht Ursache.

Wie von der Forelle gehen auch von der Fliege ebenso viele Reize aus, wie es Fliegenfischer gibt. Doch genau besehen sind, so glauben wir, vier davon besonders bedeutungsvoll. Der erste und der dritte gelten auch für andere Angelarten, wenn auch in weniger strenger und direkter Form, die anderen betreffen allein das Fliegenfischen.

Die erste Überlegung geht davon aus, daß der Mensch von Natur aus Jäger ist und daß Fliegenfischen, besonders an Fließgewässern, ihm die Möglichkeit gibt, seine Beute wie schon vor undenklichen Zeiten zu *beschleichen*. Auch andere Angelmethoden sind eine Art Jagd, aber nur wenige machen es möglich, auf einen *bestimmten* Fisch Jagd zu machen. Die Fliege erlaubt dem Angler in mehr als nur äußerlicher Art, die elementaren Reste vom Dasein in Wald und Flur auszuleben, die in jedem von uns schlummern.

Das Zweite, was die Fliege so anziehend macht, ist unserer Ansicht nach der Umstand, daß sie den Fisch von seinem Standplatz lockt und ihn zu dem atemraubenden verschiedenartigen Steigen veranlaßt, von dem schon die Rede war. Dadurch, daß sie den Fisch zum Steigen bringt, versetzt sie den Angler nicht nur in die Lage, ihn zu überlisten, sondern den Moment der Überlistung auch zu beobachten, Zeuge der Kulmination aller angewandten Finessen zu sein.

Als drittes ist anzuführen, daß beim Fliegenfischen der Augenblick des «Anbisses» denkbar direkt erlebt wird: die Forelle dort, wir hier, verbunden allein durch Schnur und Rute bis hinein in die fühlende Hand. Wir reagieren nicht auf ein Floß dazwischen, auch nicht auf die Bewegung eines Gewichts, sondern nur auf sie, augenblicklich. Nichts hindert den Kontakt. Damit kann allenfalls der treibende Köder anderer Angelmethoden verglichen werden, und nur wenn dieser *schwimmt*, erlaubt er, das Aufnehmen des Köders in gleicher Weise zu erleben.

Der vierte Grund schließlich betrifft den Köder.und gilt wiederum nur für das Fliegenfischen.

Eine der Ursachen für die zahlreiche Anhängerschaft der Fliege ist darin zu sehen, daß es beim Fliegenfischen *ganz ohne «Köder»* geht. Und daß die Angler so viel Energie auf die Lösung des Fliegenproblems verwendet haben, ist unter anderem damit zu erklären, daß es sich dabei um *ästhetische* Fragen handelt, die auf geradem Weg zu ästhetisch sauberen Lösungen oder zu weiteren ästhetischen Fragestellungen führen. Als Angler, die wir auf die unterschiedlichsten Fischarten mit allen erdenklichen Fangmethoden und allen nur möglichen lebenden und toten Ködern gefischt haben, wissen wir, daß es sich dabei um Probleme handelt, die auf die sauberste Weise gelöst werden können. Man braucht dazu keine Eimer voll schmierigen Teigs und Klumpen von gestocktem Blut, keine Sitzkörbe und Kästen, die uns bei der Pirsch behindern.

Die Fliege ist ein reinliches Kunstwerk, wie geschaffen für Feinheit, Wendigkeit und Leichtigkeit. Und wir glauben, daß mit uns auch andere Fliegenfischer froh darüber sind. Die Fliege verleiht, neben ihren vielen anderen Vorzügen, dem Forellenfang *Eleganz*.

So wollen wir jetzt die beiden – die Forelle und die Fliege – jede für sich genauer betrachten.

Dabei wollen wir nicht vergessen, daß keineswegs beabsichtigt ist, englische Forellen in englischen Flüssen oder amerikanische Forellen in amerikanischen oder gar neuseeländische Forellen in den Flüssen Neuseelands zu studieren. Die äußeren Umstände mögen im einzelnen verschieden sein – der Fluß zum Beispiel klarer oder trüber, breiter oder tiefer –, trotzdem haben die Grundtatsachen, die uns angehen, einen gemeinsamen Nenner, von dem sich alles übrige ableitet und mit dem wir uns nun befassen wollen.

Eine Forelle ist eine Forelle, ist eine Forelle – und ihr Leben wird durch die gleiche Kette von Bedürfnissen und Gesetzen beherrscht, *wo immer sie schwimmt.*

Teil I

Beobachten:

Angler und Forelle

1 Wie man sich der Forelle nähert

Um viel über die Forelle klarer Fließgewässer in Erfahrung zu bringen, ist es zuerst einmal erforderlich, so nahe heranzukommen, daß man sie sieht. Jedoch – wie jeder nicht ganz unerfahrene Angler weiß: einen Fisch im klaren Wasser sehen, bevor er uns bemerkt, ist gar nicht so leicht, vor allem bei greller Beleuchtung im Hochsommer. Eine plötzliche Bewegung, sorgloses Verlassen der Deckung, auffallende Kleidung lassen die Forelle in panischem Schrecken mit einer Bugwelle ans andere Ende der Welt davonschießen oder sachte auf den Grund sinken wie einen halberinnerten Traum.

Vielerlei Erfordernisse bestehen für eine unverdächtige Annäherung an die Forelle. Sie alle verstehen sich von selbst – und doch werden von den meisten Anglern am Wasser nur wenige beachtet, und nur ganz wenige Angler – so unser Eindruck – beachten alle.

Wichtig ist, daß wir uns jetzt, am Anfang dieser taktischen Fragen gewidmeten Abhandlung, über diese Erfordernisse klar werden. Wenn sie nicht verstanden und befolgt werden, hat auch das meiste Folgende nur akademischen Wert.

Kleidung

Sorgen Sie dafür, daß Ihre Kleidung der vorherrschenden Färbung des Hintergrundes, vor dem Sie sich bewegen, entspricht. Vor buschbewachsenen oder steilen Ufern ist gedämpftes Grün oder Braun angebracht. Sind die Ufer flach oder ohne Deckung, ist es sinnlos, eine Tarnjacke zu tragen: Ziehen Sie ein hellblaues oder hellgrünes Hemd an. Beim Fischen vor verschiedenfarbigem Hintergrund – zum Beispiel vor lichtem Wald – wäre es eine gute Idee, Ihren eigenen Farbumriß dadurch aufzulösen, daß Sie zum Beispiel eine grüne oder grün-braune Anglerweste über einem wesentlich helleren oder dunkleren Hemd tragen.

Bewegung

Die Goldene Regel für die Pirsch am Ufer lautet – *langsam* voran. Und *gleichmäßig*. Wer die Forelle sehen will, ehe sie ihn entdeckt, muß *leichtfüßig* sein. Er trampelt nicht am Ufer herum, stolpert nicht über Steine, vermeidet es, zu stolpern oder auf dürre Zweige zu treten, die krachend brechen, und stapft auch nicht geräuschvoll über kiesige oder steinige Strecken ans Wasser. Vielmehr sucht er seinen Weg mit Überlegung. Er hält die Arme tief und bewegt sie nicht mehr als nötig. Auch die Rute hält er tief. Und er wendet den Kopf nicht unnötig und ruckartig hin und her, besonders nicht, wenn er eine Brille trägt, die wie ein Signalspiegel Lichtblitze aussenden kann (er sorgt außerdem dafür, daß auch seine Rute beim Fischen nicht als Signalspiegel wirkt, indem er sie mit mattem Lack behandelt). Noch etwas: Hat er eine vielversprechende Wasserstrecke erreicht, dann bleibt er zunächst unbeweglich stehen und wartet und beobachtet minutenlang. So hat er die Möglichkeit, Fische zu entdecken, die die meiste Zeit unter Krautfahnen oder Steinen liegen und nur von Zeit zu Zeit hervorkommen. Dies gibt ihm zudem die Gelegenheit, Forellen eintreffen zu sehen, die von anderswo zuwandern oder von Ausweich-Standplätzen zurückkehren. Vor allem aber sieht er eine Menge von dem zwitschernden, haarigen, gefiederten, augenfunkelnden Leben am Wasser, dem Leben, das seinen Aufenthalten am Fischwasser den besonderen Reiz verleiht.

Deckung

Nutzen Sie jede Spur von Deckung, die Petrus (oder ein guter Gewässerwart) Ihnen gelassen hat. Fehlt Deckung, so bleiben Sie so weit vom Wasser weg, daß Sie die vielversprechende Strecke gerade noch einsehen können. Schauen Sie auch flußauf, so weit es geht. Und müssen Sie eine Strecke vor freiem Horizont zwischen Baumgruppen queren, gehen Sie gebückt und möglichst weit vom Ufer. Nicht selten lohnt es sich, ein paar Meter Wasser unbefischt zu lassen, statt eine Forelle aufzuscheuchen, die dann flußaufwärts fliehen und andere Forellen, die Sie noch nicht bemerkt haben, vergrämen würde.

Stehen an einem offenen Ufer Bäume in gewissen Abständen, gehen Sie möglichst weitab vom Ufer, nähern Sie sich dem Wasser nur in Deckung eines Baumes. Richten Sie sich *erst* auf, wenn Sie seinen Stamm mit den Armen umfassen können (Abb. 1). Und stehen Sie sehr langsam auf. Inspizieren Sie dann zuerst die gerade abgegangene Gewässerstrecke unterhalb und die querüber und schließlich die oberhalb, die Sie als nächstes begehen wollen. Das wiederholen Sie bei jedem Baum. Wachsen am Ufer Binsen oder Schilf, brechen Sie die Pflanzen auf keinen Fall, um etwa besser ins Wasser sehen zu können. Ein andermal könnten Sie sie nötig brauchen. Außerdem würden Sie ein Stück Schönheit der Flußlandschaft zerstören, und was als Fußpfad begann, endet meist als Autostraße.

Abb. 1. Eine Annäherungsweise an Ufern mit wenig Deckung. Die dünngestrichelten Linien zeigen die Wasserbereiche, die man von den jeweiligen Stellen aus absucht. Zwischen den Stellen mit Deckung entfernt man sich so weit vom Ufer, daß man das Wasser vor dem Gegenufer und in Flußmitte überblicken kann. Macht man dies vorsichtig, werden die Fische am eigenen Ufer nicht vergrämt. Erst wenn der entferntere Wasserbereich abgesucht ist, nähert man sich dem eigenen Ufer, entweder hinter einer Deckung, oder, wo diese fehlt, gebückt oder auf Händen und Knien und studiert das Wasser unmittelbar hier stromauf- und stromabwärts.

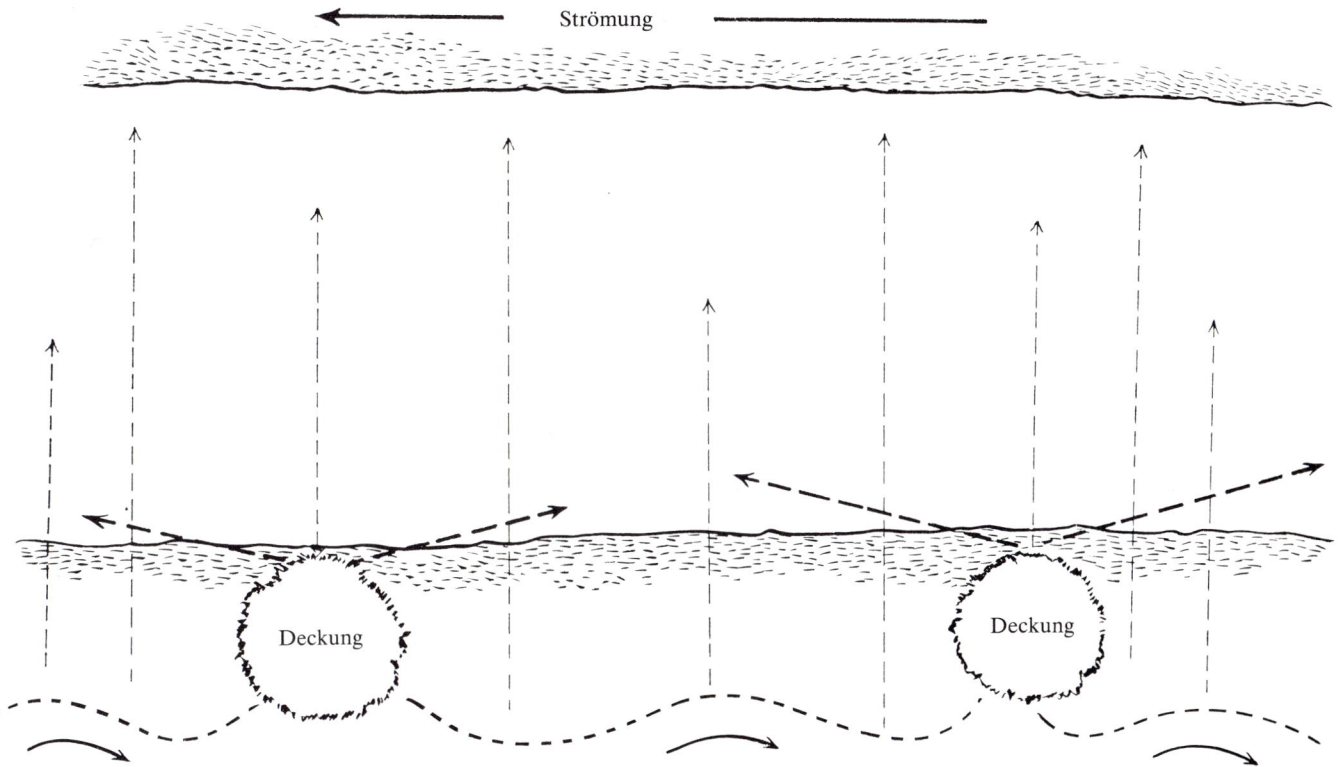

Waten

Waten, sofern erlaubt, kann nützlich sein: es bringt Sie näher an den Fisch, vor allem können Sie sich bei Waten genau von hinten anpirschen und damit seinen toten Winkel ausnutzen; zudem kann es Sie auf die einfachste Weise vom hellen Himmelshintergrund herunterholen. Aber seien Sie gewarnt: Waten vergrämt die Forellen ebenso leicht wie eine plötzliche Bewegung. Waten Sie also nur dann, wenn es echte Vorteile bringt, und wenn Sie schon waten, sollte dies *mit äußerster Vorsicht* geschehen. Unbeholfenes Waten – mit Nagelsohlen über steinigen Untergrund schlurfen, mit Filzsohlen Steinstücke lostreten – mindert die Chance gewaltig, daß der Fisch noch an seinem Platz steht, wenn Sie in Wurfweite herangekommen sind.

Weit wirkungsvoller zum Verscheuchen der Fische als die aufgezählten Fehler ist jedoch die Bugwelle, die die Watstiefel beim Gehen erzeugen. Im Fluß verhindert eine solche sich flußaufwärts ausbreitende Welle die Annäherung an einen Fisch fast immer. Bei schönem Wetter vergrämen die sich ausbreitenden Wellen die Forellen in flachen Flußstrecken und an Seeufern in einem viel weiteren Umkreis, als die Sicht in das Wasser hineinreicht. Die Störung braucht durchaus nicht stark zu sein. An sonnigen Tagen wird schon aus einem leichten Kräuseln des Wasserspiegels ein rollendes Blinksignal, das sich als breiter Sonnenring über den Gewässergrund fortpflanzt.

Waten Sie, wenn es denn sein muß. *Wir* zögern keinen Augenblick ins Wasser zu gehen, wo es erlaubt ist und einen wirklichen Vorteil bringt.

Aber waten Sie vorsichtig und mit großer Geduld. Und noch einmal: Waten Sie nur, *wenn es notwendig ist,* denn schon gelegentliches Waten kann dem Unterwasserleben des Flußbettes beträchtlich schaden. In Seen kann die Uferregion dadurch so verarmen, daß die Fische immer weiter seewärts abwandern. Wir wären wirklich glücklich, wenn Waten in stehenden Gewässern völlig untersagt würde.

Warum liegen Forellen so gern vor Hindernissen, scheinbar in der vollen Strömung (s.I, Kap. 3: «Wo Forellen stehen»)? Dieses Foto zeigt klar den Grund dafür: Wenn die Strömung auf ein Hindernis trifft, wird sie durch dieses gebremst, und es entsteht ein «Polster» oder «Kissen» langsam fließenden Wassers. Von diesem bequemen Kissen läßt sich die Forelle ohne große Anstrengung tragen. Die Kissen vor jedem Pfosten dieses Fußstegs sind in der niedrigen abendlichen Beleuchtung deutlich zu sehen.

2 Wie man Forellen ausmacht

Wenn man Forellen beobachten will, muß man sich zwei Dinge merken, die miteinander in Zusammenhang stehen: Erstens sind Forellen nicht darauf aus, im Wasser leicht gesehen zu werden; sie *können* aber – zweitens – bei guter Beleuchtung, klarem Wasser und mit etwas Erfahrung und Bemühen durchaus gesehen werden.

Daß die Forelle in ihrer eigenen Umwelt nicht leicht zu entdecken ist, braucht nicht zu überraschen. Bei ihrer Entwicklung kam es nicht darauf an, leicht gesehen zu werden – von schwimmenden, fliegenden, laufenden Räubern. Das Ziel war vielmehr, daß sie schwer zu sehen sei, und die Tatsache, daß sie bis heute überlebt hat und so weit verbreitet ist, legt beredtes Zeugnis dafür ab, daß ihr dies gelungen ist.

Auf dem Prüfstand der Evolution hat sie alle möglichen Tricks gelernt, sich zu tarnen. So hat sie zum Beispiel keine angeborene, ihrem Heimatfluß entsprechende Färbung. Wird sie in einen anderen Fluß verpflanzt, ändert sich ihre Färbung – wie man beobachtet hat: in wenigen Tagen –, bis sie die zu ihrer neuen Heimat passende Tarnfärbung erreicht hat.

Die Forelle nimmt, genauer gesagt, nicht selten eine für die bestimmte Flußstrecke, ja den *bestimmten Standplatz* mustergerechte Tarnfarbe an.

Liegt sie über blankem Kies oder Sand, so kann sie glänzen wie blankes Gold. Hält sie sich im tiefen Wasser auf oder in einem Kolk mit Schlickgrund, dann färbt sich ihr Rücken viel dunkler. Haust sie in den rasch fließenden, stets sauber gewaschenen Bahnen zwischen Krautbetten alkalischer Fließgewässer, glänzt sie oft silbern wie eine Meerforelle. BC* hat in stark verkrauteten Flußstrecken viele Forellen beobachtet, die dunkel olivgrün pigmentiert waren. JG hat sogar Forellen mit dunklen, senkrechten, barschartigen Streifen auf den Flanken gesehen und führt dies auf den Aufenthalt dieser Fische am Rand von Röhricht zurück.

Man darf also wirklich nicht erwarten, daß Forellen leicht auszumachen sind.

Dies heißt jedoch nicht, daß wir Augen wie Laser brauchen, um sie zu entdecken. Wir kennen Angler mit mäßiger Sehkraft, die doch mehr Fische sehen als andere, und es mag tröstlich sein zu wissen, daß G. E. M. Skues mit *einem* Auge genügend sah und beobachtete, um einen neuen Zweig des «Augensports» Fliegenfischen zu begründen.

Nach unseren Erfahrungen spielt beim Beobachten der Forelle in ihrem Lebenselement die Sehkraft nicht die alles überragende Rolle. Die Fähigkeit, eine Forelle zuverlässig auszumachen, hängt von einigen Faktoren ab. Als erstes gilt es, von unserer Sehkraft den besten Gebrauch zu machen – es kommt darauf an, *wie* man schaut. Man muß zweitens wissen, *wonach* man zu schauen, und drittens *wohin* man zu schauen hat.

In diesem und den folgenden Kapiteln werden wir diese Faktoren nacheinander besprechen. Vorher jedoch müssen wir noch einen vierten Umstand erwähnen: die Übung. Übung im Beobachten von Fischen, vor allem gemeinsam mit einem Begleiter, der sich darauf versteht, ist überaus wichtig. Dadurch wird das eigene Beobachtungsvermögen geschult, ganz gleich, wie weit es bereits entwickelt ist.

*BC = Brian Clarke; JG = John Goddard

Der richtige Gebrauch der Augen

Die wenigsten Angler (in der Tat nur wenige Menschen) sind sich über die wichtigste Voraussetzung dafür, daß überhaupt etwas gesehen werden kann, klar: die Lichtmenge, die das Auge erreicht. Wenn wir eine Forelle in ihrer natürlichen Umgebung suchen, suchen wir nach kaum merklichen Anzeichen ihrer Gegenwart. Deshalb müssen wir so viel wie möglich vom wichtigen Licht in unser Auge gelangen lassen (das heißt von dem Licht, das aus dem Wasserbereich kommt, in den wir blicken). Umgekehrt muß störendes Licht (Licht aus anderen Richtungen) von den Augen möglichst ferngehalten werden.

Das erste Hilfsmittel, mit dem wir den Augen helfen können, ihre schwierige Aufgabe besser zu erfüllen, ist eine Vorrichtung, die den blendenden Glanz des Himmels abhält. Auf einfachste Weise bewirkt dies ein breitrandiger Hut oder eine Mütze mit breitem Schild; sehr gut ist auch ein Augenschirm, wie ihn Tennisspieler, Golfer oder manche Zuschauer bei Sportveranstaltungen im Freien tragen (Abb. 2).

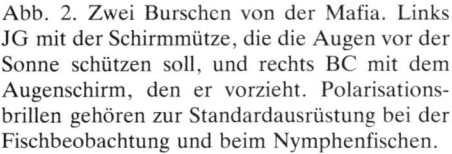

Abb. 2. Zwei Burschen von der Mafia. Links JG mit der Schirmmütze, die die Augen vor der Sonne schützen soll, und rechts BC mit dem Augenschirm, den er vorzieht. Polarisationsbrillen gehören zur Standardausrüstung bei der Fischbeobachtung und beim Nymphenfischen.

* Es ist zwar nur eine Kleinigkeit, aber wenn man beim Kauf einer Polarisationsbrille nicht sicher ist, ob die ausliegenden Brillen korrekt entsprechend behandelt sind, braucht man nur eine Brille vor die andere zu halten und beide in entgegengesetzter Richtung zu drehen. Schaut man durch ein Glas auf das andere und es wird dunkel, dann sind beide Gläser polarisiert, bleibt es hell, dann ist zumindest eines nicht polarisiert.

Eine andere Augenhilfe ist eine Polarisationsbrille, die die Spiegelungen der Wasseroberfläche vermindert, denn diese Spiegelungen verhindern – wie noch besprochen werden soll – den Blick durch die Wasserhaut.

Verfallen Sie bei der Wahl der Polarisationsbrille nicht in den Fehler, die «Sonnenbrille» mit der «Beobachtungsbrille» zu verwechseln. Die Sonnenbrille ist für das Erkennen von Fischen nicht brauchbar. Sie vermindert gerade die Lichtmenge, die das Auge erreicht: Licht aber, nämlich Licht aus dem Wasser mit seinen Fischen ist eben das, was Sie brauchen.

Kaufen Sie die hellste Polarisationsbrille, die Sie auftreiben können. *

Man kann den Nutzen einer solchen Brille an einer bestimmten Wasserstrecke, nebenbei gesagt, fast immer noch dadurch erhöhen, daß man sie auf der Nase ein wenig dreht. In der einen Stellung hält sie Licht mit einer bestimmten Schwingungsebene ab, gibt also Einblick in eine bestimmte Wasserstrecke, in der anderen Stellung schaltet sie andere Reflexbereiche aus und erlaubt Einblick in neues Wasser. (Solche winzigen Kniffe können den Erfolg beim Angeln bringen!)

Ausnutzung des Lichtes

Die günstigsten Sichtbedingungen ins Wasser hinein herrschen an windstillen Tagen, wenn die Sonne direkt über dem Angler oder hinter seinen Schultern steht.

Die ungünstigsten Verhältnisse dagegen bestehen bei starkem Wind, der das Wasser kräuselt, oder an wolkigen Tagen, wenn die Wasseroberfläche einen einförmig bleigrauen Himmel widerspiegelt. Windrippeln verhindern den Einblick in das Wasser vollständig. Ist der Himmel stark bewölkt, so bietet am ehesten noch ein Beobachtungspunkt möglichst hoch über dem Wasser Einblickmöglichkeit ins Wasser. Unter diesen Verhältnissen sollte jedes hohe Ufer mit Deckung bewußt ausgenutzt werden; auch Felsblöcke, Baumstämme und andere Gegenstände am Ufer ergeben einen günstigen Blickwinkel, wenn dahinter Deckung gegeben ist.

An sonnigen Tagen gibt es vom späten Morgen bis zum frühen Nachmittag kaum Probleme. Je nach der Jahreszeit und der Uferseite, die man befischt, kommt jedoch im Lauf des Tages eine Zeit, in der die Sonne dem Angler ins Gesicht scheint und die Wasseroberfläche silbrig glitzert.

Doch da gibt es verschiedene Möglichkeiten zur Abhilfe.

Zunächst kann man sich auch in diesem Fall die «Möblierung» des Ufers zunutze machen, um einen günstigen Blickwinkel zu gewinnen. Auf diese Weise haben Sie wenigstens einen gewissen Einblick in das Wasser vor dem eigenen Ufer.

Eine zweite und mehr versprechende Möglichkeit besteht darin, eine Flußstrecke auszuwählen – wenn vorhanden –, deren Gegenufer mit Bäumen bestanden ist. Deren Spiegelbilder nehmen das Glitzern weg und erlauben Ihnen, ohne Schwierigkeit ins Wasser zu blicken.

Eine dritte Abhilfemöglichkeit an beidseitig offenem Ufer bietet ein einzelner Baum oder Busch auf der anderen Seite, dessen Spiegelbild Sie beim Entlangpirschen am eigenen Ufer fest im Auge behalten können. Auch ein solch einzelnes Spiegelbild hebt das Glitzern auf – und wandert mit Ihnen mit. Es schenkt Ihnen einen glitzerfreien Streifen quer über das Wasser, der Ihnen folgt und mit dessen Hilfe Sie das Wasser Schritt für Schritt absuchen können (Abb. 3).

Bewegungsweise und Konzentration

Haben Sie die Möglichkeit, ins Wasser zu blicken, entweder weil die Umstände günstig sind oder Sie einen der eben erwähnten Kniffe anwenden – bleiben Sie stehen! Im Gehen ist gründliche Beobachtung unmöglich.

Sind Sie in Bewegung, ändert sich auch Ihr Blickwinkel auf ein bestimmtes

Abb. 3. Wie das Spiegelbild eines Baumstamms (oder eines anderen großen Gegenstandes auf dem Gegenufer) das Glitzern der Wasseroberfläche ausschaltet und dem Angler, der am Ufer entlang geht, erlaubt, ins Wasser hineinzuschauen.

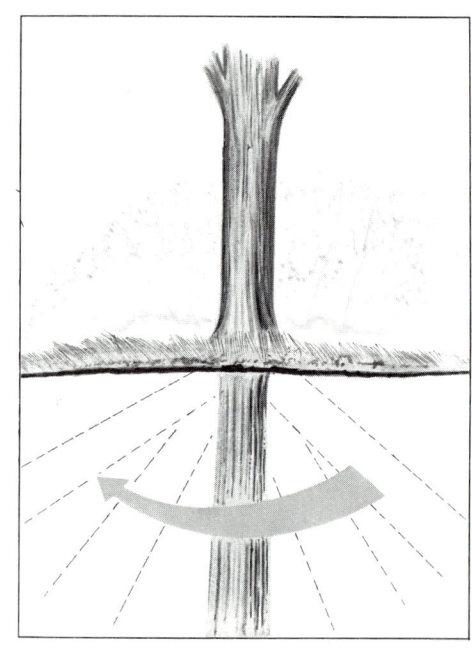

Objekt; es ändert sich auch dessen Form; und es bewegt sich selbst im Verhältnis zu anderen Objekten, die (z. B. Krautfahnen) dazu auch noch bewegt sein können. Wenn man nun aber alle die Feinheiten von Licht, Form und Bewegung, durch die sich die getarnte Forelle verrät, entdecken will, wäre es sinnlos, sich selbst Steine in den Weg zu legen.

Deshalb – stehenbleiben und sich konzentrieren. Den Blick nicht *auf* das Wasser, sondern auf eine bestimmte Tiefe und eine bestimmte Stelle *im* Wasser konzentrieren. Gebrauchen Sie Ihre Willenskraft. Entschließen Sie sich, daß, wenn Fische im Wasser sind, Sie diese auch entdecken werden: Wie so vieles im Leben ist das Ausmachen von Fischen im Wasser, sofern sie überhaupt für das Auge erreichbar sind, eine Sache der Geisteshaltung.

Wenn die Erfahrung Ihnen sagt, daß die Wasserstrecke, die Sie beobachten, Fische enthalten muß, und Sie einen Fisch entdeckt haben, dann geben Sie sich damit nicht zufrieden. Wenn das Wasser vielversprechend aussieht und eine Forelle sich verraten hat, spricht alles dafür, daß noch mehr da sind. Suchen Sie nach diesen anderen, bevor Sie etwas unternehmen: Die eine, die Sie übersehen haben, ist die, die Sie bestimmt verscheuchen, und nach der merkwürdigen Anglerregel, die wir alle kennen, ist sie die Stärkste von allen.

Dann ist da noch etwas anderes. Die Wirkung des Lichtes auf das Auge darf nicht vergessen werden. Wenn Sie sich schon die Mühe gemacht haben, einen Augenschirm oder Hut zu tragen, der dafür sorgt, daß Ihre Pupillen sich öffnen und mehr Licht einlassen, dann sollten Sie diesen Vorteil nicht aufs Spiel setzen, zum Beispiel keinesfalls die Augen vom Dunkeln ins Helle und wieder ins Dunkle wandern lassen. Alles was Sie damit erreichen ist, daß sich die Pupillen beim Blick ins Helle verengen und eine gewisse Zeit verengt bleiben, wenn Sie wieder ins Dunkle schauen. Ergebnis: Der Hut oder Augenschirm hat sehr wenig genutzt, und zu sehen war auch nicht viel. *Untersuchen Sie deshalb bei der Pirsch auf Forellen von einem bestimmten Standplatz aus immer zuerst die schattigen Stellen und dann die hellen.*

Und wechseln Sie vom Hellen ins Dunkle, lassen Sie den Augen Zeit, sich anzupassen.

Wonach man schauen muß

Wissen, wonach man schauen muß, ist der Geheimtip, um Fische zu finden. Reiner Zufall ist es, wenn man einen Fisch entdeckt, ohne zu wissen, wonach man fahnden muß. Man kann aber nicht wissen, worauf zu achten ist, solange man nicht gelernt hat, woran man Fische erkennen kann.

Das Problem, Forellen auszumachen, kann mit der Programmierung von Computern verglichen werden. Mit ein wenig Erfahrung können wir unserem geistigen Auge die Dinge einprägen, die wir zu sehen erwarten: Und wenn das Bild, das die Augen melden, dem im Gehirn gespeicherten Bild entspricht, dann meldet das Gehirn «Fisch».

Dieser Vergleich trifft genau das Problem derer, die auf die Suche nach Fischen gehen und keine sehen, obwohl welche da sind. Sie haben ihrem Gehirn das Bild eines Fisches eingeprägt und suchen dann am Wasser nach etwas, das diesem geistigen Bild entspricht.

Für den Erfahrenen dagegen ist so ziemlich *das Letzte,* wonach er sucht, ein

Fisch – oder zumindest ein *ganzer* Fisch. Er sucht Teile von Fischen, Hinweise auf Fische, Anzeichen für Fische, Spuren und Andeutungen von Fischen, wie sie weiter unten geschildert werden.

Einer der häufigsten Hinweise auf Forellen ist, wie gleich zu zeigen sein wird, ihr Schwanz: nicht der ganze Fisch also oder seine hintere Hälfte, auch nicht die Form eines klar umgrenzten Schwanzes, sondern nur der rhythmisch schwingende Schatten, der im Wasser pulsiert und «Schwanz» bedeutet.

Im Gehirn des erfahrenen Anglers ist dieser «Schwanzrhythmus» unverwechselbar gespeichert, und wenn seine Augen den sich im Takt bewegenden Schatten sehen, registriert sein Gehirn «Schwanz», und das «Fisch»-Glöckchen läutet. Wenn dagegen der unerfahrene Angler ein geistiges Bild von einem Fisch oder gar von einem Schwanz, wie er ihn zu sehen gewohnt ist, mit ans Wasser bringt und seine Augen werden schließlich den pulsierenden Schatten gewahr, dann registriert sein Gehirn keine Übereinstimmung, und er bemerkt die Forelle nicht.

Frank Sawyer gab in seinem grundlegenden Buch «Nymphs and the Trout» eine eindrucksvolle Schilderung davon, wie das Gehirn eines Meisters im Beobachten arbeitet, und eine klare Beschreibung des geschilderten Erkennungsprozesses. Sawyer berichtet, daß er oft, wenn er auf Hechtfang mit der Schlinge aus war, die Forellen übersah, obwohl sie im freien Wasser standen, und daß er umgekehrt bei der Pirsch auf Forellen die Hechte übersah.

Worauf man besonders achten muß

Es gibt zwei wichtige und sich oftmals überschneidende Gruppen von Schlüsselmerkmalen, durch die sich Fische verraten: Bewegungen einerseits, Schatten und Formen andererseits. Bevor man sich daran macht sie wahrzunehmen, ist eines notwendig: sich in jede Wasserstrecke, die man angeht, «einzulesen».

Jeder Flußabschnitt hat sein eigenes Gesicht: Krautbetten, Felsblöcke, Kiesbänke, tiefe Rinnen, Kolke, flache und tiefe Bereiche; jeder hat auch seinen eigenen Charakter, eine Art «Persönlichkeit», die das Ergebnis einiger oder aller dieser Gegebenheiten in ihrer Wechselwirkung mit der Strömung ist. Zunächst gilt es, dieses «Gepräge» des Wassers zu studieren und herauszufinden, was es zu sehen geben könnte. Das geht ganz ohne Zauberei: Die Strömung und die Objekte im Flußbett sagen Ihnen, was Sie zu sehen erwarten dürfen.

Sobald Sie ein klares Bild vom Gepräge des Flusses, vom Spiel des Lichtes und vom Verlauf der Strömungen in sich aufgenommen haben, suchen Sie nach *etwas Abweichendem, Fremdartigem,* nach etwas, das nicht in das Bild paßt und das Auge an eine bestimmte Stelle im Flußbett fesselt.

Bewegungen

Der größte Verräter der Beute gegenüber dem Räuber ist Bewegung.

Tarnung ist, wie wir schon wissen, ein überaus wirkungsvolles, im ganzen Tierreich verbreitetes Mittel, um an sich auffällige Geschöpfe mit ihrem Hintergrund zu verschmelzen. Hintergründe aber bewegen sich nicht, zumindest wandern sie nicht von einem Platz zum andern, auch wenn sich Teile von ihnen in Wind oder Strömung biegen und wiegen.

Eben weil Hintergründe ihren Standort nicht verändern, «erstarren» tarnfarbene Tiere fast ohne Ausnahme, sobald Gefahr droht. Gerade daß sie nicht fliehen, ist ihr bester Schutz.

Jeder auf seine Beute stoßende Habicht oder jede jagende Katze könnte uns sagen, daß dieser Schutz aufhört, sobald die Fluchtbewegung beginnt.

Das gilt auch für die Forelle. Die wohl häufigste Ursache, durch die sich Forellen verraten, ist die Bewegung. Prägen Sie sich deshalb ein: *Bewegung bedeutet Fisch.*

Es gibt viele Arten von Bewegung. Die vielleicht häufigste, durch die sich Forellen verraten, ist – wie schon erwähnt – der regelmäßige Schwanzschlag in der Strömung: ein pulsierender Schatten, der (manchmal) in einem deutlichen senkrechten Saum endet.

Es klingt merkwürdig, daß die Bewegung des Schwanzes zu sehen sein soll, ohne daß man vorher schon den ganzen Fisch bemerkt hat. Aber seien Sie versichert, es ist so. Und genau das ist auch das beste Beispiel für das «Zur-Deckung-Bringen» von wirklichem und geistigem Bild.

Eine zweite Art von Bewegungsanzeichen, auf die man immer gefaßt sein sollte, ist ein heller Schimmer unter Wasser, der durch eine rasche Bewegung eines Fisches und die Spiegelung des Sonnenlichtes auf seiner Flanke entsteht. Ein weiteres Signal ist das weiße Aufblitzen des Forellenmauls, wenn sie eine Nymphe nimmt. Es mag wenig glaubhaft klingen, daß eine so unbedeutende Bewegung zu bemerken sein soll, und doch ist dies so (s. Abb. S. 87).

Ein dritter Typ von verräterischer Bewegung ist einer, den wir mangels eines besseren Ausdrucks als «aus dem Takt» gegenüber anderen Bewegungen bezeichnen, die wir im Fluß sehen oder zu sehen erwarten.

Das Wasser im Fluß bewegt sich, wenn man von gelegentlichen Wirbeln absieht, flußabwärts, und alles, was frei im Wasser treibt oder vom Grund aufwächst, spiegelt diese Tatsache wider. Suchen Sie also nach:
1. allem, was auf Bewegung gegen die Strömung deutet;
2. Dingen, die sich in bestimmter Weise flußabwärts bewegen oder abwärts treiben und dann haltmachen;
3. allem, was sich anders bewegt, als das in der Strömung rhythmisch wedelnde Kraut;
4. was sich von einem Krautbett zum andern bewegt und sich nicht in Harmonie mit dem Kraut zurückbewegt (Abb. 4).

Sie dürfen aber, wohlgemerkt, nicht erwarten, daß eine Fischform die aufgezählten Bewegungen ausführt, sondern müssen nach irgend etwas suchen, was sich so bewegt: ein dunkler Schatten vielleicht oder ein Lichtreflex, es könnte etwas Helles *und* Dunkles sein, oder etwas Dunkles auf hellem, oder etwas Helles auf dunklem Hintergrund. Irgendeine fremdartige Bewegung ist das, was wir suchen.

Es muß auch nicht immer etwas Körperliches sein, das sich im Wasser bewegt. Suchen Sie vielmehr nach Unregelmäßigkeiten in der Bewegung des Wassers selbst. Da das Wasser stets flußabwärts fließt, geben schon wenige Augenblicke der Beobachtung der Oberflächenwirbel Hinweise darauf, was das Auge zu sehen erwarten darf. Wenn dieser «normale» Informations-Hintergrund im Gehirn gespeichert ist, beobachten Sie noch ein paar Minuten weiter.

Sehr häufig gelingt es dann, kurzfristige Veränderungen der Wasseroberfläche zu bemerken, die nichts anderes sind als Auswirkungen der Bewegung eines unsichtbaren Fisches.

In Wasser mit gekräuselter Oberfläche (vgl. «Steigzeichen beim Aufnehmen unterhalb der Wasseroberfläche») sollten Sie nach eng umgrenzten Stellen suchen, an denen Rippeln quer zur Hauptströmung verlaufen. Auf glatter Wasseroberfläche müssen Sie auf Spiegelbilder achten, die plötzlich unregelmäßig werden, und auf scharfbegrenzte Reflexe, die plötzlich verfließen. Prägen Sie sich alle diese Erscheinungen sorgfältig ein – und gleich daneben: «Fisch»!

Abb. 4. Ein heller Fleck zwischen zwei Krautstreifen – und der flüchtige Anblick einer starken Forelle, die gemächlich von einer Seite der Lücke auf die andere wechselt. Ein solch kurzer Anblick wie dieser (der schattenhafte Umriß der Forelle im hellen Fleck war in weniger als einer Sekunde verschwunden) kann für den Erfolg eines Angeltages entscheidend sein.

Abb. 5. Ein Schatten auf dem Flußgrund vermag den wahren Standort einer Forelle zu verraten, die woanders steht. Im hellen Sonnenlicht denkt man sich eine gerade Linie vom Schatten auf dem Flußgrund zur Sonne, dann ist der Fisch irgendwo auf dieser Linie zu finden.

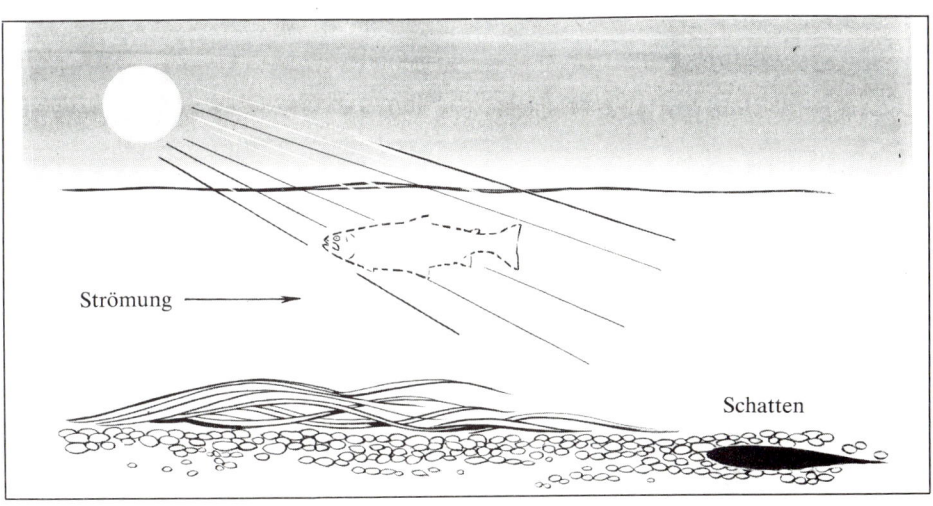

Strömung

Schatten

Schatten und Formen

Schatten sind eine wichtige Abteilung in der geistigen Bildergalerie des Fischbeobachters. Sie können alle erdenklichen Formen annehmen und haben auch die verschiedenste Bedeutung. Zwei davon sollen besonders besprochen werden, weil sie zu besonderer Vorsicht zwingen.

Der erste Schattentyp ist besonders schwierig zu erkennen. Er wird durch einen Fisch im tiefen Wasser hervorgerufen, vor allem durch einen Fisch, der in einer Vertiefung inmitten einer Flachstrecke steht.

Eine solche Forelle verbringt ihre meiste Zeit am Grund, denn da ist sie am sichersten. Sie ist ein Schatten auf einem Schatten oder – nur selten, nämlich wenn sie erst vor kurzem zugewandert ist – ein etwas hellerer Schatten auf dem dunkleren Grund.

Wenn ein solcher Fisch Sie bemerkt, bevor Sie ihn entdecken, dann vergeuden Sie meist fruchtlose Minuten im Bestreben, ihn zu überlisten. Ein solcher Fisch flüchtet nicht, wenn er alarmiert wird, sondern sinkt tiefer und preßt sich förmlich auf den Flußgrund, um möglichst viel Distanz zwischen sich und den Angler zu bringen. Er weiß, daß Sie da sind, und weiß auch, daß Sie wissen, daß er da ist. Das ergibt ein Patt. Ein Fischwasser kann nicht vorsichtig genug angegangen werden.

Der zweiten Art von Schatten, auf die hingewiesen werden soll, begegnet man im flachen Wasser mit Kiesgrund an sonnigen Tagen. Es ist dies ein Schatten, der nun ausnahmsweise wirklich ganz wie ein Fisch aussieht.

Werfen Sie einen solchen Schatten *nie* ohne vorherige genaue Prüfung an. Ihn anwerfen können Sie natürlich. Nur würden Sie oft genug bis zum Jüngsten Tag oder länger dastehen, ehe Sie auch nur die geringste Aussicht haben, ihn zum Nehmen Ihrer Fliege zu bewegen.

Die Erklärung dafür ist, daß es sich bei dieser Art von Schatten sehr oft überhaupt nicht um einen Fisch sondern um einen echten Schatten handelt und der Fisch, der ihn wirft, ganz woanders steht. Sie finden ihn, indem Sie eine gedachte Linie im Wasser vom Schatten zur Sonne ziehen. Die gesuchte Forelle steht in einiger Entfernung vom Grund irgendwo entlang dieser Linie (Abb. 5). Ein solcher Fisch ist durchaus nicht einfach zu orten. Fische im Mittelwasser sind oft sehr schwierig auszumachen.

Einen Fisch zu entdecken, der in der Nähe der Oberfläche über Kiesgrund in rascher Strömung steht, ist so ziemlich die schwierigste Aufgabe.

BC hat einen solchen Fisch als durchsichtig bezeichnet, JG redet mit ebenso gutem Grund von einem «Schimmer». Ein solcher Fisch im Mittelwasser macht sich durch die Feinheiten des auf seiner Oberfläche spielenden Lichtes bemerkbar, im Gegensatz zum vorher geschilderten Fisch, der dem Licht den Weg zum Flußgrund versperrte.

Der «durchsichtige» Fisch (Abb. 6) ist an sonnigen Tagen am durchscheinendsten. Er löst sich gänzlich im Licht, im Wasser und im umgebenden Steingeröll auf.

Haben Sie es so weit gebracht, daß Sie «durchsichtige» Forellen entdecken, dann sind Sie in der Lage, fast alle Forellen im Fluß zu finden.

Es gibt ferner zwei Arten von *Linien,* durch die sich Forellen verraten. Die erste findet sich, wie bereits erwähnt, am Schwanz: das senkrechte Flossenende (Abb. 7). Damit verraten sich am häufigsten die Forellen, die mit dem Vorderkörper unter einer Krautfahne liegen. Wahrscheinlich fühlen sie sich sicher, sobald die Pflanzenwedel ein geschlossenes Dach über ihren Augen bilden, lassen aber wie der Strauß, der seinen Kopf in den Sand steckt, immer etwas unversteckt. Bei überraschend vielen Forellen schaut der Schwanz aus dem Versteck hervor; dabei verrät sie das senkrechte Schwanzende, das scharf gegen das waagrecht wedelnde Kraut daneben kontrastiert.

Die zweite Art Linie, die Sie sich genau einprägen müssen, ist dünn, gerade und verläuft parallel zur Strömungsrichtung. Sie ist höchstens eben noch wahrnehmbar (was schon fast zuviel gesagt ist), wenn der Untergrund aus reinem Kies ohne besondere Kennzeichen besteht.

Am leichtesten ist diese Linie breitseits zu erkennen, und deshalb und aus anderen Gründen lohnt es sich, den Blick nicht nur auf die Strecke voraus, sondern auch auf den Bereich gegenüber zu richten.

Die gerade und in Strömungsrichtung verlaufende Linie verrät häufig eine Forelle: Der dunkle Forellenrücken ist eben noch auszumachen, die Flanken dagegen spiegeln das Licht und den Untergrund wieder und verschwinden so gut wie völlig.

Abb. 6. Der durchsichtige Fisch: Eine Forelle, die an einem sonnigen Tag hoch in welligem Wasser steht, verschwindet fast völlig.

Abb. 7. Die Unterwasserwelt des Flusses besteht fast ganz aus *längs* verlaufenden Linien, die durch das fließende Wasser und durch Kraut im Fluß verursacht werden. Deshalb kann die Hinterkante des Forellenschwanzes – weil sie eine dünne, dunkle, *senkrechte* Linie bildet, ein aufschlußreicher Fingerzeig sein.

Im ganz wörtlichen Sinn: Hier «kniet» sich jemand richtig hinein in die Aufgabe: JG wirft
nach einem Fisch, der Nymphen jagt.

3 Wo Forellen stehen

Die verschiedenen Arten von Forellenstandplätzen

Ganz gleich, wie groß eine Forelle ist und in welchem Gewässertyp sie lebt, sie ist eine Meisterin im Überleben. Sie weiß, wo ihr Tisch gedeckt ist und wie sie ihr Menu bekommt; und in mageren Zeiten hält sie haus mit ihrer Energie und vermeidet unnötige Anstrengungen.

Nun sind aber Standplätze, die reichlich Nahrung liefern, und solche, die Sicherheit für Überleben bieten, keineswegs notwendigerweise die gleichen: eine Tatsache, die der Fisch schon sehr früh im Leben lernt, wenn er überhaupt Zeit dazu hat. Man darf daher nicht von «dem Standplatz» eines Fisches reden und damit meinen, die Forelle habe einen bestimmten Platz und nur diesen einen, an dem wir sie im Fluß antreffen können.

In der Tat gibt es Forellen, die nur einen Standplatz haben (siehe weiter unten), die allermeisten verfügen jedoch über zwei, drei oder mehr gleichzeitig – ja im Lauf eines Jahres vielleicht über ein Dutzend oder mehr, in Anpassung an Schwankungen des Wasserspiegels, an Entstehen und Verschwinden von Hindernissen und Unebenheiten im Flußbett und an Verfügbarkeit und Zusammensetzung ihrer Insektennahrung, die sich im Lauf des Jahres ändert. Aus diesem Grund ist es auch nicht richtig, wenn der Angler meint, ein Fisch sei weggefangen worden, nur weil er gerade nicht da steht, wo er ihn früher hin und wieder beobachtet hat. Er kann auch nur abgewandert sein, vielleicht gar nicht für immer und nicht sehr weit.

Da wir Angler es mit Forellen *bei der Nahrungssuche* zu tun haben, müssen wir uns zunächst ein wenig mit den Nahrungsbedürfnissen der Forellen befassen. Nur wenn wir einige dieser Bedürfnisse kennen, werden wir ihr Verhalten verstehen und uns zu Nutze machen können.

Ein erheblicher Teil der Forellennährtiere in Flüssen (wenn auch beileibe nicht alle) erscheint sozusagen gleichzeitig: Typisch dafür ist das Aufsteigen der Nymphen und das Schlüpfen der Eintagsfliegen. Wahrscheinlich löst gerade das schlagartige massenhafte Auftreten bestimmter Nährtiere den Beutereflex überhaupt erst aus.

Die Forelle entdeckt bald, daß so winzige und empfindliche Tierchen wie die Eintagsfliegen und Nymphen hilflos den Launen der Strömung ausgeliefert sind und sich in bestimmten Bahnen anreichern, die sich im Wasser bilden, wo sich seinem Dahinfließen Hindernisse in den Weg stellen: Krautfahnen, Steine, Pfosten, Brückenpfeiler. Ganz selbstverständlich lauert die Forelle dort, wo ihr das Futter am reichlichsten zutreibt (Abb. 8).

Nährtiere werden in dieser Weise natürlich nicht nur an der Wasseroberfläche zusammengetrieben. Es ist durchaus möglich, daß die Oberflächenströmung schwimmende Insekten in eine Richtung führt, während eine lokale Querströmung unterhalb der Oberfläche, verursacht durch ein Hindernis unter Wasser, Nymphen in eine ganz andere Richtung trägt.

Dies ist dann ein typischer Fall dafür, daß eine einzelne Forelle zu jeder Jahreszeit zwei oder drei Standplätze zur Nahrungsaufnahme hat – neben dem «Überlebens»- oder «Ruheplatz», der ihr die nötige Sicherheit gibt, die sie braucht, um sich auszuruhen und ihre Kräfte zu schonen. Den einen Futterplatz zieht sie vor, wenn ihre Nährtiere auf der Wasserhaut oder unmittelbar darunter antreiben, der andere wird bevorzugt, wenn es gilt Nährtiere aufzunehmen, die

Abb. 8. Wundervoller Standplatz für eine Forelle: ein enger Kanal, in dem sich der Fluß zwischen dem linken Ufer und der Insel in der Mitte hindurchzwängt. Alle Nahrung, die der Fluß mitführt, muß durch diesen Flaschenhals, und die Forellen stehen, eine hinter der anderen, danach Schlange.

in der Nähe des Grundes angetrieben werden. Ein typischer dritter Futterplatz wäre dann an keine bestimmte Stelle gebunden, sondern umfaßte ein größeres Gebiet, in dem die Forelle auf der Jagd nach Grundnahrung, wie Flohkrebse und Köcherlarven umherkreuzt, die ihr die Strömung normalerweise nicht direkt vor das Maul treibt.

Hat die Forelle erst einen Standplatz gefunden, läßt sie sich nur ungern daraus vertreiben. Ein Angler oder eine stärkere Forelle kann sie verjagen, manchmal auch ein Hecht, der sich seinen Standplatz in der Nähe gesucht hat. Sonst jedoch ist sie – gemeint ist die Bachforelle – ortstreu. Gegen Artgenossen, die in ihr Gebiet eindringen, verhält sie sich aggressiv und vertreibt sie.

Selbst wenn sie durch Räuber verscheucht wird, kommt sie, sobald sie kann und die Gefahr vorüber ist, an ihren alten Platz zurück.

Es trifft durchaus nicht zu, daß – trotz gleicher Grundbedürfnisse – die Forelle, die ihre Nahrung in den rasch strömenden und seichteren Flußstrecken sucht, sich ebenso verhält wie ihre Freundin in den langsam strömenden Abschnitten. Beide haben auf Grund ihrer verschiedenartigen Standplätze auch eine verschiedenartige Lebensweise.

Im rasch fließenden Wasser trägt die Strömung der Forelle die Nahrung eilig zu, da treibt in einem Augenblick eine unbestimmte Form vor ihr in der Strömung, ist im nächsten Augenblick da und in der nächsten Sekunde vorbeigehuscht. Wenn die Forelle das, was da kommt, erhaschen will, muß sie sich schnell entscheiden und ebenso schnell zugreifen. Da ist keine Zeit für «Ja, was ist denn das?» und «Soll ich oder soll ich nicht?» Es geht um jetzt oder nie, zugreifen oder auslassen. Einzig aus diesem Grund ist die Forelle im schnellfließenden Wasser ein leichtes Opfer der Angler: Wenn sie in der Eile die falsche Fliege erwischt, ist sie erledigt.

Dies ist jedoch noch nicht alles.

Im Kapitel über das Sehen werden wir eingehender begründen, warum das Bild der Forelle von der Außenwelt nicht nur nicht sehr weit reicht (weil sie im seichten Wasser sowieso der Wasseroberfläche näher ist und deshalb ein kleineres Blickfenster hat), sondern oft auch stark verzerrt ist.

Wasser, das über das Flußbett strömt, kann sich seinen Weg nicht aussuchen. Es folgt der Form des Bettes, das ausgespült und zerschnitten, bucklig und runzlig ist. Jede Unregelmäßigkeit stört den Wasserfluß, erzeugt Wirbel und Walzen, die der Oberflächenhaut Runzeln und Fältchen aufprägen. Durch all das muß die Forelle hindurchsehen und versuchen, Echtes vom Falschen zu unterscheiden.

Eine Forelle, die ihren Futterplatz im raschströmenden seichten Wasser hat, ist ein unternehmungslustiger Fisch, lebt aber gefährlich und meist nicht sehr lange. In der Tat halten sich nur wenige starke Fische außerhalb der Laichzeit ständig im Flachwasser auf.

Die Forelle im träg strömenden, tieferen Wasser führt ein beschaulicheres Leben. Sie braucht nicht hin und her zu schießen, keine verräterischen und selbstmörderischen Ausflüge zu unternehmen.

Sie schwebt im Mittelwasser, mal höher, mal tiefer. Sie kann nach oben und unten, zur Seite und nach vorn blicken. Ihre Nahrung treibt deutlich erkennbar und gemächlich auf sie zu – wenn sie nicht gerade Larven vom Grund aufnimmt oder im Kraut nach Flohkrebsen stöbert.

Sie sieht ihre Nährtiere schon von weitem und zudem nicht nur als einzelne winzige Teilchen, die genau ins Auge gefaßt werden müssen, damit eine launische Strömung sie nicht fortschwemmt. Ihre Nährtiere kommen zu Dutzenden und Hunderten – sie kann auswählen.

Deshalb darf die Forelle im trägen, tiefen Wasser es sich leisten, wählerisch zu sein, sie hat Zeit in Hülle und Fülle, sich ihre Nahrung genau zu betrachten, und sie nimmt sich die Zeit dazu auch.

Abb. 9. Der Außenbogen einer Flußschleife bildet einen klassischen Forellen-Standplatz. Bei dem – hier stromauf gesehen – breiten, langsam dahingleitenden Wasser beeinflußt einzig dieser Bogen die Strömung: sie trifft sacht an dessen Ufer und trägt hier mehr Nahrung zusammen als anderswo. In Flußbiegungen, wie der hier gezeigten, liegen die meisten Fische nicht mehr als 2 oder 3 m vom Ufer entfernt. Im Augenblick dieser Aufnahme entschloß sich eine Forelle unsere Aussage dadurch zu bestätigen, daß sie stieg.

Typische Standplätze

Wie bereits angedeutet, haben vielerlei Umstände Einfluß darauf, welchen Standplatz die Forelle an einem bestimmten Tag wählt: ihre Größe und die ihr offenstehenden Möglichkeiten, Jahreszeit, Wasserstand, Richtung und Stärke des Windes und noch viele andere Faktoren, darunter nicht zuletzt das Nahrungsangebot der ihr zur Verfügung stehenden Strecke.

Nur wenige Standplätze können alle Bedürfnisse der Forelle befriedigen: nicht nur Futter zu bieten, wenn sie Hunger hat, sondern auch Sicherheit (was mäßige Strömung und Schutz vor Feinden bedeutet), wenn sie satt ist. Und um solche idealen Standplätze wird dann heftig gekämpft.

Dies ist natürlich der Grund, weshalb nach obiger Definition «gute» Standplätze starke Fische aufweisen, Fische, die sich oft auch aggressiv verhalten, die mit anderen Worten fähig sind, schwächere Artgenossen abzuwehren.

In der folgenden Liste typischer Standplätze und fischverdächtiger Stellen sind nur zwei oder drei als ganzjährig zu bezeichnen. In *jedem* Fall wird an einem Standplatz, der zugleich Futterplatz ist, laut Definition ein Nahrungsangebot vorhanden sein; und ebenso fast immer ein schmäleres Strömungsband, ein Durchlaß oder ein Wirbel, die antreibende Futtertiere an bestimmten Stellen zusammentreiben. Achten Sie deshalb bei der Suche nach möglichen Standplätzen in einem beliebigen Abschnitt eines beliebigen Flusses in erster Linie auf Stellen, an denen sich die Strömung zusammendrängt (z. B. dort, wo die Hauptströmung auf der Außenseite einer Biegung verläuft – Abb. 9); das zweitwichtigste sind Wirbel neben der Hauptströmung.

Nun aber zu den typischen Liegeplätzen.

Abb. 10. Eine niedrige Brücke mit einem tiefen Kolk darunter ist wohl der klassischste aller Forellen-Standplätze. Unter dieser Brücke haust seit Jahren ein sehr starker Fisch!

Brücken

Jeder Angler mit mehr als eintägiger Erfahrung weiß, daß das Wasser unter einer Brücke mindestens einer Forelle Einstand bietet, oft handelt es sich dabei um einen starken Fisch (Abb.10). Das ist dann der ideale Fall eines rundum «kompletten» Standplatzes.

Warum ist leicht einzusehen. Entsprechend dem Zweck, dem die Brücke dient, liegt sie an der schmalsten Stelle eines Flußabschnittes, und je schmäler der Abschnitt ist, desto tiefer ist er auch. Deshalb darf man unter einer Brücke tieferes Wasser als anderswo erwarten, und wenn die Brücke Bögen aufweist, dann vertieft sich der Fluß dort noch mehr, wo die Strömung von den Pfeilern und den Auflagern abgelenkt wird.

Als Folge davon wird die Nahrung, die der Fluß mitführt, nicht einfach in einen engen Wasserlauf zwischen engen Ufern zusammengedrängt, sondern in noch engere Durchlässe eingezwängt.

Richten Sie Ihr Augenmerk, sofern Sie unter den Brückenbogen sehen können, zuerst auf die Stelle etwas unter der stromaufwärts zeigenden Seite der Brücke, wo die von den Pfeilen abgelenkten Strömungen zusammentreffen.

Der größte Teil der Nahrung, die der Fluß mitführt, treibt auf diese Stelle zu, und die Forelle wartet dort mit offenem Maul. Wenn da kein Fisch steht, sollten Sie den Wasserstreifen neben den Auflagern der Brücke inspizieren, wo das Futter durch die Rückströmungen zusammengetragen wird.

(Brücken, mögen sie auch noch so wundervolle Bauwerke sein, haben doch zwei jedem Angler bekannte Nachteile. Es gibt ungeschriebene Gesetze – die sich so regelmäßig bestätigen, daß sie wahrscheinlich doch schriftlich niedergelegt und, wie man weiter vermuten darf, in einem Schrein aus feinstem Kupfer verwahrt werden –: Gesetze, die sich auf Brücken und die unter ihnen stehenden Forellen beziehen. Das erste Gesetz lautet: Je niedriger eine Brücke, desto schwieriger ist die Fliege unter sie zu werfen, umso gewichtiger ist aber auch die Forelle dort. Wenn es unmöglich ist, die Fliege unter die Brücke zu setzen, dann kann man sicher sein, daß die Großmutter aller Forellen unter ihr haust. Das zweite Gesetz besagt, daß Wind in jeder Richtung bläst, jedoch niemals flußaufwärts unter eine Brücke.)

Wehrkolke

Wenn es einen Platz im Fluß mit einem starken Fisch gibt – einen Platz, der die Großmutter aller Forellen noch mehr anlockt als eine niedrige Brücke –, dann ist es ein Wehrkolk.

Wegen der Gewalt des Wassers, das über die Wehrkrone rauscht, sind die Wehrkolke (auch Wehrgumpen genannt) immer Stellen mit tiefem, manchmal mehrere Meter tiefem Wasser. Und im Hinunterstürzen reichert sich das Wasser auch bei heißestem Wetter mit Sauerstoff an.

Suchen Sie zuerst nach einer Sand- oder Kiesbank im Kolk, und richten Sie Ihr Augenmerk besonders auf Front und Flanken einer solchen Bank.

Vielversprechend sind ferner:

Wirbel (natürlich!) neben der Hauptströmung und (natürlich!) an dem von der Strömung unterspülten Ufer;

der Auslauf des Kolkes, wo das Flußbett ansteigt und das Wasser glasig-glatt strömt: Die Fische suchen gerade diese Stelle abends, wenn reichlich Fliegen schlüpfen, aber auch tagsüber gern auf.

Übersehen Sie auf keinen Fall das Stauwasser vor der Wehrkrone. Unmittelbar vor der Kante, an der das Wasser in den Kolk abstürzt, liegen fast immer Fische, wie von geheimnisvoller Wunderkraft festgehalten und fast unbeweglich, kaum merklich zentimeterweit hin und her schwebend.

Kein Fisch könnte natürlich der vollen Kraft der durch das Wehr fegenden Strömung widerstehen. Deshalb liegt die Forelle in der kaum merkbaren Strömung unmittelbar unterhalb der Absturzkante oder schwebt auf dem Kissen, das von dem durch die Wehrkrone flußaufwärts gestauten Wasser gebildet wird.

Die Stelle oberhalb der Wehrkrone ist für den Fisch ein wundervoller Standplatz. Eine solche Stelle hat jedoch zwei Tücken: Erstens haben Sie es mit einem nervösen, wachsamen Fisch zu tun, der schwierig anzugehen ist. Und zweitens wird er, wenn es Ihnen gelingt, ihn zu haken, so gut wie sicher in den Kolk darunter zu flüchten versuchen.

(Die Pirsch auf eine solche Forelle kann besonders spannend sein. JG erinnert sich an einen überaus gewieften und frustrierenden Fisch, der mehrere Jahre lang über einem Wehr lag und alt und weise wurde. Im Wehrkolk darunter durfte gebadet werden, was die Jugend am Ort weidlich ausnutzte. Der Weg zum Kolk führte über eine Brücke oberhalb des Wehrs, so daß sich der Fisch ganz an Fußgänger und ihre Harmlosigkeit gewöhnt hatte. Einem Menschen, der mit einem Handtuch unter dem Arm unmittelbar hinter der Forelle die Brücke überquerte, schenkte sie nicht die geringste Beachtung. Ein Mensch, der auf der Brücke getanzt und mit den Armen wie eine Windmühle gewedelt hätte, um den Fisch zu verscheuchen, wäre vor Erschöpfung umgefallen, bevor ihm dies gelungen wäre. Doch jedesmal, wenn JG ein Jahr ums andere die Rutenspitze vorsichtig über das Ufer schob, um das Unwahrscheinliche zu versuchen, verschwand die Forelle empört in einer Schlammwolke!)

Schwellen und Aufstauungen

Alles, was über Forellen an Wehren gesagt wurde, gilt genau so für Forellen über Schwellen und Abstürzen (Abb.11), mit der Einschränkung, daß an solchen Stellen der Fluß nicht immer schmal ist und die Nährtiere daher auch nicht so stark zusammengetrieben werden.

Es ist jedoch keineswegs ungewöhnlich, daß eine ganze Reihe von Fischen in dem glasig-glatten Wasser unmittelbar vor der Absturzkante liegt.

Da das Nahrungsangebot auch nicht reichlicher ist als sonst im Fluß, stehen die Fische hier wahrscheinlich wegen einiger fühlbarer Annehmlichkeiten: Strömung, Sauerstoffgehalt und Wassertemperatur sagen den hier versammelten Fischen mehr zu als an anderen ihnen um diese Zeit zugänglichen Einständen.

Überhängende Bäume

Bäume am Ufer erfüllen schon durch ihr bloßes Vorhandensein viele Bedürfnisse der Forellen. Sie geben unter anderem Deckung und schützen so vor

Abb.11. Ein Wehr, eine Schwelle oder ein Wasserfall ist ziemlich sicher ein Forellen-Standplatz. Der Fisch liegt in Vertiefungen am Grund, kaum mehr als etwa 1m vor der Absturzkante. Im Foto stehen zwei Fische vor der Schwelle.

Räubern, vor direkter Sonnenhitze und grellem Licht. Dann sind sie natürlich ein Ort reichen Insektenlebens und Spender eines gelegentlichen Zubrotes. Jeder über das Wasser ragende Baum ist deshalb ein Segen.

Es gibt aber Bäume, die Forellen-Standplätze mit der gleichen Gewißheit anzeigen, wie wenn Petrus mit dem Zeigefinger (den man natürlich weder mit noch ohne Polarisationsbrille sieht) durch die Wolken darauf deuten würde. Es sind überhängende Bäume, die über tiefe Kolke unterhalb flacher Strecken hinausragen und unter denen die Hauptströmung verläuft.

Fügt man zu einer solchen goldenen Gelegenheit dann noch eine Brise Wind, die auf der Wasseroberfläche treibende Insekten uferwärts unter den Baum bläst, so besteht gute Aussicht, daß jeder Fisch hier auch ein steigender Fisch ist.

Unter diesen Umständen (und ebenso, unter überhängenden Grasbüscheln am Ufer) darf man den Fisch nicht irgendwo unter den überhängenden Zweigen (bzw. Gräsern) suchen: Wenn Wind und Strömung genügend weit uferwärts reichen, dann liegt der Fisch so dicht beim Ufer, daß er es fast berührt. 30 oder 40 cm davor kann schon zu weit sein.

Felsblöcke und andere Strömungshindernisse

Nahezu jedes Buch, das wir gelesen haben, betont die Wichtigkeit von Felsblökken, Baumstämmen und ähnlichem auf dem Flußgrund. Und fast ohne Ausnahme empfehlen diese Bücher dem Leser dringend, seine Aufmerksamkeit auf die flußabwärts gerichtete Seite solcher Hindernisse zu konzentrieren, weil «hier die Forellen liegen und auf Nahrung warten».

Dies ist ein Beispiel für einen Ratschlag, der manchmal hilft, noch häufiger aber irreführt.

Es stimmt, daß die Forellen oft in den Wirbeln auf Futter warten, die sich auf der stromab gewandten Seite solcher Hindernisse bilden.

Doch weit häufiger – ausgenommen sehr schnellfließendes Wasser – stehen die Forellen *vor* den Felsblöcken und neben ihnen. Der Angler, der sich ganz auf die *stromabgewandte* Seite derartiger Hindernisse konzentriert, hat also mindestens die Hälfte der fangfähigen Forellen verpaßt. Und wenn ein Naßfliegenfischer bislang stets schräg abwärts eingeworfen hat und die Fliege von oben her hinter das Hindernis treiben ließ, dann hat er einen Großteil der Fische im Fluß bereits überworfen.

Die Vorliebe der Forelle für die stromaufgewandte Seite von Felsblöcken, Baumstämmen und anderer stabiler Objekte hat genau die gleichen Gründe, wie ihre Vorliebe für die Krone von Wehren und Schwellen: Hier hat sie einen ausgezeichneten Überblick über das, was ihr die Strömung zuträgt, und braucht kaum Kraft, um sich in der Strömung zu halten.

(Es gibt wohlgemerkt eine Ausnahme von dieser Regel. Die amerikanische Cutthroat-Forelle steht tatsächlich am liebsten *stromab* von Hindernissen, fast unabhängig von der Strömungsgeschwindigkeit des Wassers.)

Krautbetten

Eine nützliche Daumenregel für den, der in seinem Fluß Forellen finden will, lautet: Wo Kraut ist, sind auch Forellen (Abb.12).

Kraut gibt der Forelle Deckung. Im Kraut gedeihen ihre lebensnotwendigen Nährtiere – oft massenhaft. Außerdem bietet es der Forelle einen bequemen Standplatz: sowohl in dem ruhigeren Wasser am Anfang der Krautfahnen, wo die Wurzeln die Strömung hemmen, wie unter und unterhalb von ihnen, wo sie durch ihr Hin- und Herwedeln Kanäle und Gruben ausgekolkt haben.

Richten Sie Ihr Augenmerk auch auf den vorderen Teil des von zwei Krautfahnen gebildeten Durchlasses, die Seite an Seite vom Grund aufwachsen. Die von den Wurzelballen abgelenkte Strömung muß sich den Weg zwischen

Abb. 12. Kräftige Strömung, Kraut und eine Tasche mit tiefem Wasser – wo immer diese drei zusammentreffen, darf man Fische erwarten. Als BC dieses Foto schoß, waren seine Hände noch naß von einem zweipfündigen Bachforellenwildling, den er gerade in der Tasche unterhalb des Krautbetts gefangen hatte.

ihnen hindurch suchen, und so auch die Nährtiere, die sie mitführt. Die Forelle weiß das genau – wie sie es unter Brücken weiß, wo das gleiche vor sich geht.

Löcher und Rinnen

Die Forelle liegt oft an Stellen, die der unerfahrene Angler übersieht. Solche Plätze finden sich häufig in breiten, scheinbar eintönigen Flachstrecken.

Jeder Angler kennt solche Flußabschnitte. Sie finden sich unterhalb von Schnellen und von glatten Ausläufen tiefer Kolke. Der Fluß ist hier ungewöhnlich breit. Mit der Sonne im Rücken oder über sich kann man jeden Fisch, jedes Geröll, ja jede Köcherfliegenlarve mit einem Blick ausmachen, und dem Angler ist völlig klar: Da ist nichts zu holen.

Oder doch? Die Antwort lautet: «Ja – Forellen.» Unser Zweifel erklärt sich aus den falschen Voraussetzungen, von denen wir ausgegangen waren. Der Flußgrund ist keineswegs einförmig. Er weist kleine Löcher – besser: Vertiefungen – auf, in denen Forellen stehen; auch Rinnen, die von Forellen abgesucht werden. Es sind keine tiefen Löcher und Rinnen, nur leichte Dellen. Ist eine flache Strecke durchweg etwa 30 cm tief, dann mißt solche Vertiefung vielleicht 40 cm; wo die durchschnittliche Tiefe 15 cm ausmacht, kann solche Rinne 30 cm tief sein.

Eintiefungen dieser Art sind schwierig zu sehen. Ein erfahrener Fischbeobachter entdeckt die Forellen, bevor er die Dellen bemerkt. Manchmal findet man sie nur durch Zufall beim Waten. Doch gibt es kaum eine Flußstrecke, die überhaupt keine Struktur aufweist.

Schlammfahnen

Schlammfahnen geben zwei wertvolle Hinweise auf Standplätze.

Die häufigste Ursache einer solchen Trübung ist ein Fisch, der nicht zu fangen ist – besser gesagt ein Fisch, der noch nicht zu fangen ist. Der Fisch steht tief,

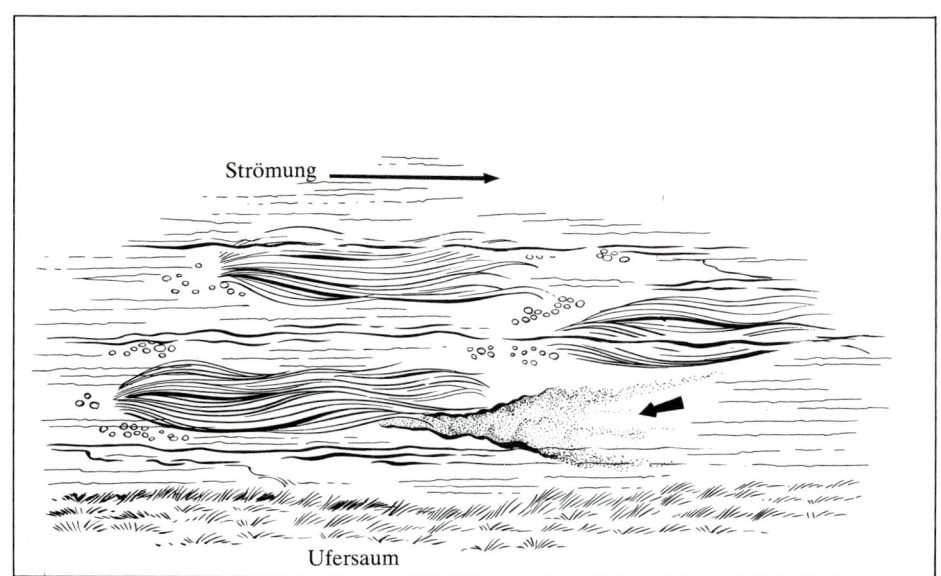

Strömung

Ufersaum

Abb. 13. Zu den unauffälligeren, aber wichtigen Anzeichen, die ein aufmerksamer Angler wahrnimmt, gehört ein mit der Strömung abtreibendes Schlammwölkchen. Manchmal stammt es von einem Fisch, der den Angler gesehen hatte und flüchtete, manchmal verrät es aber auch einen Fisch der weiter oberhalb im Kraut nach Nymphen wühlt.

dicht am Grund. Durch sein weites Blickfeld hat er ausgezeichnete Sicht und beste Chance, Sie zu erspähen, bevor Sie ihn entdecken.

Sobald er Sie *sieht,* flieht er. Sein rasanter Spurt erzeugt zwangsläufig eine auffallende Schlammwolke (Abb.13).

In einem solchen Fall ist es das beste, sich die Stelle zu merken und weiterzugehen. Wenn Sie dann später wieder an diese Stelle kommen, wissen Sie genau, wo Sie den Fisch zu suchen haben und können vorsichtiger anschleichen.

Der andere Hinweis, den Schlamm gibt, kann sofort ausgenutzt werden. Dieses Schlammzeichen gibt sich nur als leichte Trübung des Wassers in einem schmalen Streifen des sonst kristallklaren Flusses zu erkennen.

Diesmal handelt es sich um eine Vorwarnung, also nicht um ein Anzeichen dafür, daß der Fisch verschwunden ist.

Dünne, andauernde Schlammwölkchen in der Strömung werden oft von Fischen verursacht, die weiter oberhalb im Kraut nach Nymphen wühlen oder mit seitlichen Bewegungen Flohkrebse unmittelbar vom Grund auflesen (vgl. «Woraus man schließen kann, was die Forelle nimmt»).

Ein solcher Hinweis muß immer als Signal beachtet werden, vorsichtig zu pirschen, scharf zu beobachten und beschwerte Fliegen aus der Büchse zu holen.

Großwildjäger bei der Arbeit: JG und BC fangen Nymphen für die Untersuchung.

4 Der helle Fleck

Ein mit den Standplätzen von Fischen in Zusammenhang stehendes Phänomen ist so wichtig, daß es unserer Ansicht nach in einem eigenen Kapitel zu besprechen ist.

Es handelt sich um etwas, worüber bisher nirgendwo geschrieben wurde, obwohl das Phänomen in den Gewässern, in denen es auftritt, einen unmittelbaren Hinweis auf Standplätze einer Vielzahl von Forellen gibt.

Wir glauben, daß diese Erscheinung nicht nur bei der Pirsch auf Forellen sondern auch auf andere Fische mit Revierverhalten von grundlegender Wichtigkeit sein kann, und dies nicht nur in Flüssen mit kalkreichem alkalischem Wasser, sondern in jedem Fluß, auf dessen Grund sich entweder ein dünner Algenrasen als Anzeichen für die Ausbreitung von Fadenalgen gebildet hat, oder wo in langsamen Gewässerabschnitten oder auch sonstwo sich in Perioden von Niedrigwasser oder Trockenheit eine dünne Schlammschicht abgelagert hat.

Wir bezeichnen diese Erscheinung phantasielos einfach als «hellen Fleck».

Solcher Fleck ist nichts weiter als ein Stück Flußgrund, das sich durch hellere Färbung von seiner Umgebung abhebt (Abb. 14 u. 15). Er wird von einem

Abb. 14. Ein todsicheres Anzeichen für Forellen-Standplätze an algenüberzogenem Grund: Helle Flecken, die von Fischschwänzen blankgefegt wurden, erwecken den Eindruck, als ob diese breite Flachstrecke unter einem bleichen Ausschlag leide.

Abb.15. Ein heller Fleck aus der Nähe. In diesem Fall ist der feine Kies auf dem Grund durch die heftigen Schwanzbewegungen einer starken Forelle weggefegt worden.

nennenswerten Fisch erzeugt, der seinen Platz in der Strömung dicht am Grund einhält, und ist auf das ständige Wedeln der Schwanzflosse zurückzuführen.

Der Schwanz, der zwei- bis dreimal in der Sekunde, stunden-, tage- und wochenlang in der Strömung hin und her wedelt, ruft winzige Wirbel hervor, die im Verein mit gelegentlicher Bodenberührung durch den Fisch selbst jede Ablagerung oder jeden Pflanzenbewuchs wegfegen und so die Steine und den Grund darunter säubern. In manchen Kreideflüssen leuchtet der von Ablagerungen gereinigte Flußgrund wie ein Lichtsignal. Wir haben dies bei zahllosen Gelegenheiten beobachtet, und wenn wir eine Forelle von einem besonders auffallenden Fleck weggefangen haben, zeigte sich der Unterrand ihrer Schwanzflosse deutlich abgenutzt (Abb. 16).

Daß wir dieses Phänomen so ausführlich beschreiben, soll nicht heißen, daß *alle* hellen Flecke auf dem Grund eines Forellenwassers durch Fische verursacht werden. Das wäre natürlich Unsinn. Viele helle Flecken entstehen durch Strömungswirbel hinter Steinen oder ähnlichem. Eine beträchtliche Anzahl geht jedoch *tatsächlich* auf Fische zurück, und deshalb lohnt sich eine genauere Prüfung aller hellen Flecke noch mehr als die der bisher besprochenen typischen Forellen-Standplätze.

Wir wollen auch keineswegs behaupten, daß alle Fische, die eine gewisse Zeit am Grund stehen, ihre Spuren auf diese Weise hinterlassen. Sehr kleine Fische sind nach unserer Erfahrung nicht fähig, genügend Turbulenz zu erzeugen (obgleich ein *Schwarm* kleiner Weißfische sehr wohl dazu imstande sein kann).

Es ist auch keineswegs unsere Ansicht, in jedem Fluß seien die Voraussetzungen dafür vorhanden, daß wenigstens starke Fische ihre Spuren auf diese Weise hinterlassen. Denn insbesondere in Bergflüssen mit stark schwankendem Wasserstand ist der Untergrund so sauber gespült, daß keine hellen Flecke entstehen können, auch wenn regelmäßig große Fische eingesetzt werden. Doch in vielen Flüssen sind die Bedingungen für die Entstehung der Flecke gegeben, und mit zunehmender Verschmutzung durch Abwässer und Ausbreitung von Algen wird ihre Zahl immer größer.

Wo die Voraussetzungen günstig sind – wir haben helle, von Fischen herrührende Flecke in zahlreichen Flüssen beobachtet –, kann die Farbabweichung eines solchen Fleckes oft so auffallend sein, daß er fünfzig Meter weit zu sehen ist. Fünfzig Meter weit! Man stelle sich vor, was es heißt, den Standplatz eines Fisches am Grund auf eine derartige Entfernung zentimetergenau ausmachen zu können. Als Merkzeichen ist der helle Fleck noch wertvoller als ein durch das Steigen erzeugter Ring, denn dieser Ring treibt mit der Strömung ab, der helle Fleck dagegen nicht.

Überlegen Sie nur einmal, wie oft Sie schon «helle Kiesflecke» auf steinigem Grund, «Sandflecke» auf kiesigem Grund oder Stellen, an denen «heller Kalkschlamm bis an die Oberfläche kam», bemerkt haben und bedenken Sie, wie oft Sie sich dabei erinnern, daß sich an diesen Stellen oder dicht daneben Fische aufgehalten hatten. Das war kein Zufall: Die Fische hatten Ihnen ihre Standplätze gezeigt.

Helle Flecke sind in Flüssen oder Flußstrecken mit leichtem Algen- oder Krautbewuchs am Boden oder dünner Schlammschicht am Grund etwas so Alltägliches, daß breite flache Strecken aussehen können, als sei ein Riese mit

Nagelstiefeln hindurchgestolpert (s. Abb. 14 noch einmal). Auch in tiefem Wasser leistet der helle Fleck wertvolle Dienste bei der Pirsch auf Forellen. Er leuchtet vom Grund wie ein Lichtsignal in der Nacht. Gewiß nicht so hell, aber ebenso eindeutig, hat man nur erst einmal begriffen, wie er entstanden ist.

Auch wenn Sie keine Forelle über dem hellen Fleck stehen sehen (was durchaus möglich ist, da sie ja mehrere Standplätze haben kann), sollten Sie nicht zu voreilig weiterpirschen. Sie könnte natürlich weggefangen worden sein. Es ist aber mindestens so wahrscheinlich, daß die Forelle etwa dreißig Zentimeter stromauf, wie daß sie direkt über dem hellen Fleck steht.

Wenn Sie auf den ersten Blick keinen Fisch entdecken können, dann halten Sie nach seinem wedelnden Schwanz am stromauf gerichteten Ende des hellen Flecks Ausschau. Denn sein Schwanz ist ja, wie wir gesehen haben, Hauptverursacher der Erosion, und da die erodierenden Wirbel hinter dem wedelnden Schwanz entstehen, muß unmittelbar hinter ihm auch die Abtragung am stärksten sein. (Bedenken Sie zudem, daß ein unbesetzter heller Fleck in sehr seichtem Wasser einen Abendstandplatz verraten könnte. Solche Plätze im Flachwasser werden von den Fischen oft nur im Schutz der Dunkelheit aufgesucht – zum Teil wohl deshalb, weil sich die Forelle dann sicherer fühlt.)

Gemeinschafts-Standplätze

Die Entdeckung der Bedeutung der hellen Flecke führte uns zur Beobachtung einer anderen interessanten Erscheinung: des Gemeinschafts-Standplatzes oder «Grenzpostens». Wir verwenden gewöhnlich die erste Bezeichnung, obwohl auch die zweite ihre Berechtigung haben kann.

Der «Gemeinschafts-Standplatz» ist ein großer heller Bereich auf dem Flußgrund, der nacheinander von mehreren Fischen durchquert wird, mal nur von einem, mal – aber nur für kurze Zeit – von zweien oder dreien zusammen. Wir haben mehrere solche Gemeinschafts-Standplätze beobachtet: Nie waren sie durch die Schwimmbewegungen eines einzelnen Fisches entstanden, sondern immer durch das ständige Hin- und Herschwimmen mehrerer Fische über immer die gleiche Stelle des Flußbettes.

Da den Fischen ja der ganze Fluß zur Verfügung steht, ist es ein Rätsel, warum sie immer wieder über eine bestimmte Stelle schwimmen, über einen Bereich, der nach unseren Beobachtungen gewöhnlich am gemeinsamen untersten Ende ihrer individuellen Reviere liegt.

Die Fische tauchen über der von ihnen geschaffenen hellen Stelle auf, bleiben dort eine kurze Zeit stehen und bewegen sich dann weiter. Wenn mehrere Fische gleichzeitig auf dem Fleck erscheinen, zeigen sie keinerlei Revieraggression, sondern weichen behutsam in ihr eigenes Revier zurück.

Der Gemeinschafts-Standplatz ist unseres Erachtens sicher kein Futter- oder Schutzplatz im Sinne unserer vorstehenden Ausführungen. Offensichtlich ist er eine Stelle im Wasser, in die sich kurzzeitig mehrere Fische mit eigenem Revier teilen. Die wahrscheinlichste Erklärung dürfte es sein, daß der Gemeinschafts-Standplatz ein Grenzposten ist, der die Reviere der einzelnen Fische voneinander abgrenzt. Wie auch immer – eine interessante Erscheinung ist der «Gemeinschafts-Standplatz» allemal. Für die Angelpraxis dagegen ist der «helle Fleck» weitaus wichtiger.

Abb. 16. Drei Stadien der Schwanzabnutzung durch dauernde Bodenberührung. In Abb. 16A ist die Abnutzung sehr ausgeprägt, in 16B dagegen schwächer, doch immer noch deutlich. In Abb. 16C ist der Abrieb fast unmerklich – aber trotzdem noch zu erkennen, wenn man weiß, wo man suchen muß: Man sieht, daß der obere Rand der Schwanzflosse gleichmäßig konvex ist, während der untere geradegerieben wurde. Bemerkenswert ist auch der auffallende Unterschied in der Form dieser drei Schwanzflossen, die alle zu Wildfischen gehören, die in der gleichen Flußstrecke gefangen wurden. Abnutzung und Verdichtung des Unterrandes der Schwanzflosse durch Bodenberührung sind nicht auf Forellen beschränkt. Wir haben sie in ähnlicher Ausbildung auch an den Schwanzflossen starker Äschen bemerkt.

5 Woraus man schließen kann, was die Forelle nimmt

Die Achillesferse der Forelle – wenn dieser windschiefe Vergleich erlaubt ist – liegt in ihrem Magen, in der Tatsache, daß sie Nahrung aufnehmen muß, um zu leben, und daß sie verletzbar wird, sobald sie das Maul aufmacht, um ihren Hunger zu stillen.

Es kann keine völlige Gewißheit darüber geben, daß eine Forelle, die ihr Maul aufgemacht hat, um unsere Fliege zu nehmen, diese Fliege wirklich mit dem Nährtier verwechselt hat, auf das sie es gerade abgesehen hat, oder mit irgend etwas anderem Freßbaren.

Das einzige, worüber völlige Klarheit besteht, wenn wir einen Fisch mit der Fliege in den Kescher bringen, ist, daß er sie ins Maul genommen hat, denn dort können wir Sie deutlich sehen. Doch alle Fragen, wie die Fliege dorthin gekommen ist – vor allem was den Fisch veranlaßte, die Fliege ins Maul zu nehmen –, werden so lange unbeantwortet bleiben, wie es nicht gelingt, einen Fisch zum Reden zu bringen.

Dies vorausgeschickt, *gibt* es jedoch Gründe für die Annahme, daß ein Fisch, der, sagen wir, ausschließlich kleine Insekten einer bestimmten Art von der Wasseroberfläche nimmt und an eine Kunstfliege geht, die diese nachahmen soll, das tut, weil er die Nachahmung mit dem wirklichen Insekt verwechselt. Skues sagte einmal, er würde das Fliegenfischen aufgeben, wenn er etwas anderes glaubte, und viele Fliegenfischer würden sich ihm anschließen. Denn dies ist die Grundannahme, auf der jede Art des Fliegenfischens mittels Nachbildungen von Fischnährtieren beruht und mit der wir wohl alle einverstanden sind.*

Wir Fliegenfischer stehen also vor der herausfordernden Frage, wie wir aus dieser Schwachstelle im Schuppenpanzer der Forelle – daß sie das Maul aufmachen und sich dadurch der Gefahr des Gefangenwerdens aussetzen muß – den größten Vorteil ziehen können.

Der weitaus wichtigste Schritt des Forellenanglers auf dem Weg zum Fangerfolg besteht darin, sich mit der Art und Weise vertraut zu machen, in der die Forelle Nahrung aufnimmt, insbesondere mit der Beziehung zwischen ihrem Verhalten und der Art von Insekten, hinter denen sie her ist.

Es ist eine der wichtigsten Lektionen des Fliegenfischens, daß die Bewegungen der Forelle bei der Nahrungsaufnahme nicht zufällig und nicht ohne bestimmten Zweck sind. Die Forelle bewegt sich in ganz bestimmter Weise, wenn sie einer bestimmten Nährtier-Gruppe nachstellt, die ihrerseits im Wasser oder im Oberflächenfilm ihr eigenes Verhaltensmuster zeigt. Wenn die Fische ihre Beute an der Wasseroberfläche oder dicht darunter jagen, wird das Wasser in bestimmter Weise bewegt und verdrängt, die, richtig gedeutet, dem Flugfischer goldene Schlüssel zum Erfolg liefert.

Sie wollen wir uns nun gemeinsam betrachten.

---

* Das soll nicht heißen, wir seien der Meinung, daß jede Forelle gefiederte Gebilde an Haken aufnimmt, im Glauben, das sei Nahrung. Häufig, so denken wir, nehmen Seeforellen Lure und Streamer aus Neugierde und/oder Angriffslust. Wer eine genaue Analyse der möglichen Beweggründe von Forellen dafür wünscht, daß sie sich in Seen an Lure haken, findet sie in: Brian Clarke, The Pursuit of Stillwater Trout, London 1975.

Das Steigverhalten als Schlüssel zur Fliegenwahl

Das «Zeichnen» und seine Deutung

Wenn wir davon ausgehen, daß die Forelle – wie bereits erwähnt – bemüht ist, Energie nicht nutzlos zu verschwenden, dann ist wohl auch die Annahme berechtigt, daß sie bei der Aufnahme eines Nährtierchens im allgemeinen nicht mehr Energie verbraucht, als sie durch dessen Verdauung gewinnt.

Von Zeit zu Zeit geschehen natürlich Verstöße gegen diese Regel – zum Beispiel, wenn mehrere Fische um eine begrenzte Menge einer unverhofften Leckerei wetteifern. Doch schon der gesunde Menschenverstand sagt uns, daß unsere Annahme im großen und ganzen gültig sein muß, sonst wäre die Forelle längst ausgestorben.

Daraus können wir mit Recht schließen, daß, wenn sich ein Nährtier langsam vorwärtsbewegt, sich auch die Forelle bei seinem Fang nur gemächlich bewegen wird. Der gesunde Menschenverstand sagt uns ebenso, daß, wenn das Nährtier mit Höchstgeschwindigkeit schwimmt, die Forelle ebenfalls höchstes Tempo vorlegen muß, wenn sie die Beute überholen und fangen will.

Es besteht also eine direkte Beziehung zwischen der Geschwindigkeit der Forelle und der Schnelligkeit ihrer Beuteinsekten.

Und nun wenden wir uns dem Wasser zu, in dem das Steigverhalten der Forelle Gestalt annimmt, um zu sehen, wie es sich an der Wasseroberfläche auswirkt, das heißt wie die Forelle «zeichnet».

Die Forelle schwimmt – vereinfacht ausgedrückt – mittels seitlicher Bewegungen des Körpers. Durch jede Schwimmbewegung wird Wasser längs der Flanken weggedrückt. Beim schnellen Schwimmen geschieht dies kraftvoll, wird das Wasser ziemlich heftig zur Seite gedrückt. Bei langsamem Schwimmen verdrängen die Flanken das Wasser behutsamer.

Doch halt! Bedeutet dies nicht, daß eine Beziehung nicht nur zwischen der Geschwindigkeit der Forelle und der ihrer Beute besteht, sondern auch zwischen der Geschwindigkeit der Forelle und der Kraft, mit der das Wasser weggedrückt wird?

Ja, tatsächlich.

Und ist damit nicht die Beweiskette geschlossen? Haben wir damit nicht eine Verbindung zwischen der Bewegung (oder ihrem Fehlen) des winzigen Lebewesens, mit dem dies alles anfängt, und der Wasserverdrängung, dem «Zeichnen» des Fisches, das wir beobachten?

Jawohl, mein lieber Watson, der Beweis ist geliefert. Wir folgern: Wenn wir mit Witz und scharfen Augen die Art und Weise, in der die Forelle zeichnet, die «Steigzeichen» genau studieren, dann gibt uns das ausgezeichnete Hinweise auf die Nährtier-Gruppe, die das Steigzeichen verursacht haben könnte – sofern wir wissen, welche Nährtier-Gruppe sich wie und wo bewegt.

Die Entdeckung der Prinzipien, die hinter Bewegung und Steigzeichen stehen, kommt dem Stein der Weisen so nahe, wie es dem Fliegenfischer überhaupt möglich und erstrebenswert ist. Mit den geistigen Bezugspunkten, die sie bieten, wollen wir nun die häufigsten Steigzeichen betrachten und herausfinden, was sie uns über den Speisezettel des Fisches mitteilen, der sie verursacht.

Und noch etwas anderes wollen wir tun: nämlich sehen, was uns die Forellen

Abb. 17. Fische, die der Angler nicht sieht, verraten ihren Aufenthaltsort oft durch ihre Bewegung, wenn sie eine Nymphe packen und dabei den Wasserfilm stören. Wie diese Skizze zeigt, kann ein gerader Baumstamm plötzlich eine S-Biegung bekommen, und der scharfe Umriß eines Gebäudes oder Hügels kann an einer Stelle verschwimmen.

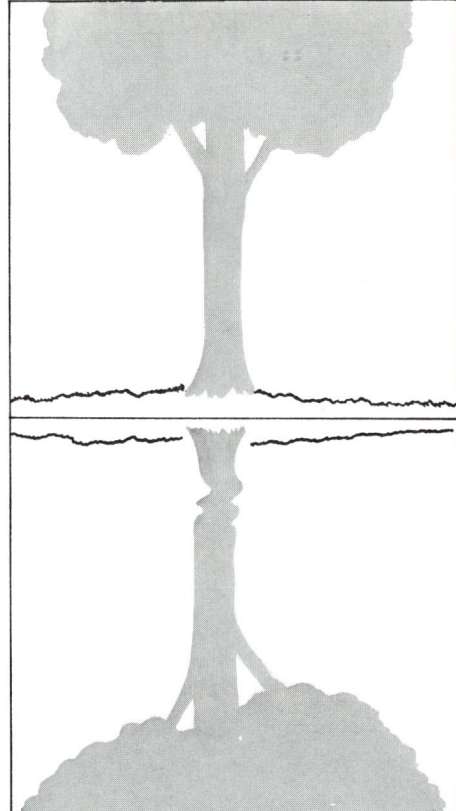

verraten, die ihr Futter *unterhalb* der Wasseroberfläche nehmen, ob wir sie dabei nun sehen können oder nicht, und ob sie unmißverständlich zeichnen. Selbst in klaren Gewässern mit alkalischem Wasser sind nicht alle Fische zu sehen. Gespiegeltes Licht kann sie verdecken, manchmal machen auch Wellenrippeln sie unsichtbar, oder sie verbergen sich in tiefen Verstecken.

Diesen scheuesten unter unseren Fischfreunden wollen wir uns zuerst zuwenden. Denn oft verraten sie dem Angler, der gewillt ist, seine Augen und den Verstand dahinter zu benutzen, wo sie stehen und was sie vorhaben.

Steigzeichen beim Aufnehmen unterhalb der Wasseroberfläche

Spiegelbilder
Eine der häufigsten und gleichzeitig subtilsten aller Möglichkeiten eines unsichtbaren Fisches, seine Gegenwart zu verraten, besteht in unbedeutenden Bewegungen an sich ruhiger Spiegelbilder auf glatter Wasseroberfläche.

Wir wissen, daß sich in allen glatten Strecken eines Flusses seine Umgebung spiegelt, sofern die Sonne nicht über oder hinter dem Angler steht: Im Wasserspiegel sieht man das gegenüberliegende Ufer, Bäume, Gebäude, ferne Berge. Da sich die Intensität des Lichts ändert, wechseln die Spiegelbilder zwar ihre Helligkeit; ihre Form und die Schärfe des Umrisses bleiben jedoch unverändert: «richtig» für diese Strecke und die herrschenden Bedingungen. Dies gilt aber nur so lange, wie sich kein Fisch unter der Oberfläche mit so heftigen Schwimmbewegungen fortbewegt, daß das Spiegelbild gestört wird.

Dann kann das Spiegelbild eines geradegewachsenen Baumstammes plötzlich Krümmungen oder Schlangenform zeigen (Abb. 17). Der Umriß eines Gebäudes kann auf einmal an einer bestimmten Stelle unscharf werden. Im Bereich eines dunklen Spiegelbildes können unvermittelt kleine Lichtreflexe erscheinen. Umgekehrt können in einem hellen Bereich vorübergehend dunkle Flecken sichtbar werden. Alle diese Erscheinungen – und es gibt noch andere – sind ausgezeichnete Hinweise auf einen Fisch – einen Fisch, der sich bewegt und vielleicht sogar Nahrung aufnimmt. Der Angler, der solche unscheinbaren Anzeichen beachtet, ist dem, der sie übersieht, um Längen voraus. Denn weil er weiß, daß ein Fisch da ist, wird er eine Stelle suchen, von der aus er ihn vielleicht sehen könnte. Auch wenn er keine solche Stelle findet, kann ein gut gezielter Wurf trotzdem Erfolg bringen.

Gerade solche beiläufigen, scheinbar aufs Geratewohl ausgeführten und fast immer erfolgreichen Würfe bringen manchen Angler in den Ruf, einen «sechsten Sinn» oder geheimnisvolle Verbindungen zur Fischwelt zu besitzen. So etwas gibt es natürlich nicht. Was dem Zuschauer, der die Steigzeichen übersehen hat, als Wurf aufs Geratewohl erscheint, dürfte für den Mann mit der Angelrute nur der «Punkt auf dem i» gewesen sein.

Querkräuselungen
Auch wenn das Wasser nicht spiegelglatt ist, kann es doch die Gegenwart von Fischen verraten, die vom Ufer aus nicht zu sehen sind. Wir haben schon erwähnt, daß eines der häufigsten Steigzeichen in welligem, rauhem, rasch fließendem Wasser auftritt.

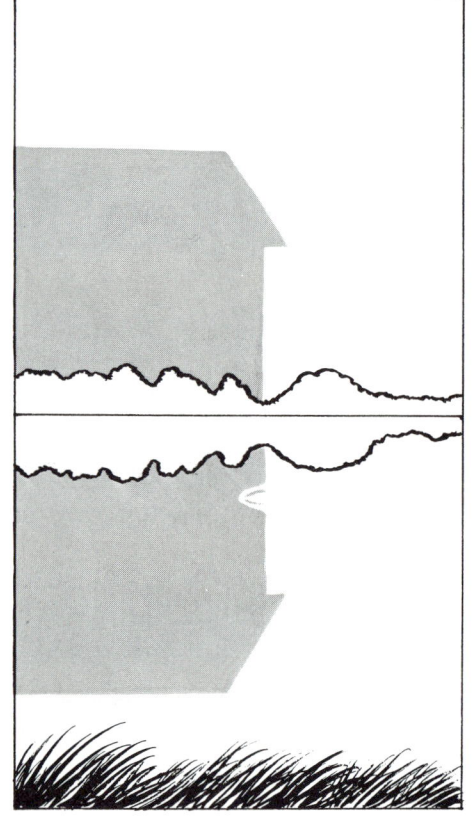

Für den Nichtangler bedeuten Wirbel und Kräuselungen der Wasseroberfläche wohl nicht mehr als wirre Wellenbewegungen und Strudel. Doch selbst der Neuling im Fischen merkt bald, daß dies nicht zutrifft, denn diese Erscheinungen weisen, wie wir gesehen haben, ein bestimmtes Muster auf und laufen nach einem bestimmten Rhythmus ab, wobei Bewegungen in Strömungsrichtung vorherrschen. Obwohl keine zwei Wirbel oder Kräuselungen einander genau gleichen, hat man bald erkannt, daß alle bestimmte, für die betreffende Stelle charakteristische Eigenheiten aufweisen. Hinweise auf Fische ergeben sich, sobald wir Unregelmäßigkeiten gegenüber diesem charakteristischen Bild beobachten.

Der häufigste Hinweis besteht darin, daß ein flußabwärts gerichteter Wellenzug für einen Augenblick durch eine *quer zur allgemeinen Fließrichtung* verlaufende Wellenformation unterbrochen wird (Abb. 18).

Eine solche Querströmung bleibt nur kurz bestehen, in ein, zwei Sekunden ist sie vorbei. Sie wird ziemlich sicher von einem Fisch verursacht, der mit rascher Bewegung irgend etwas unter der Wasseroberfläche aufgenommen hat, wobei der plötzliche Stoß einen aufwärtsgerichteten Wasserwirbel erzeugt hat. Dieser Wirbel wird zwar auf seinem Weg nach oben durch die Stärke der Strömung etwas abgebremst, erreicht aber doch die Oberfläche mit dem Ergebnis, daß eine Reihe von Querkräuselungen entsteht.

Die beschriebenen Vorgänge können sich so nur im rauhen Wasser abspielen. Wenn ein Fisch eine Nymphe im langsam strömenden oder glatten Wasser dicht unter der Oberfläche packt, wird sich eine regelrechte Aufwölbung bilden.

Der Unterwasser-«Ring»

Dies ist ein Steigzeichen, das mehr Verwirrung und wortreiche Diskussionen verursacht hat als jedes andere.

Das deshalb, weil die Störung der Wasseroberfläche, die entsteht, wenn ein

Abb.18. Ein subtiles Zeichen für die Anwesenheit einer Forelle im rauhen Wasser zeigt sich, wenn sie eine plötzliche Wendung macht, um ein Nahrungsteilchen unter der Wasseroberfläche aufzunehmen. Das von den Flanken der Forelle aufwärts weggedrückte Wasser gelangt an die Wasseroberfläche und verursacht dort eine kurzzeitige Unterbrechung in dem durch die Strömung erzeugten Wellenmuster.

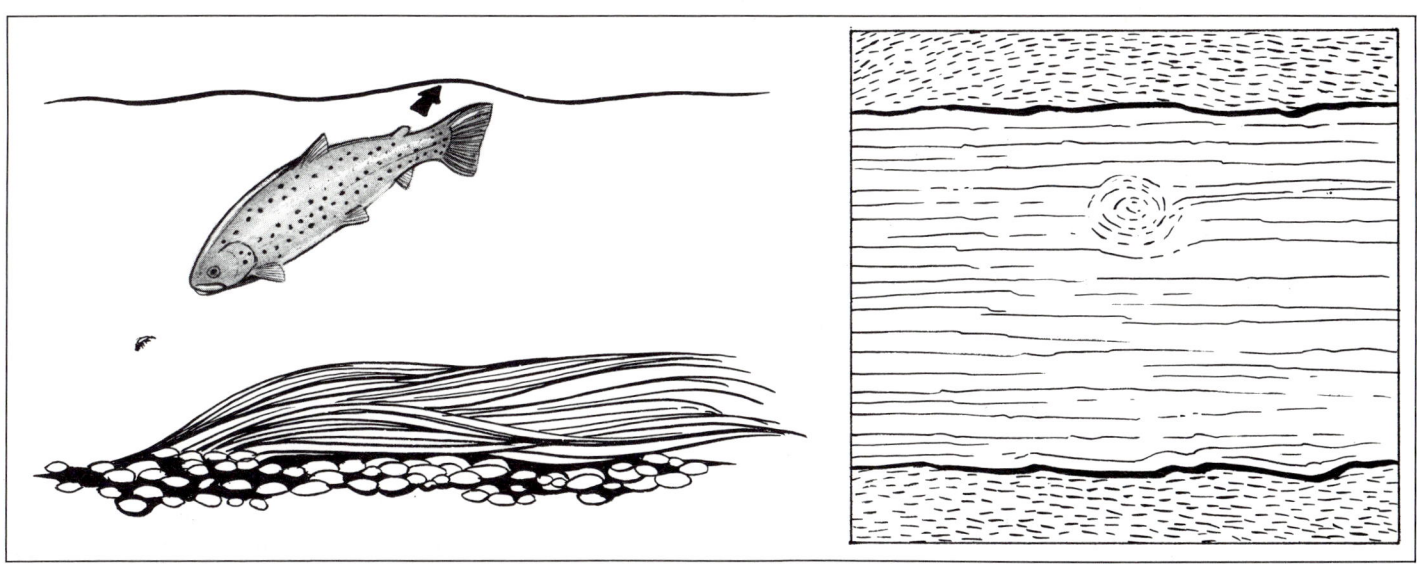

Fisch eine Nymphe, Puppe oder einen Flohkrebs dicht unter der Wasseroberfläche nimmt oder einen dicht unter der Wasserhaut treibenden «Spinner» (Imagostadium der Eintagsfliegen) packt, sehr leicht mit jener verwechselt werden kann, die beim Steigen nach einem Insekt auf der Oberfläche entsteht.

Das Unvermögen, zwischen dem «Steigen» nach einer schlüpfenden Nymphe und dem Steigen nach einer «Dun» (Subimagostadium der Eintagsfliegen) auf der Wasseroberfläche klar zu unterscheiden, ist vielleicht die häufigste Ursache für Mißerfolg, wenn die Fische während einer Schlüpfperiode aktiv sind. Leider gibt es dafür keine Eselsbrücke. Die einzige Möglichkeit, beide Vorgänge zuverlässig auseinanderhalten zu können, ist die ständige, gezielte Beobachtung am Wasser. Es gilt, lange und scharf zu schauen, bevor man sich entscheidet, welche Fliege man anbieten will. Versuchen Sie zunächst festzustellen, was mit einer Dun passiert, die Sie über den Standplatz des Fisches treiben sehen. Wird diese genommen, ist der Fall klar. Wird sie nicht genommen oder sind überhaupt keine Duns zu sehen, dann ist das Problem *wahrscheinlich* ebenfalls gelöst und das Gegenteil trifft zu. (Wir werden gleich noch sehen, daß Fische durchaus in der Lage sind, Insekten von der Wasseroberfläche zu nehmen, die aus 5 m Entfernung völlig unsichtbar sind.)

Unterscheiden zu können, ob der Fisch an oder unterhalb der Wasseroberfläche aufnimmt, ist deshalb so überaus wichtig, weil eine Forelle, die mit der Aufnahme von Unterwassernahrung beschäftigt und in diese Tätigkeit vertieft ist, kaum nach an der Oberfläche angebotenen Kunstfliegen steigen wird, auch wenn diese noch so kunstvoll gebunden sind und noch so zart angeboten werden. Der umgekehrte Fall dagegen trifft häufig zu: Eine Forelle, die an der Oberfläche aufnimmt, ist meist – aus Gründen, die nur sie allein kennt – einer Nymphe nicht abgeneigt.

Die «Vierteldrehung»

Die höchste Stufe seiner Ausbildung hat ein Fliegenfischer dann erreicht, wenn er fähig ist, die mannigfaltigen Arten der Nahrungsaufnahme von Fischen zu deuten. Diese Fähigkeit ist auch die lohnendste, weil sie lehrt, den Fisch in seiner natürlichen Umwelt zu verstehen, und *die* wichtigste, wenn es darauf ankommt, den Fischkorb zu füllen.

Eine häufige Aufnehmbewegung unter Wasser ist eine korkzieherartige Vierteldrehung, bei der die Forelle – die stets dicht am Grund steht – sich für Sekunden im spitzen Winkel zum Flußbett auf die Seite legt und dann wieder ihre normale aufrechte Stellung einnimmt (Farbfoto S. 87). Diese Bewegung kann noch und noch wiederholt werden und verrät die Vorliebe eines Fisches für Flohkrebse.

Der Flohkrebs (Abb. 19) ist ein heimliches Wesen, das im Kraut oder an krautfreien Stellen dicht am Grund zwischen Steinen lebt und sich mit all seinen winzigen Beinchen an ihnen festhält, bucklig und mit dem Kopf nach unten. Von seiner wichtigen Rolle in der Nahrungskette ist er alles andere als begeistert und geht ihr möglichst aus dem Weg. Wenn er sich schon bewegen muß, marschiert er seitwärts um die Steine herum und unter ihnen durch, er schlüpft durch Klüfte und Spältchen, wenn er auf die andere Seite muß, um ja den Forellen nicht aufzufallen. In steinigen Flußstrecken hat die Forelle deshalb

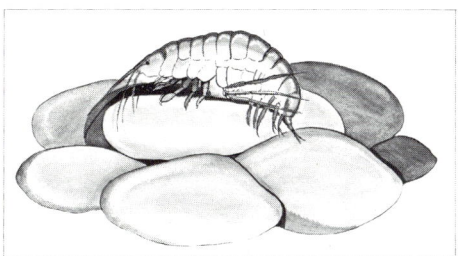
Abb. 19. Flohkrebse, die sich an Steine am Grund klammern, veranlassen Forellen, die sie packen wollen, zu ungewöhnlichen Bewegungen (s. Farbfoto S. 87).

selten Gelegenheit, einen Flohkrebs im freien Wasser zu erwischen. Wenn sie einen fangen will, muß sie ihn mit dem Maul von seinem Platz aufnehmen. Unserer Ansicht nach führt die Forelle die «Vierteldrehung» vor allem seinetwegen aus, denn die Form ihres Maules gestattet ihr nicht, eine zappelnde, widerstrebende Beute anders von einem Stein zu klauben.

Eine Forelle, die einen am Boden krabbelnden Flohkrebs haben möchte, *muß sich auf die Seite legen und ihn mit der flachen Seite des Mauls aufschaufeln.*

Ein gelegentlicher weiterer Zweck der «Vierteldrehung» mag es sein, Flohkrebse vom Boden aufzuscheuchen, so daß die Forelle sie im freien Wasser packen kann. Dieser Zweck ist aber wohl doch zweitrangig, denn nur selten sieht man einen Fisch, nachdem er die Körperdrehung ausgeführt hat, den bezeichnenden Stoß und das Zuschnappen nach der Beute im freien Wasser ausführen.

Die «gründelnde» Forelle

Das «Gründeln» der Forelle bei der Nahrungsaufnahme überbrückt im wörtlichen wie im übertragenen Sinn die Kluft zwischen Fischen, die unterhalb der Wasseroberfläche nehmen, und solchen, die dies an der Oberfläche tun. Dabei sieht man den Fischschwanz oft vergnügt in der Luft wedeln, während sein

Abb. 20. Die «gründelnde» Forelle – die ihre Schwanzflosse in die Luft streckt, während sie mit dem Maul am Grund nach Futter wühlt – kann problematisch zu deuten sein und sollte aus möglichster Nähe beobachtet werden. Aus einiger Entfernung kann die Störung des Oberflächenfilms durch die Schwanzflosse mit der Wirkung des Steigens nach einem flach auf dem Wasser treibenden Insekt verwechselt werden.

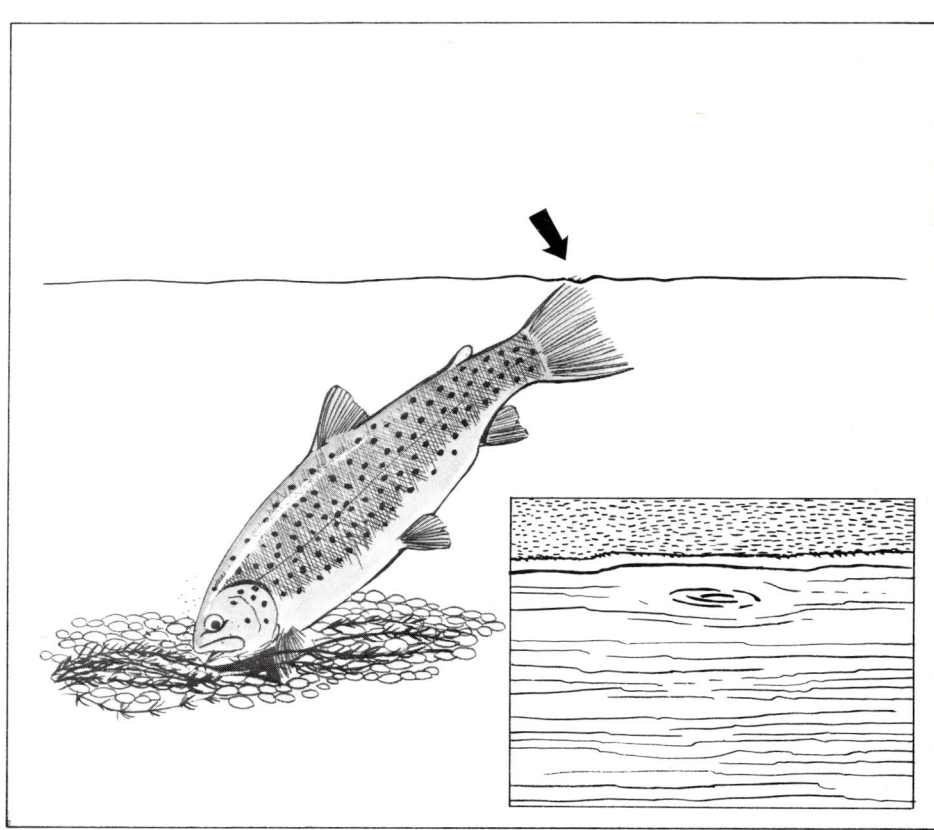

Eigentümer fleißig damit beschäftigt ist, schmackhafte Bissen aus dem Kraut oder, im flachen Wasser, vom Grund aufzunehmen. Das «Gründeln» ist ein Zeichen, das selbst für den erfahrenen Angler schwierig auszumachen ist, sofern er es nicht aus nächster Nähe beobachten kann (Abb. 20).

Der «gründelnde» Fisch nimmt meist Flohkrebse, Nymphen, Wasserschnecken oder Köcherlarven auf. Wenn sein Kopf nach unten geht, kommt der Schwanz nach oben und durchstößt die Oberflächenhaut, dauernd oder ab und zu. Schaut die Schwanzflosse längere Zeit ein paar Zentimeter aus dem Wasser, dann sieht es ganz so aus, als ob ein einzelner Pflanzenstengel aus dem Wasser rage; eine feine V-förmige Wellenspur führt davon eine kurze Strecke flußabwärts, bis sie von der Strömung ausgelöscht wird. Aus diesem Grund wird ein «gründelnder» Fisch im ufernahen Flachwasser oder neben Krautbetten leicht übersehen. Durchbricht die Schwanzspitze nur gelegentlich die Wasseroberfläche, dann sieht es ganz aus, als ob die Forelle nach einer abgestorbenen Fliege oder einem in der Oberflächenhaut gefangenen «Spinner» steigt (siehe weiter unten).

Die «Rolle»

Die «Rolle» oder das «Schwanz-über-Kopf»-Steigen kommt dem Zeichnen der Forelle beim Nehmen von der Wasseroberfläche sehr nahe, nur wird es sozusagen nicht ganz zu Ende geführt. Der Fliegenfischer sieht am Wasser nur wenige Vorgänge, die seinen Pulsschlag mehr beschleunigen.

Bei der «Rolle» zeichnet der Fisch stets im Zeitlupentempo, atemberaubend langsam, Filmbild nach Filmbild: Erst taucht die obere Hälfte des Kopfes, dann die Schulter, der Rücken und schließlich der große breite Schwanz auf.

Charakteristisch für dieses Steigzeichen ist offenbar auch, daß es den Fisch, der es ausführt, stets größer erscheinen läßt. Eine so zeichnende Forelle sieht immer wie eine Art sich windendes monströses U-Boot aus. Doch wenn sie aus dem Wasser ist, gleicht sie auffallend einer Forelle, ja ganz auffallend einer unauffälligen Forelle.

In schnellfließendem rauhem Wasser oder in Rieseln sieht man die «Rolle» selten; sie ist für die glatter fließenden Strecken bezeichnend und gilt meist Nymphen oder Spinnern, die unter der Oberflächenhaut kleben, oder auch unter der Oberflächenhaut hängenden Mücken.

Steigzeichen beim Aufnehmen von der Wasseroberfläche

Der «Schlürfer» oder «Kuß»

Wir wollen zwar den «Schlürfer» oder das «Kuß»-Steigen in der richtigen Reihenfolge der Vorgänge behandeln, sind aber der Ansicht, daß es sich dabei um das interessanteste Steigzeichen handelt, das der Angler zu Gesicht bekommen kann. Es ist zudem ein Steigzeichen, an dem sich ausführlich zeigen läßt, wie sorgfältige Beobachtung, verbunden mit ein wenig Überlegung, einen Einblick in die Welt des Fisches gestattet und gleichzeitig das technische Rüstzeug bestimmt, mit dem er zu überlisten ist.

Den «Schlürfer» oder das «Kuß»-Steigen (Abb. 21) erkennt man an zwei verschiedenen Anzeichen. Das erste ist ein deutlich hörbares küssendes Ge-

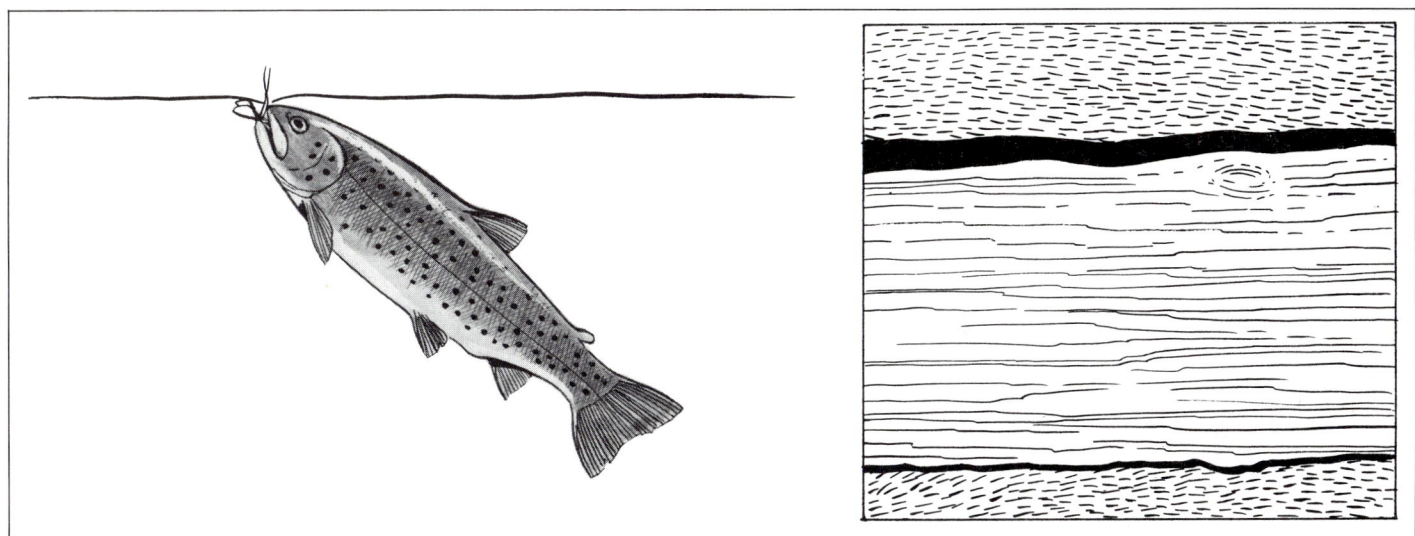

Abb. 21. Das «Kuß»-Steigen ist eines der faszinierendsten Steigzeichen. Es hat zwei Merkmale: ein deutlich hörbares schlürfendes Geräusch, das durch das kräftige Einsaugen entsteht, mit dem die Forelle die Fliege samt etwas Luft ins Maul holt; ferner die dabei sich bildende kaum wahrnehmbare Störung der Wasserhaut.

räusch, das zweite eine winzige, kaum wahrnehmbare Störung der Wasserhaut, die von der Strömung rasch verformt und verwischt wird.

Wenn wir das Geheimnis um den Kuß entschleiern wollen, dann muß unsere erste Frage lauten: «Warum macht ein Fisch, der Nahrung aufnimmt, ein küssendes Geräusch?» oder anders gefragt: «Was muß ein Fisch tun, um ein solches Geräusch zu erzeugen?»

Und welche Antwort gibt der gesunde Menschenverstand? Er sagt: Ein Fisch, der einen Kußlaut von sich gibt, saugt *nicht nur* Insekten ein. Damit das hörbare Schlürfen entsteht, *muß* er etwas Wasser und *gleichzeitig auch etwas Luft* aufnehmen (man schlürfe heiße Suppe von einem Löffel, dann erkennt man das).

Und was folgt daraus? Daraus geht hervor, daß der Fisch, auf den wir es abgesehen haben, unmittelbar im Oberflächenfilm aufnimmt, keinen Zentimeter tiefer – denn allein der Oberflächenfilm ist der Bereich, wo beides, *Wasser und Luft* vorhanden sind.

Die zweite wichtige Schlußfolgerung besagt, daß die Forelle, die wir belauern, sehr langsam schwimmt, wenn dies überhaupt Schwimmen genannt werden kann. (Denn die Forelle braucht, wie die Möwe im Wind, für ihre Bewegung keine Arbeit zu leisten, sie stellt ihre Flossen entsprechend und schwebt auf der Strömung nach oben.)

Und woraus dürfen wir folgern, daß der Fisch dabei keine Eile hat? Weil wir wissen, daß er schon in der Nähe der Oberfläche steht (wo die Luft ist) und die Wasseroberfläche doch nur geringfügig stört, wenn er sacht und formvollendet anhält. *Denn würde ein schnellschwimmender Fisch nicht durch das Wasser, das er beim Schwimmen wegdrückt, erhebliche Unruhe der Wasseroberfläche verursachen?*

Aber sicher. (Eine nicht unwichtige Anmerkung ist hier zu machen. Die Zartheit, mit der «geschlürft» wird, deutet oft auf eine starke Forelle, die gelernt hat, ihre Nahrung mit geringstmöglichem Energieaufwand von der

Wasseroberfläche zu nehmen. Starke Forellen machen beim Aufnehmen selten viel Wirbel.)

Noch einen dritten Schluß erlaubt dieses Steigzeichen: Der so zeichnende Fisch muß völlig sicher sein, daß das Nährtier, auf das er es abgesehen hat, bewegungslos in der Wasserhaut haftet und ihm hilflos ausgeliefert ist.

Wieso? Weil, mein lieber, aufmerksamer Watson, dies die absolut selbstsichere, lässige und zielbewußte Art zeigt, mit der die Fliege eingeschlürft wird. Wenn das Insekt ernsthafte Chancen hätte zu entwischen, wenn es Flügel besäße und sich aus der Wasserhaut befreien könnte, hätten Instinkt und Erfahrung den Fisch, der, um zu überleben, stets seinen Energiehaushalt ausgleichen muß, längst gelehrt, sich zu sputen. Gerade weil die Forelle es *nicht* eilig hatte, dürfen wir mit Recht annehmen, daß sie weiß, daß dies nicht nötig ist. Es wurde ja schon darauf hingewiesen, daß sich ein Tier in freier Wildbahn in neun von zehn Fällen nur dann rasch bewegt, wenn es muß.

Nun fehlt nur noch die Antwort auf eine Frage, die sich der Fliegenfischer zu stellen hat, ehe er eine passende Fliege ans Vorfach bindet und sie dem Fisch voller Selbstvertrauen vorsetzt. Sie lautet: Welche Insekten darf man im oder auf dem Oberflächenfilm (an der Grenzfläche von Wasser und Luft) erwarten, die nicht flüchten können (weil der Fisch beim Steigen ja keine Eile zeigt)? Die Antwort lautet natürlich, nur Insekten, die tot oder im Begriff sind zu verenden und die sich *im* Oberflächenfilm gefangen haben.

Viele Insekten enden natürlich im nassen Grab, doch am häufigsten entsteht das schlürfende Geräusch beim Aufnehmen von toten «Spent-Spinnern» (weibliche Eintagsfliegen-Imagines nach der Eiablage), die nach der Eiablage entkräftet auf dem Wasser treiben. Ihre Beine knicken ein oder dringen durch den Oberflächenfilm, ihr Körper sinkt in ihn ein, und ihre kreuzförmig ausgebreiteten Flügel haften an der trügerischen Haut.

Nächst dem «Spent-Spinner» ist wohl die schlüpfende Nymphe das häufigste Insekt, das an der Oberfläche stirbt.

Nicht allen Wasserinsekten gelingt es, sich erfolgreich aus der Nymphenhaut bzw. Puppenhaut zu befreien. Sehr viele bekommen den Leib nicht frei, manchmal bleibt ein Flügel in der Nymphenhülle stecken oder ein oder mehrere Flügel bleiben, wie beim «Spent-Spinner», in der Wasserhaut kleben. Es gibt aber auch Insekten, die selbst dafür sorgen, daß sie keinen natürlichen Tod sterben. In ihren verzweifelten Versuchen freizukommen, senden sie tausende winziger, verebbender Wellenringe aus – und machen so auf sich aufmerksam. Und wenn es etwas gibt, dem die Forelle nicht widerstehen kann, dann ist es der Anblick eines zappelnden Insektes, das nicht vom Wasser wegkommt.

(Bei einem Massenschlüpfen von Eintagsfliegen kann man häufig beobachten, daß die Forellen es nicht auf die ruhig dahersegelnden Duns abgesehen haben, sondern auf solche, die vor dem Auffliegen auf der Wasseroberfläche umherflattern. Diese Unglücklichen signalisieren ihre Gegenwart den Fischen schon auf weite Entfernung und verurteilen sich selbst zum Gefressenwerden. Einige Bemerkungen darüber, wie der Angler daraus Nutzen ziehen könnte, finden sich im Kapitel über das Fischen mit der Trockenfliege.)

Eine andere Gruppe von Insekten, die sich oft im Oberflächenfilm fängt – im Gegensatz zu denen, die *auf* dem Film stehen –, sind die Landinsekten wie ins

Wasser gefallene Käfer oder Raupen. Tierchen dieser Art sind völlig unange-
paßt an das Leben im Wasser, und je mehr sie zappeln, desto tiefer sinken sie in
die Wasserhaut ein, werden gleichzeitig schwächer und schwächer – ähnlich,
schrecklicher Gedanke, dem Menschen, der im Moor versinkt.

Der «Platscher»

Kein Steigzeichen beim Aufnehmen von Oberflächennahrung steht in schärfe-
rem Gegensatz zu der Zartheit des «Kuß»-Steigens als jenes, das wir als
«Platscher» bezeichnen (s. Farbfoto auf S. 86). Auch der «Platscher» kann, wie
das «Kuß»-Steigen, mit ein wenig Nachdenken gedeutet werden.

Der «Platscher» ist genau das, was das Wort besagt: eine kräftige großflächige
Störung der Wasseroberfläche, wobei entweder ein Sprühregen hoch in die Luft
geht oder das Wasser kräftig seitwärts aufwallt.

Nach der gleichen Überlegung, nach der der zarte, nadelfeine Kuß an der
Oberfläche von einem dort langsam schwimmenden Fisch herrührt, wird der
Platscher von einem rasch an der Oberfläche schwimmenden Fisch erzeugt,
denn wie sonst könnte das Wasser mit solcher Gewalt aufgerührt werden?

Wenn ein Fisch an der Oberfläche schnell schwimmt, tut er das nicht, weil er
sich verausgaben will. Auch von dieser Regel gibt es Ausnahmen. In der
Fischwelt gibt es ebenso Dorftrottel wie unter uns Menschen. In der Regel
jedoch bewegen sich Fische gerade so schnell wie nötig, nicht schneller. Und
wenn eine Forelle sich ständig mit hoher Geschwindigkeit an der Oberfläche
bewegt oder das gar mehrere Forellen tun, dann deshalb, weil es nötig ist, um
eine Beute zu fangen, die sich selbst mit hoher Geschwindigkeit bewegt, oder
weil dem Fisch Instinkt oder Erfahrung sagen, daß diese Beute sich mit hoher
Geschwindigkeit bewegen und entkommen *kann*.

Das Insekt, das die Forelle am häufigsten zu rascher Verfolgung reizt, ist die
Köcherfliege.

Viele Köcherfliegenarten sind groß und schon allein deshalb ein verlockender
Bissen. Außerdem verhalten sich manche Arten beim Schlüpfen oder wenn sie
bei der Eiablage über das Wasser schlittern höchst auffällig.

Die V-förmige Bugwelle beim Eiablegen oder das Gezappel beim Schlüpfen
wecken den Raubinstinkt der in der Nähe stehenden Fische, und auf die ihnen
bekannte oder offensichtliche Fähigkeit der Köcherfliege zu rascher Bewegung
reagiert die Forelle ihrerseits mit rascher Bewegung.

Nun sind Köcherfliegen vorwiegend nachts unterwegs – sie schlüpfen hauptsächlich abends und legen auch ihre Eier in dieser Tageszeit –, deshalb ist der
«Platscher» besonders abends zu beobachten. Sieht man ihn bei Tag, dann wird
der Angler, der die überwiegend nächtliche Lebensweise der meisten Köcherfliegenarten kennt, nach anderen Verursachern suchen. Als Nummer eins auf
der Liste der Kandidaten steht dann entweder ein großes Landinsekt, das auf
die Wasseroberfläche geraten ist, oder die Maifliege während ihrer kurzen
Flugzeit.

Das «Wedeln»

Das «Wedeln» – so benannt in Ermangelung einer eleganteren, aber vielleicht
weniger treffenden Bezeichnung – ist kein häufiges Steigzeichen. Es ist jedoch

notwendig, auf es hinzuweisen, damit es nicht mit 'der früher beschriebenen «Rolle» verwechselt wird.

Beim «Wedeln» tauchen Schultern, Rückenflosse und Schwanz fast gleichzeitig in der Oberflächenhaut auf. Zu beobachten ist dieses Steigzeichen an gleichmäßig strömenden Wasserstrecken mit glatter Oberfläche, und es verrät einen Fisch, der, manchmal wie benommen, kleine Duns oder Spinner nimmt, die in Flottillen mit der Strömung treiben.

Es ist ein gemächliches Steigen, da der Fisch seine Beute offensichtlich sehr deutlich kommen sieht und sich von seinem Platz dicht unter der Oberfläche nur eben nach oben zu treiben lassen braucht. So etwas macht nur ein Fisch, der sozusagen darauf gewartet hatte, daß ihm die Fliege geradewegs ins Maul schwimmt. Dabei bewegt sich der Fisch kaum vorwärts, macht das Maul zu und dreht wieder aus der Waagrechten zu seinem alten Platz unter dem Wasserfilm ab.

Das Letzte, was von der Forelle verschwindet, ist der Schwanz. Schon vor langer Zeit hat jemand diese gemächliche Bewegung als ein «zufriedenes Schwanzwedeln» bezeichnet. Diese Beschreibung ist aus mehr als einem Grund genau und zutreffend: Die Forelle hat ihre echte Fliege bekommen, unsere künstliche dagegen ausgelassen. Nach unseren Erfahrungen nimmt eine wedelnde Forelle selten künstliche Fliegen.

Der normale Ring

Der normale Ring entsteht, wenn die Forelle eine Dun oder etwas anderes geradewegs von der Wasseroberfläche nimmt.

Es ist ein schlichtes, unromantisches Steigzeichen ohne besondere Kennzeichen: kein Schlürfen, keine Küsse, kein Platschen an der Wasseroberfläche, kein gemächliches Abdrehen. Dieses Steigverhalten kann man zu jeder Jahreszeit und fast überall erleben. Die Forelle sieht die Fliege – gewöhnlich eine Dun –, steigt nach ihr, macht das Maul auf, nimmt sie und dreht wieder ab.

Dem normalen Ring begegnet man in schnell und langsam fließendem Wasser, und seine Erscheinungsform hängt vom Gewässertyp ab.

Im langsam fließenden Wasser entstehen regelrechte kreisrunde, nach außen verebbende Ringe, gelegentlich begleitet von einem deutlichen schmatzenden Geräusch. Im schnell strömenden, welligen Wasser bildet sich eine deutliche Störung des Strömungsbildes, in Verbindung mit rasch vergehenden Querwellen, ähnlich den beschriebenen, durch nymphende Fische im schnell strömenden Wasser erzeugten Querkräuselungen, jedoch stärker ausgeprägt. In schneller, aber glatter Strömung zeichnet der Fisch ebenfalls mit einem Ring, der aber schon etwa ein Meter unterhalb verschwunden ist.

Mit anderen Worten heißt dies, daß die Bewegungsweise des Fisches grundsätzlich gleich bleibt und nur der Gewässertyp sich ändert. Bei den komplizierteren Steigzeichen hingegen ist es die Bewegungsweise des Fisches, die sich ändert.

Noch einen Punkt müssen wir hervorheben, der für die Deutung der Steigzeichen im allgemeinen und solcher beim Aufnehmen von der Wasseroberfläche im besonderen wichtig ist. Es gibt eine charakteristische Spur, die der Fisch nur hinterläßt, wenn er von der Oberfläche aufnimmt, jedoch nicht, wenn er unterhalb der Wasseroberfläche aufnimmt. Mit ihrer Hilfe können beide Gruppen von Steigzeichen unterschieden werden, auch wenn man das Steigen selbst nicht beobachtet hat.

Es sind die Luftblasen.

Wenn eine Forelle ein Insekt an der Oberfläche nimmt, muß sie zwangsläufig auch etwas Luft mit einsaugen. Hat eine Forelle Luft ins Maul bekommen, will sie diese durch Spreizen der Kiemendeckel so schnell wie möglich wieder loswerden. Und da dies ziemlich weit unter der Wasseroberfläche geschieht, steigt die Luft in Form von ein oder zwei Blasen auf.

Wenn Sie also im ruhigen Wasser bei ungünstiger Beleuchtung Schwierigkeiten haben zu erkennen, ob der Fisch beim Steigen die Wasserhaut wirklich durchbrochen hat, dann suchen Sie nach den verräterischen Luftblasen. (Bei Äschen allerdings ist Vorsicht geboten. Wenn sie steigen, dann entstehen wegen der Schnelligkeit, mit der dies geschieht, und der raschen Wendung, die sie an der Oberfläche ausführen, fast immer Blasen.)

Das Märchen vom «nierenförmigen Wirbel»

Skues hat bekanntlich wie kein anderer in unserem Jahrhundert zum vorurteilsfreien Denken in Fragen des Fliegenfischens beigetragen. Von der Zeit an, als in den neunziger Jahren des vorigen Jahrhunderts zum ersten Mal ein Brief von ihm gedruckt erschien, bis zu seinem Tod im Jahre 1949, hat er mehr an Klarsicht, Beobachtung und gesundem Menschenverstand in das Schrifttum über das Fliegenfischen eingebracht als jeder andere uns persönlich oder namentlich bekannte Autor.

Es ist jedoch verständlich, daß Skues im Lauf eines so langen und fruchtbaren Lebens auch Irrtümer unterlaufen mußten – wenigstens nach unserer Meinung. Auf einen dieser Irrtümer soll jetzt eingegangen werden, denn er gehört heute zur Fliegenfischer-Folklore, besonders in England.

Es geht dabei um das, was Skues als «nierenförmigen Wirbel» bezeichnet hat. Diesen Namen gab er einem Steigzeichen, das er mit der bei Anglern an Kreideflüssen so beliebten Blaugeflügelten Olivfarbenen (BWO, Abb. 22) in Verbindung brachte.

Seitdem Skues dieses Steigzeichen und seinen «charakteristischen» nierenförmigen Doppelwirbel beschrieb, haben zwei Anglergenerationen das Wasser danach abgesucht, wenn die BWO zu erwarten war – wie es auch noch einige künftige Generationen tun werden. Der nierenförmige Wirbel wurde zum «klassischen» Steigzeichen, wie der Schlürfer oder der Platscher.

Was das Auge nicht sehen kann, spiegelt die Einbildung vor, und die vermeintliche Beobachtung verleitet dann zum hastigen Wurf mit einer Nachbildung der BWO.

Einen nierenförmigen Wirbel als Steigzeichen gibt es nicht. Exakter ausgedrückt, eine Störung der Wasseroberfläche, die der Nierenform ähnelt, mag zuweilen durch einen steigenden Fisch verursacht werden – ist aber in neunundneunzig von hundert Fällen *für nichts kennzeichnend.* Im hundertsten Fall kann die Nierenform durch einen Fisch erzeugt worden sein, der nach einer Fliege gestiegen ist, aber im letzten Moment abdrehte, um eine andere zu nehmen. Die Störung der Wasseroberfläche durch einen steigenden Fisch kann – sobald

Abb. 22. Die Blaugeflügelte Olivfarbene – sie hat mehr Verwirrung im Angelschrifttum gestiftet, als bergauf strömendes Wasser verursachen könnte.

die Aktion vorüber ist – in der Strömung *beinahe jede* Form annehmen und tut das auch. Es gibt keine Insektenart, die einen Fisch veranlassen könnte, sich so zu bewegen, daß sich stets ein nierenförmiger Wirbel bildet, genau so wenig, wie es, um ein Beispiel zu nennen, eine Köcherfliege gibt, die schuld wäre, daß die Eruption beim «Platscher» die Form einer Krone, eines Turms oder Schiffs annimmt. Wer an den «nierenförmigen Wirbel» glaubt, *erwartet ihn auch* auf dem Wasser. Die Täuschung ist demnach Selbsttäuschung, sehr ähnlich derjenigen, der die Forelle unterliegt, wenn sie eine bestimmte Fliege erwartet und dann nach etwas steigt, was einen lästigen scharfen Haken verbirgt.

JG ist auf eine Forelle am Uferrand aus.

Teil II

Sehen:

Forelle und Angler

6 Wie die Forelle sieht

Im ersten Teil dieses Buches haben wir die Forelle vom Trockenen her, vom Ufer aus beobachtet. Für den Laien, der am Rand eines klaren Fließgewässers oder Sees steht, von wo aus er jedes Krautbüschel und jeden Stein deutlich erkennen kann, ist eigentlich kein vernünftiger Grund ersichtlich, warum man sich da noch weitere Gedanken machen sollte: warum die Forelle beim Blick nach oben nicht eine ähnliche Sicht haben sollte wie wir beim Blick nach unten – wenn auch in umgekehrte Richtung.

Tatsächlich gibt es jedoch verschiedene stichhaltige Gründe dafür, daß die Forelle die Dinge nicht so sieht und nicht so sehen kann wie wir. Ein Ausflug unter die Wasseroberfläche verschafft dem Beobachter nicht nur neue Einsichten in das Verhalten der Forellen, sondern auch ein besseres Verständnis für die anzuwendenden Angeltechniken.

Daß die meisten Angelbücher überhaupt nicht auf das Sehvermögen der Fische eingehen, erscheint uns im Hinblick auf die immense Wichtigkeit dieses Fragenkomplexes für den Angler höchst überraschend. In neuerer Zeit hat der Amerikaner Vincent Marinaro in seinem wunderschönen Buch «In the Ring of the Rise» sich mit einigen Teilfragen eingehender beschäftigt. Auch «Through the Fish's Eye» von Mark Sosin und John Clark ist unter anderen noch in diesem Zusammenhang zu erwähnen. Es muß aber leider festgestellt werden, daß sogar die wenigen Bücher, die sich, wie die obengenannten, mit dem Problem beschäftigen, grundlegende Mißverständnisse enthalten, die ihre Verfasser zu falschen Schlußfolgerungen verleitet haben oder – vor allem die älteren – von einem wissenschaftlichen Kenntnisstand ausgehen, der heute überholt ist, was auch wieder zu unrichtigen Schlüssen geführt hat (oder zumindest zu Schlüssen, die heute unrichtig zu sein scheinen: Denn eines kann auch heute noch niemand wissen – wie nämlich das Fischgehirn die Botschaften *interpretiert*, die das Auge ihm zuleitet).

Licht, das «Fenster» und der «Spiegel»

Jede Diskussion darüber, was und wie die Forelle sieht – und wieweit dies für die Angeltechnik von Bedeutung ist –, muß vernünftigerweise mit einer Untersuchung der Mittel beginnen, mit deren Hilfe die Forelle die Dinge wahrnimmt.

Im Mittelpunkt einer solchen Diskussion steht das *Licht* (ohne das niemand etwas sehen kann) und die Eigenschaften des Fischauges selbst. Das Licht führt uns in die Welt des «Fensters» und des «Spiegels»; die Besprechung des Baus und der Wirkungsweise des Fischauges gibt uns eine Vorstellung von der Sehfähigkeit der Forelle in dieser Welt.

Licht ist das Medium, mit dessen Hilfe man sieht, und in der freien Natur kommt alles Licht von der Sonne, und zwar als kontinuierliche Welle. Für unsere Zwecke betrachten wir es jedoch am besten als eine unendliche Zahl von Strahlen, die das Abbild unserer Umgebung in unser Auge tragen und sie für uns sichtbar machen.

Durch die Luft (die alles andere als ein «dichtes» Medium darstellt) pflanzen sich die Lichtstrahlen in gerader Linie fort, bis sie auf das wesentlich dichtere Medium Wasser treffen. An der Stelle, an der sie ins Wasser eintreten, werden sie gebrochen. Jeder der einen Stock ins Wasser steckt, sieht wie dieser verkürzt

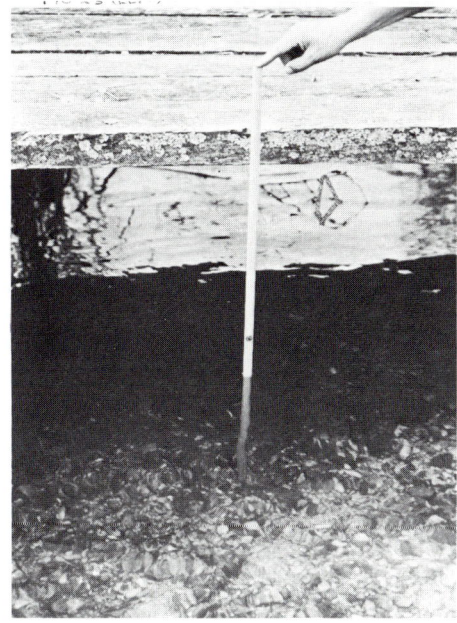 

Abb. 23. Diese Fotos zeigen deutlich die Wirkungen der Lichtbrechung. Die Marke ist in halber Höhe des Stocks angebracht, und der Stock steht auf dem Grund. Links erscheint der Stock infolge der Lichtbrechung kürzer als er tatsächlich ist. Da wir wissen, daß das Stockende weiter entfernt ist, als es scheint, wissen wir auch, daß das Flußbett oder der Seegrund ebenfalls weiter entfernt ist. Mit anderen Worten: *das Wasser ist tiefer, als es scheint.* Im Foto rechts wird die Lichtbrechung direkt sichtbar gemacht. Der Stock ist natürlich gerade, erscheint aber an der Stelle geknickt, wo er durch die Wasseroberfläche dringt. Eine der nützlichsten Auswirkungen der Lichtbrechung für den Angler, der die genaue Stellung einer Forelle abzuschätzen versucht, verdeutlicht Abb. 24.

* Obgleich Lichtstrahlen auch bei einem Auftreffwinkel unter 10 Grad noch in das Wasser eindringen, halten wir nach den Seite 101 geschilderten Experimenten 10 Grad für den wirksamen Sperrwinkel; denn Licht, das flacher ins Wasser eintritt, ist so schwach, daß es nur noch immer dunklere und undeutlichere Bilder übermittelt.

und gebrochen wird, ein anschauliches Beispiel für die Lichtbrechung (Abb. 23; man beachte auch Abb. 24).

Nicht alle Lichtstrahlen dringen jedoch mit gleicher Intensität in das Wasser ein. Die flachsten Strahlen, die noch ein erkennbares Bild zu irgend einem Punkt unter Wasser (z. B. dem Forellenauge) tragen können, treffen unter einem Winkel von etwa 10 Grad zur Horizontalen auf die Wasseroberfläche auf.* Diese flachsten Strahlen werden beim Eintritt ins Wasser unter einem Winkel von etwa 48,5 Grad zur Senkrechten gebrochen. Strahlen, die steiler als im Winkel von 10 Grad zur Horizontalen auf das Wasser fallen, werden in immer geringerem Maß gebrochen, der genau senkrecht von oben einfallende Strahl überhaupt nicht mehr. Abb. 25 soll das klarmachen.

Abb. 25 zeigt außerdem – in einem Querschnitt durch die Welt der Forelle –, daß ein Lichtstrahl, der wirksam auf das Auge der Forelle (oder auf irgendeinen anderen Punkt unter der Wasseroberfläche) treffen soll, innerhalb eines *Überwasser*-Gesichtswinkels von etwa 160 Grad enthalten ist (180 Grad weniger die etwa 10 Grad auf beiden Seiten, die kaum Licht in das Wasser bringen), ebenso daß die Forelle ein Objekt, das sich außerhalb des Wassers befindet, nur dann deutlich sieht, wenn es in diesem 160 Grad-Segment enthalten ist.

Der Bereich der Wasseroberfläche, durch den die Strahlen ins Wasser eintreten können, wird als «Fenster» der Forelle bezeichnet, ein gut gewählter Name, denn es handelt sich in der Tat gewissermaßen um ein Fenster zur Außenwelt.

Das Bild, das der Forelle durch dieses Fenster vermittelt wird, ist nicht wirklichkeitsgetreu (im Sinne unserer, menschlichen, Wirklichkeit): Wenn ein Überwasser-Gesichtswinkel von etwa 160 Grad durch die Lichtbrechung auf

Abb. 24. Die Skizze deutet an, was Lichtbrechung für den Angler bedeuten kann. Der Angler sieht seine Forelle in Stellung A, in Wirklichkeit steht sie aber bei B. Fische scheinen also weniger tief im Wasser zu stehen, als es tatsächlich der Fall ist. Man bemerke außerdem, daß, wenn das Ufer bis zum Punkt «X» reichte, der Angler die Forelle auch dann noch sehen würde: Die Lichtbrechung erlaubt dem Angler, um Ecken zu sehen. Die Forelle kann dies aber leider auch!

Abb. 25. Das äußere Gesichtsfeld der Forelle (ihr «Fenster»). Die Zeichnung stellt dar, wie ein Gesichtswinkel von 160 Grad außerhalb des Wassers infolge der Lichtbrechung unter Wasser auf 97 Grad zusammengedrängt wird. Die Zeichnung ist ein Querschnitt. Die Forelle sieht jedoch alles ringsherum in ihrem Gesichtskreis – ihr Fenster ist kreisrund. Die Zeichnung gibt auch eine Vorstellung von der starken Zusammendrängung der Lichtstrahlen dort, wo sie am Außenrand des Fensters ins Wasser eindringen. Diese starke Zusammendrängung und Bre-

chung der Strahlen bewirken die Verzerrung der meisten Bilder, die der Fisch von der Umrandung seines Fensters her empfängt.

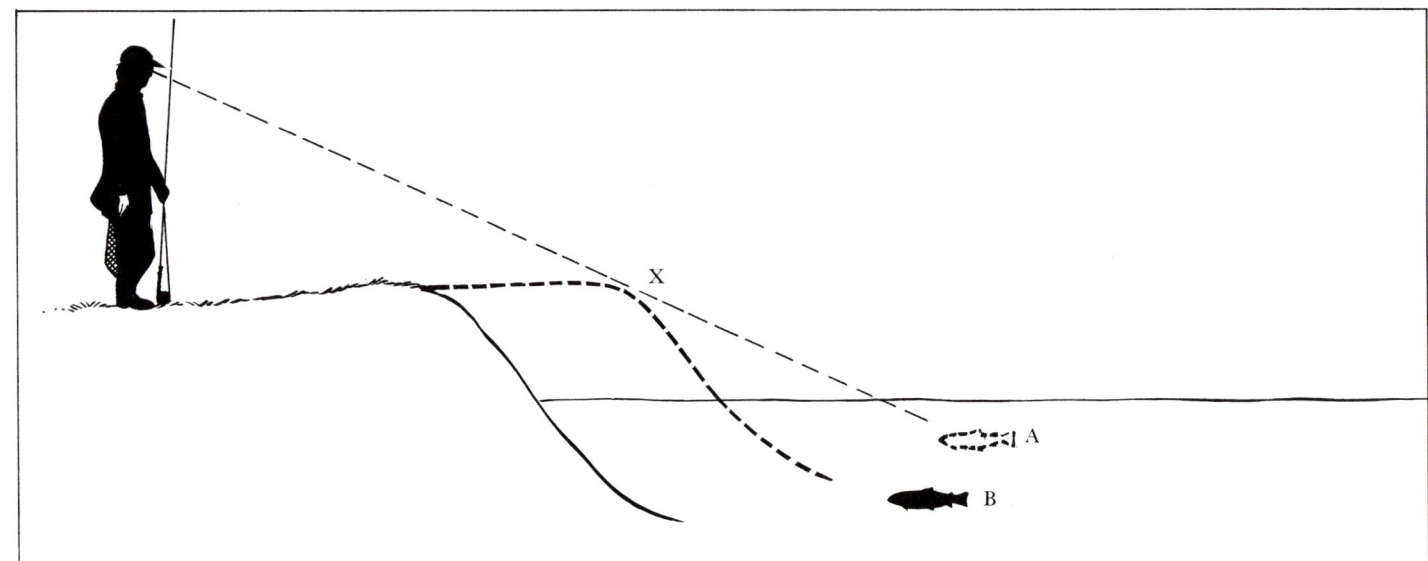

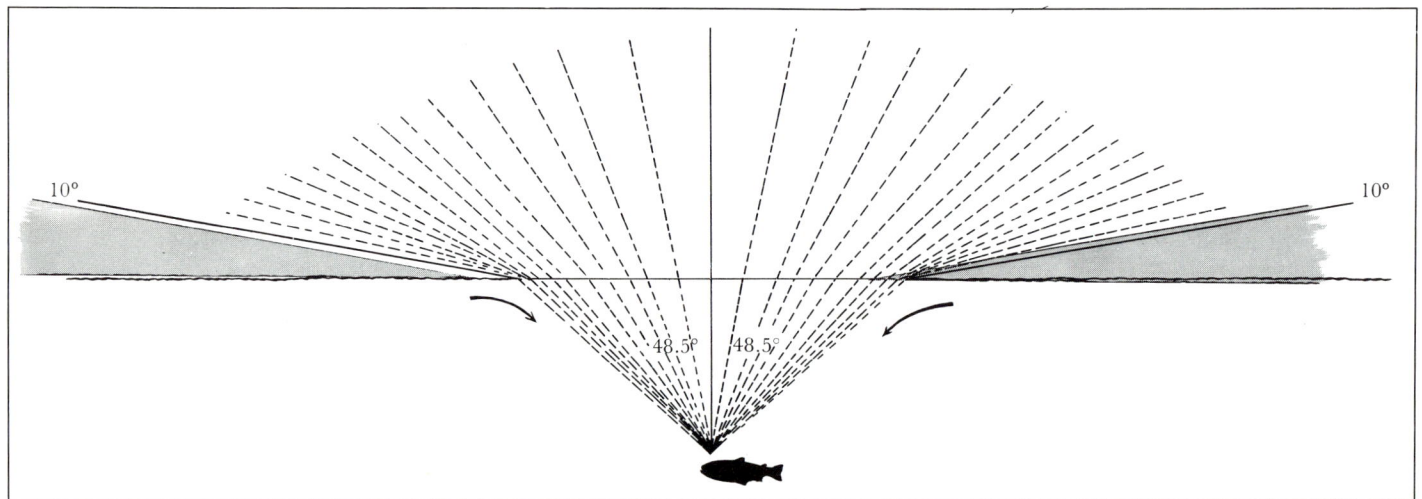

einen Unterwasser-Gesichtswinkel von etwa 97 Grad komprimiert wird (Abb. 25), so muß daraus offensichtlich eine starke Verzerrung resultieren. Die stärkste Verzerrung mit der Auswirkung, daß Gegenstände kürzer und damit breiter erscheinen, als sie wirklich sind, geschieht am Außenrand des Fensters, dort wo die Lichtstrahlen am stärksten gebrochen und am meisten komprimiert werden (vgl. das Bild des Anglers auf S. 93).

Je mehr wir uns der Senkrechten nähern, desto geringer wird die Verzerrung (weil senkrecht auftreffende Strahlen nicht gebrochen werden) und desto mehr erscheinen Gegenstände in ihrem wahren Umriß gegen den Himmel.

Abb. 26 zeigt eine interessante Eigenschaft des Bildes, das die Forelle von der Welt außerhalb des Wassers empfängt. Weil ein Lichtstrahl, der unter einem

Abb. 26. Wie die Forelle die Überwasserwelt sieht. Erstens: Nur Licht, das auf die Wasseroberfläche unter einem Winkel größer als 10 Grad auftrifft, vermittelt Bilder ins Wasser, und jeder Teil eines Gegenstandes außer Wasser, der *unterhalb* 10 Grad liegt, hört an der Zehn-Grad-Linie praktisch wie abgeschnitten auf. Zweitens: Die flachsten noch in das Wasser eindringenden Strahlen werden gebrochen und erreichen das Auge der Forelle unter einem Winkel von 48,5 Grad zur Senkrechten, sie sieht *alles* unter einem Winkel von 48,5 Grad oder weniger. Sie kann jedoch nicht wissen, daß dieser Winkel außerhalb des Wassers nur 10 Grad beträgt. Aus diesem Grund bedeutet «ebener Boden» für die Forelle einen immer vorhandenen steilen Abhang. Dadurch bekommt sie den Eindruck, daß fast alles, was sie außerhalb des Wassers wahrnimmt, weit nach oben verschoben ist.

Zwei andere Erscheinungen sind bemerkenswert: (a) Da das Licht, das direkt von oben zur Forelle kommt, nicht gebrochen wird, erscheint ihr der Vogel nicht verschoben und nicht verzerrt; (b) außerhalb der Linie, die vom Forellenauge unter 48,5 Grad nach oben geht, sieht die Forelle nichts von der Luftwelt. *Alles*, was das Fenster umgibt, ist ein Spiegelbild der Pflanzen und des Grundes um sie herum.

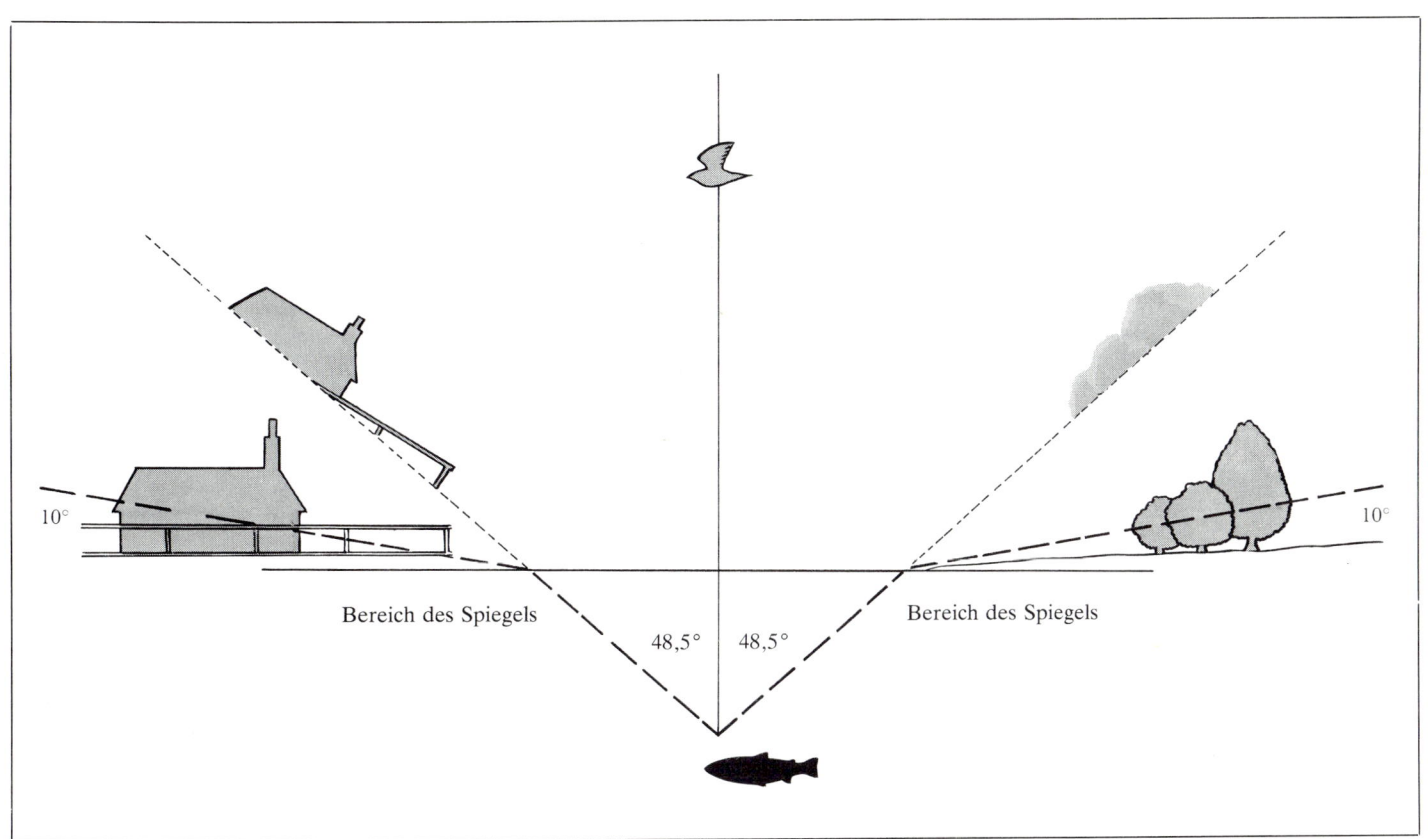

Winkel von 48,5 Grad zur Senkrechten eindringt, für sie «ebenerdig» ist, erscheinen ihr alle Bilder, die dieses Licht übermittelt, unter diesem Winkel: Die Forelle sieht gewissermaßen stets einen steilen Hang hinauf, und alle Objekte der Außenwelt erscheinen ihr nach einem Punkt weit über ihrem Kopf verschoben.

Bevor wir uns dem Spiegel zuwenden, muß noch eine andere Feststellung gemacht werden: Da die Winkel des Sichtkegels der Forelle durch die Brechungsgesetze bestimmt werden, sind sie konstant. Für die Forelle bedeutet dies, daß ihr Fenster kleiner wird, je mehr sie sich der Wasseroberfläche nähert, größer, je mehr sie sich von ihr entfernt (Abb. 27).

Und nun zum «Spiegel». Da der Forelle der Blick in die Außenwelt nur durch ihr Fenster möglich ist, muß sie, laut Definition, von einem weiten Gebiet der Wasseroberfläche umgeben sein, das für sie undurchsichtig ist. Bei ruhiger, ungebrochener Wasseroberfläche spiegelt sich in diesem Bereich die Welt unterhalb des Oberflächenfilms. Die Bezeichnung als «Spiegel» ist also ebenfalls sehr treffend.

Nun darf man sich nicht vorstellen, der Spiegel dehne sich in die Weite aus, wie die Decke eines riesigen, wandernden Raumes. Für die Forelle, die nahe bei ihm steht, scheint sich der Spiegel rings herum abzusenken, wie die Wand

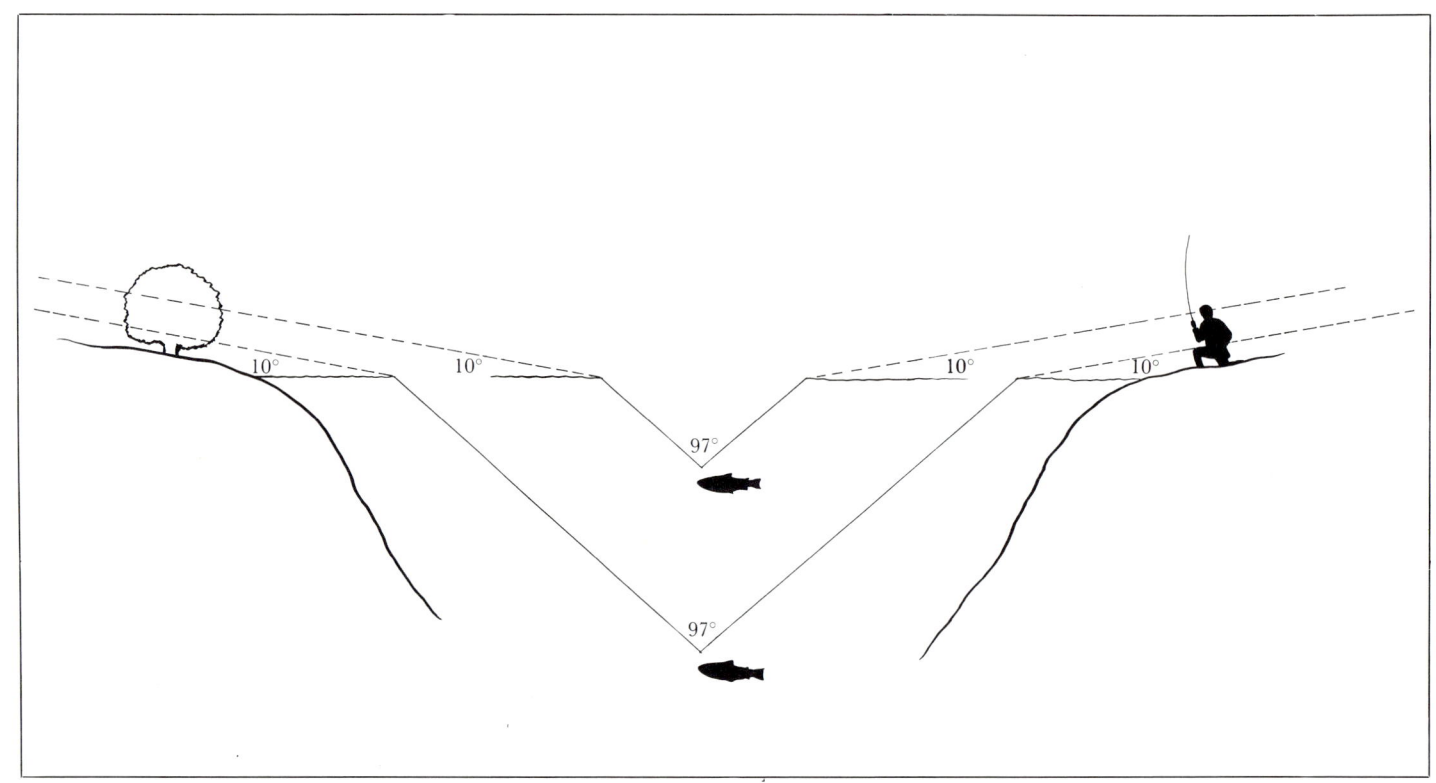

eines kegelförmigen Zeltes, dessen Spitze abgeschnitten wurde. Vor der Forelle scheint er sich steil zu einem Horizont in nicht sehr großer Entfernung zu senken. Da infolge dieses optischen Effekts ein guter Teil des Spiegels in bequemer Stellung wie eine Kinoleinwand vor der Forelle liegt (in einem Gebiet, das sie mit beiden Augen gleichzeitig erfassen kann) ist es nicht unwahrscheinlich, daß der Spiegel für ihr Verhalten bei der Nahrungsaufnahme wichtiger ist, als man zunächst annehmen möchte. Auf einige dieser Erscheinungen werden wir später bei Besprechung des Nymphenfischens näher eingehen.

Auf zwei wichtige Dinge in Zusammenhang mit dem Spiegel und dem Fenster möchten wir hier noch zu sprechen kommen. Da ist zunächst festzustellen, daß es sich bei allem bisher Besprochenen um Auswirkungen der Gesetze der Optik handelt. Die Zahlen, die angeführt wurden, sind Tatsachen. Unsere bisherigen Ausführungen haben nichts mit den Eigenschaften des Forellenauges zu tun. Die Forelle ist diesen Gesetzen absolut unterworfen, ganz unabhängig von der Beschaffenheit ihrer Augen.

Die zweite Tatsache, auf die hingewiesen werden muß, ist für den Angler von großer Tragweite. Sie betrifft die Grenze zwischen Fenster und Spiegel: Beide sind durch einen schmalen Saum, eine Kreislinie voneinander getrennt, die in den Regenbogenfarben schillert und als Snell'scher Kreis bekannt ist. Die volle Bedeutung dieser Kreislinie ist, soweit wir wissen, von niemandem, der bisher über den Spiegel und das Fenster der Fische geschrieben hat, auch nur annä-

Abb. 27. Der Scheitelwinkel des Sehkegels der Forelle ist durch die Gesetze der Lichtbrechung auf 97 Grad festgelegt. Die Fläche des Fensters wird deshalb kleiner, wenn sich der Fisch der Wasseroberfläche nähert, und größer, wenn er sich von ihr entfernt.
Da Licht aus jeder Richtung des Kompasses und jeder Höhe bis hinunter zur Waagrechten in das Wasser eintritt, muß in der Theorie das Gesichtsfeld der Forelle konstant sein, gleichgültig in welcher Tiefe sie schwimmt. Praktisch dringt jedoch, wie gesagt, unterhalb des Winkels von 10 Grad zur Waagrechten nur sehr wenig Licht in das Wasser ein. Folglich kann die in der Zeichnung tieferstehende Forelle mehr sehen als ihre Kollegin.

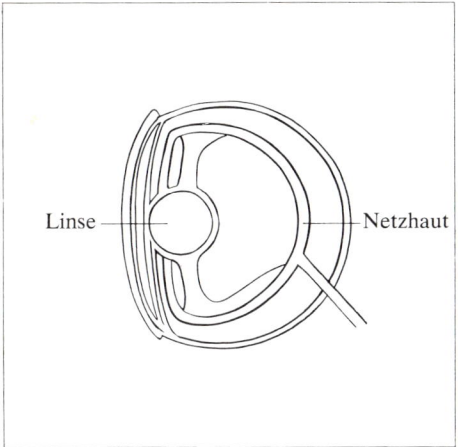

Abb. 28. Das Forellenauge mit seiner leistungs-
starken kugelförmigen Linse.

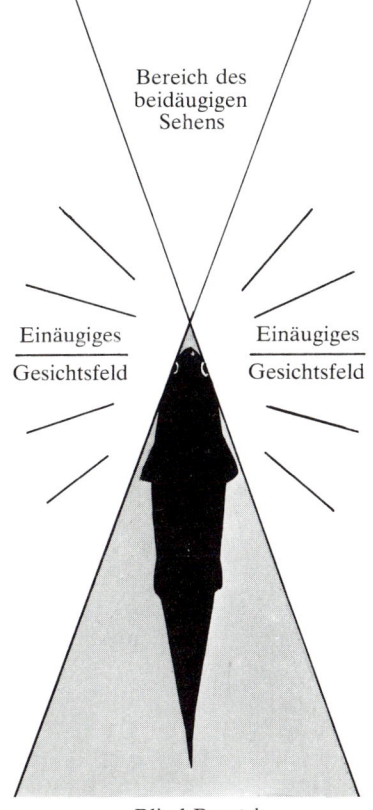

Abb. 29. Das Gesichtsfeld der Forelle. Weil die
Weitwinkelaugen der Forelle seitlich am Schädel sitzen, überdecken sich die Gesichtsfelder
der beiden Augen nur in einem kleinen Ausschnitt vor ihr. Nur in diesem Gebiet des *beid-
äugigen* Sehens ist sie fähig, Entfernungen zu
schätzen. Auf jeder Seite des Schädels sieht sie
nur mit dem einen Auge in jeder Richtung.
Einäugiges Sehen reicht ihr hier aus, um auf
Bewegungen aufmerksam zu werden. Nicht wissen kann sie jedoch, wie weit die Bewegung
entfernt ist, wenn sie nicht ihr Gesicht der Bewegung zuwendet. Nach hinten kann die Forelle
nicht sehen, weil dieser Bereich außerhalb des
Gesichtsfeldes beider Augen liegt.

hernd erkannt worden. Wir werden weiter hinten in diesem Kapitel darauf noch
eingehen.

Bau und Arbeitsweise des Forellenauges

Es besteht eine Reihe von Ähnlichkeiten zwischen dem menschlichen Auge und
dem der Forelle. Beide haben z. B. Hornhaut, Regenbogenhaut und Linse und
eine Netzhaut, in der lichtempfindliche Zellen («Stäbchen» und «Zäpfchen»)
das auf sie fallende Bild aufnehmen.

Diese Ähnlichkeiten bedeuten jedoch nicht, daß beide Augenarten auch
ähnlich arbeiten. Es wäre ja doch, milde gesagt, erstaunlich, wenn Augen,
deren Funktion sich in so verschiedenartigen Medien entwickelt hat, zu gleich-
artigen Sinnesorganen geworden wären.

Die für uns bedeutsamsten Unterschiede in Bau und Arbeitsweise beider
Augenarten betreffen die Gestalt der Linse und die Art der Scharfeinstellung.

Der Grund dafür, warum sich Linse und Apparat für die Scharfeinstellung so
verschiedenartig herausgebildet haben, ist mit Hilfe dessen, was weiter oben
über die Lichtbrechung gesagt wurde, einfach zu verstehen: aus der Tatsache
nämlich, daß Licht sich durch ein Medium in gerader Linie fortpflanzt und daß
es gebrochen wird, wenn es in ein anderes Medium von größerer oder geringe-
rer Dichte übertritt.

Damit der Mensch etwas sieht, muß Licht aus dem leichten Medium Luft in
die dichte Augenflüssigkeit eindringen, wobei es nach den Brechungsgesetzen
gebrochen wird. Es dringt durch die gewölbte Hornhaut in das Auge ein; bereits
hier wird es durch Brechung beträchtlich gebündelt. Die Linse des menschlichen Auges bewirkt eigentlich nur die Feineinstellung des Auges auf ein schon
vorgeformtes Bild.

Bei der Forelle ist dies wesentlich anders. Das Licht, das sie erreicht und in
ihre Augenflüssigkeit eintritt, stammt ebenfalls aus einer Flüssigkeit – dem
Wasser, das sie rings umgibt. Infolgedessen tritt an der Berührungsstelle keine
nennenswerte Brechung ein, die Hornhaut spielt deshalb auch keine erhebliche
Rolle bei der Scharfeinstellung des Bildes. Beim Fisch ist das einzige Organ, das
Licht bündelt und die Scharfeinstellung des Bildes bewirkt, die *Linse*. Damit sie
diese Funktion erfüllen kann, hat sich die Linse der Forelle zu einem im
Vergleich mit der menschlichen Linse äußerst wirksamen Mechanismus entwik-
kelt. Während unsere Linse ziemlich flach gewölbt ist, nahm die Linse des
Forellenauges die Form einer Kugel an (Abb. 28).

Daraus ergeben sich einige für den Angler sehr bedeutsame Feststellungen.

Weil die Fischlinse eine Kugel ist und seitlich am Schädel sitzt, überblickt die
Forelle mit jedem Auge ein Gesichtsfeld von etwa 180 Grad (Abb. 29); das ist
seit langem wohlbekannt.

*Keineswegs wohlbekannt ist jedoch die Tatsache, daß die Forelle sämtliche
Objekte, die sich innerhalb dieses enormen Gesichtsfeldes in gleicher Schärfen-
ebene befinden, gleichzeitig scharf ins Auge fassen kann.*

Diese wundervolle Fähigkeit wird durch die Art, wie die lichtempfindlichen
Zellen – die Zäpfchen und Stäbchen – über die Netzhaut verteilt sind, ermöglicht. Beim Menschen, der ja durch Kopfbewegungen ein beliebig großes

Gebiet überblicken kann und deshalb nur in einem schmalen Ausschnitt scharf zu sehen braucht, sind die Zäpfchen, die der Erkennung von Farben und Einzelheiten dienen, in einem kleinen Gebiet des hinteren Teiles der Netzhaut – im Gelben Fleck – besonders zahlreich. Bei der Forelle, die ja zum Überleben ebenfalls ein weites Gesichtsfeld braucht, aber den Kopf nicht so leicht bewegen kann, sind zum Ausgleich die Zäpfchen über einen großen Bereich der Netzhaut verteilt. (Die Stäbchen, die das Sehen bei schwacher Beleuchtung ermöglichen und weder Farben noch Einzelheiten zu unterscheiden gestatten, sind sowohl beim Menschen wie auch beim Fisch viel gleichmäßiger über die Netzhaut verteilt.)

Diese Fähigkeit der Forelle, gleichzeitig das gesamte Gesichtsfeld beider Augen scharf zu überblicken, ist unseres Wissens bisher im Schrifttum über das Fliegenfischen noch nicht erwähnt worden, aber äußerst wichtig für den Angler. Es bedeutet, daß Fische gleichzeitig fast in jede Richtung blicken, und zwar bewußt schauen, können. Auch wenn ein Fisch z. B. erwartungsvoll ein in der Strömung auf ihn zutreibendes Insekt ins Auge faßt, kann er ziemlich mühelos den seitlich anpirschenden Angler sehen. Es ist nicht übertrieben zu sagen, daß dies ein faszinierendes Bild von dem vermittelt, was im Gehirn der Forelle vorgehen muß, wenn es die Meldungen, die ihm zugeleitet werden, gegeneinander «abwägt» und entscheidet, was vorrangig beachtet werden muß.

Die Fähigkeit der Forelle, 180 Grad scharf zu überblicken, erfüllt eine weitere Anforderung an ein jedes Raubtier: Sie kann beidäugig sehen. Beidäugiges Sehen ist es nämlich, das der Forelle, wie uns, die Abschätzung von Entfernungen ermöglicht. Die Forelle kann in dem für sie wichtigsten Bereich – direkt nach vorn, wo sich ihr Maul befindet – beidäugig sehen, weil die Achsen ihrer beiden 180-Grad-Augen etwas nach vorn geneigt sind. Nach vorn überschneiden sich also die Gesichtsfelder beider Augen. Zur Strafe für das beidäugige Sehvermögen nach vorn hat die Forelle einen entsprechenden toten Winkel nach hinten mitbekommen (Abb. 29).

Das Forellenauge besitzt eine bemerkenswerte Fähigkeit, das verfügbare Licht zu verwerten, auf die noch eingegangen werden muß.

Wenn wir das Kennzahlen-System für die Lichtstärke fotografischer Objektive anwenden, dann hat das menschliche Auge eine Blendenzahl von 2,0. Es konnte gezeigt werden, daß die effektive Blendenzahl des Forellenauges demgegenüber etwa 1,2 beträgt. Dies bedeutet, daß, wenn das Forellenauge ebenso groß wäre wie das menschliche, es die vierfache Lichtmenge aufnehmen würde. Bei schwachem Licht ist das Sehvermögen der Forelle, trotz ihrer viel kleineren Augen, besser als das des Anglers, der ihr nachstellt.

(Es mag interessant sein zu erfahren, daß die Mathematik des Fischauges vor über hundert Jahren von dem berühmten Physiker J. C. Maxwell behandelt worden ist. Schade, daß er dazu nicht durch die Forelle, sondern durch das Auge eines geräucherten Frühstückherings angeregt wurde!)

Die Scharfeinstellung und ihre Bedeutung

Im Zusammenhang mit der Scharfeinstellung interessiert uns besonders die *Tiefenschärfe* und die vordere Grenze des Tiefenschärfebereiches bei auf «Unendlich» eingestelltem Auge.

Abb. 30. Das Prinzip der Scharfeinstellung. Diese Fotos sind zwar mit einer Kamera aufgenommen, zeigen aber klar die gleiche Art von optischen Effekten, wie sie auch für die Forelle gelten, wenn sie eine Fliege scharf betrachtet, die sich ihr immer mehr nähert.

Abb. 30A. In diesem Bild ist das Kameraobjektiv auf unendlich eingestellt. Man sieht, daß ein guter Teil des Bildes scharf ist, jenseits einer Entfernung von etwa 9 m ist *alles* scharf.

Abb. 30B. Im gleichen Ausblick ist das Objektiv auf geringere Entfernung (etwa 1,20 m) scharf gestellt. Nun ist der Hintergrund verschwommen, nur ein Bildstreifen im nahen Vordergrund – quer über die Stuhlmitte – ist scharf.

Abb. 30C. Der gleiche Ausblick, aber das Objektiv ist auf kürzeste Einstellentfernung (etwa 45 cm) eingestellt. Nun ist das ganze Bild unscharf mit Ausnahme der 45-cm-Ebene durch den vorderen Teil der Rolle. Bei dieser Einstellung ist schon der Rutengriff unscharf.

Wenn eine Forelle eine Fliege dicht vor ihrer Nase inspiziert, dann ähnelt das, was sie sieht, dem letzten Bild, nur noch ausgeprägter. Die Tiefenschärfe ist noch geringer, und der Rest des Bildes gleicht einem einförmig grauen Nebel ohne jede Einzelheiten.

Auch wenn der Leser den Eindruck hat, solche Überlegungen seien allzu technisch und ohne praktische Bedeutung, bitten wir ihn, uns trotzdem kurz zu folgen. Denn jede der nachfolgenden Betrachtungen ist für die Pirsch auf Forellen und das Anbieten der Fliege von grundlegender Bedeutung.

Jede Kamera kann auf eine bestimmte Entfernung scharf eingestellt werden, bei der dann alle Objekte, die sich zwischen der halben Entfernung und Unendlich befinden, gleichzeitig scharf abgebildet werden. Für eine mit Normalobjektiv ausgerüstete Kleinbildkamera beträgt diese Entfernung beispielsweise bei Blende 8 etwa 9 m. Die Tiefenschärfe reicht dann von 4,5 m bis Unendlich. Stellt man aber auf immer geringere Entfernung scharf, wird der Tiefenschärfebereich immer schmaler, bis schließlich, wenn das Objektiv auf die kürzeste Einstellentfernung scharf gestellt ist (gewöhnlich 45 cm) der Tiefenschärfebereich kaum mehr als papierdick ist. Diesseits und jenseits dieser Ebene ist alles unscharf. Die Fotos Abb. 30 sollen dies klarmachen.

Nun zur Forelle. Alle Beobachtungen, die wir bisher über das Sehen der Forelle gemacht haben und die auch andere Verfasser von Angelbüchern beschrieben haben, gingen von der Voraussetzung aus, daß das Fischauge auf Unendlich eingestellt ist. Denn nur bei dieser Einstellung ist der Fisch fähig, entfernte Gegenstände durch das Fenster zu erkennen.

Genauso wie unser Auge, ist aber auch das der Forelle *nicht* ständig auf Unendlich eingestellt. Wäre es da nicht nützlich zu wissen, was scharf erscheint und was nicht, wenn die Forelle Gegenstände in verschiedener Entfernung betrachtet? Sicherlich. Eine solche Information würde uns zum Beispiel darüber Auskunft geben, ob wir scharf gesehen werden oder so unscharf, daß wir praktisch unsichtbar sind, ganz unabhängig davon, *ob wir überhaupt im Fenster erscheinen oder nicht.* Sie würde zudem verständlich machen, warum sich die eine Forelle nur zentimeterweit bewegt, um eine auf sie zutreibende Fliege zu nehmen, eine andere dafür meterweit schwimmt, und so weiter.

Wir gingen von Feldbeobachtungen aus und waren schon früh zu dem Schluß gekommen, daß die Forelle fähig ist, bis auf fast 5 cm vor ihrer Nasenspitze scharf zu sehen. Wir haben in vielen verschiedenartigen Flüssen, bei unterschiedlichen Bedingungen Hunderten von Fischen zugesehen, wie sie sich mit den Augen dicht an der Fliege flußabwärts treiben ließen, so daß wir überhaupt keinen Zweifel bezüglich des Mindestabstandes für das Scharfsehen mehr hegen konnten.

Ebenso kamen wir zur Überzeugung, daß die Tiefenschärfe bei Fischen, die sehr nahe an der Oberfläche auf antreibende Nahrung anstehen, nur gering ist. Wenn sehr viele Insekten schlüpfen, lauert die Forelle gern nur etwa 5 cm unter der Wasseroberfläche und bewegt sich nicht mehr als 10, 12 cm zur Seite, um ein Insekt aufzunehmen. Daraus folgerten wir, daß die mangelnde Bereitschaft des Fisches, sich weiter seitwärts zu bewegen, nicht so sehr seiner Abneigung gegen die Bewegung, sondern vielmehr dem Umstand zuzuschreiben ist, daß weiter entfernte Insekten für ihn unsichtbar sind, d. h. sich jenseits seines Tiefenschärfebereichs befinden, wenn er seine Augen auf Gegenstände so dicht vor seiner Nase scharfgestellt hat.

Wir beobachteten auch, daß Forellen, die ziemlich tief stehen – etwa ¾–1 m tief – sich gewöhnlich ½–1 m seitwärts bewegen, um eine Fliege oder Nymphe aufzunehmen. Dies schien uns zu beweisen, daß die Tiefenschärfe des auf einen halben Meter oder mehr scharfgestellten Forellenauges beträchtlich größer ist, ja mit größter Wahrscheinlichkeit bis Unendlich reicht. Beide Beobachtungen sprachen dafür, daß die Entfernung, von der ab sich die Tiefenschärfe auf Unendlich erweitert, zwischen etwa 7 cm und 60 cm liegen dürfte.

Da wir jedoch konkrete Auskünfte, nicht nur solche einfachen Folgerungen brauchten, wandten wir uns mit unserem Problem an Professor W. A. Muntz von der Abteilung Biologie der Stirling University. Prof. Muntz hat eine wissenschaftliche Untersuchung über Fische und Fischverhalten durchgeführt und ist insbesondere eine Autorität in Fragen des Sehvermögens der Fische.

Prof. Muntz hat für uns aufgrund der Ergebnisse seiner Untersuchungen und der in der Fußnote aufgeführten Voraussetzungen folgende Tabelle zusammengestellt.*

---

* Es wird angenommen, daß der Durchmesser des Forellenauges 12 mm beträgt und genau auf die in der obersten Reihe der Tabelle angegebenen Entfernungen scharf eingestellt ist. Weiterhin wird angenommen, daß der Fisch Gegenstände dann nicht mehr klar wahrnimmt, wenn sie so weit außerhalb des Tiefenschärfe-Bereichs sind, daß irgendein Punkt auf dem Gegenstand zu einem Kreis mit 30 Minuten Durchmesser auf der Netzhaut verschwimmt. Ein 2 DM/2 Frs-Geldstück hat auf 3¼ m Entfernung einen Durchmesser von 30 Minuten, was eine Vorstellung von dem Verlust an Bildqualität im angenommenen Fall gibt: Jeder Punkt auf einem Gegenstand, wie zum Beispiel der Querschnitt einer Rutenspitze, erscheint der Forelle als verschwommener Kreis von der Größe des genannten Geldstückes. Nicht unerwähnt soll bleiben, daß Berechnungen für verschiedene andere Grade der Unschärfe überraschend wenig an den Ergebnissen änderten.

Tiefenschärfe des Forellenauges (Maße in cm; bei Umrechnung von inches – 2,54 cm – auf 0,5 cm auf- bzw. abgerundet)

Entfernung, auf die das Auge einge- stellt ist	2,5	5	7,5	10	15	25,5	35	51	58,5	62,5
Weiteste Entfernung, auf die noch scharf ge- sehen wird	2,6	5,5	8,5	12	20	43,5	100	264,5	794	unend- lich

Die Tabelle bestätigt unsere Feldbeobachtungen auf fast überraschende Weise. Aus ihr geht tatsächlich hervor, daß die Scharfeinstellung des Auges, bei der die Forelle bis Unendlich scharf sieht, auf sehr nahe Distanz gegeben ist und wahrscheinlich bei etwa 60 cm liegt.

Für die Pirsch auf Forellen liefert die Tabelle eine wichtige Angabe. Sie zeigt ebenso wie unsere Beobachtungen am Fischwasser, daß der Angler an eine Forelle, die wenige Zentimeter unter der Oberfläche auf antreibende Nahrung ansteht, viel näher herangehen kann als an einen Fisch, der einen halben Meter tief steht. Dem hoch stehenden Fisch erscheint er wahrscheinlich unscharf, und er wird deshalb unentdeckt bleiben, gleichgültig ob er sich in seinem Fenster befindet oder nicht.

Zu beachten ist aber, daß es hier nur um das Sehen von *Formen* geht. Es besteht kein Grund zu der Annahme, daß ein Fisch, der den Umriß des anpirschenden Anglers nur verschwommen wahrnimmt, nicht in der Lage wäre, unvorsichtige Bewegungen zu erkennen. Ist aber ein Fisch erst einmal von einer unbedachten Bewegung im unscharfen Bereich gewarnt, so braucht er nur die Scharfeinstellung zu ändern, um den Angler klar zu erkennen.

Farbsehvermögen

Haben Süßwasserfische einschließlich der Forelle die Fähigkeit, Farben zu sehen? Oder vielleicht genauer gefragt: sind sie imstande, verschiedene Farben zu unterscheiden? Die Antwort lautet eindeutig ja.

Es gibt viele Gründe für diese Gewißheit. Unter anderem lehrt es eine neuere Untersuchung des Fischauges mit Hilfe von Elektroden, mit denen die in den Nerven vom Auge zum Hirn geleiteten Botschaften erfaßt wurden. Dem Laien jedoch liefern die Laborversuche der Verhaltensforscher den einfachsten und überzeugendsten Beweis dafür, daß Fische Farben sehen können.

In Tests, die Prof. Muntz und andere Wissenschaftler in Forschungslaboratorien mehrerer Länder durchgeführt haben, hat man Fische darauf trainiert, *auf verschiedene Farben zu reagieren.* In zahllosen Fütterungsversuchen haben

Fische gezeigt, daß sie nicht nur unbeirrbar verschiedene Farben unterscheiden, sondern auch unterschiedliche Schattierungen ein und derselben Farbe auseinanderhalten können. In diesen Experimenten bekommen die Fische Futter, wenn sie eine Farbe richtig erkennen; kein Futter gibt es dagegen, wenn sie auf eine andere Farbe reagieren. Auch die *Empfindlichkeit ihres Farb-Wahrnehmungsvermögens* ist mit Erfolg mittels dieses einfachen und bewährten Verfahrens geprüft worden, indem man den Fischen die «Futterfarbe» immer wieder, jedoch in abnehmender Intensität zeigte, bis keine Reaktion mehr erfolgte.

Trotz ihres kleinen Gehirns erwiesen sich die in diesen Experimenten geprüften Fische als gelehrige Schüler. Viele der von Professor Muntz für seine Versuche verwendeten Fische lernten in weniger als fünf Tests, zwischen zwei Farben zu unterscheiden, und machten dabei insgesamt nur einen oder zwei Fehler! Wahrscheinlich hängt diese Sicherheit der Fische im Erkennen von Farben damit zusammen, daß fast die Hälfte ihrer Gehirnmasse der Aufnahme und Auswertung von Sehreizen dient.

Welche Farbe wird von Fischen am besten wahrgenommen? Im Süßwasser ergaben die Versuche Rot als für die Fische am leichtesten zu sehende Farbe. Die nächsten in der Reihe der nach Wahrnehmbarkeit geordneten Farben sind Orange und dann Gelb. Am Ende der Reihe stehen Grün und Blau. Diese Reihenfolge gilt für normale Beleuchtung und berücksichtigt nicht die in sehr großen Wassertiefen auftretenden Farbänderungen.

Wissenschaftliche Untersuchungen haben außerdem ergeben, daß Fische kontrastreiche Muster oder Schattierungen, insbesondere Streifen, weniger gut Punkte, außergewöhnlich deutlich erkennen können. Dies mag der Grund für die Wirksamkeit der beliebtesten Naßfliegen im Stillwasser sein, denn diese Fliegen haben meist rote oder orangefarbene Körper bzw. Schwänzchen und werden mit quer gestreiften Stockenten- oder Krickentenflügeln gebunden. Dabei fallen einem sofort eine Reihe von Fliegenmustern ein, wie die Peter Ross, Mallard and Claret, Parmachene Belle, Dunkeld, Teal and Silver und noch viele andere. Wir hoffen jedoch, daß der Leser gemerkt hat, wie vorsichtig wir uns ausdrücken. Die Tatsache, daß gewisse Farben oder Farbkontraste von den Fischen am besten gesehen werden, besagt nicht notwendigerweise, daß sie von ihnen auch am stärksten angezogen werden.

Sehvermögen bei Nacht

Die meisten Verfasser von Angelbüchern stimmen darin überein, daß Forellen im Verlauf des Abends besonders schwierig anzugehen sind. Was den ersten Teil des Abends angeht, können wir uns dieser Ansicht anschließen. Hingegen trifft nach unserer Erfahrung das Gegenteil zu, sobald das abendliche Steigen, der «Abendsprung», richtig begonnen hat.

Aufgrund unserer Beobachtungen glauben wir, daß der rasche Wechsel von äußerster Vorsicht zu scheinbarer Sorglosigkeit weniger mit der Fähigkeit der Forelle zusammenhängt, bei so manchem Licht besser als der Angler zu sehen, als vielmehr mit ihrer Sehweite und ihrem Verhalten beim Aufnehmen. Dazu kommt dann noch die Tatsache, daß die Stärke des Lichts, das in das Wasser dringt und der Forelle das Sehen ermöglicht, sehr schnell abnimmt, sobald die

Durchmesser des Fensters an der Wasseroberfläche in ebenem, ruhigem Wasser

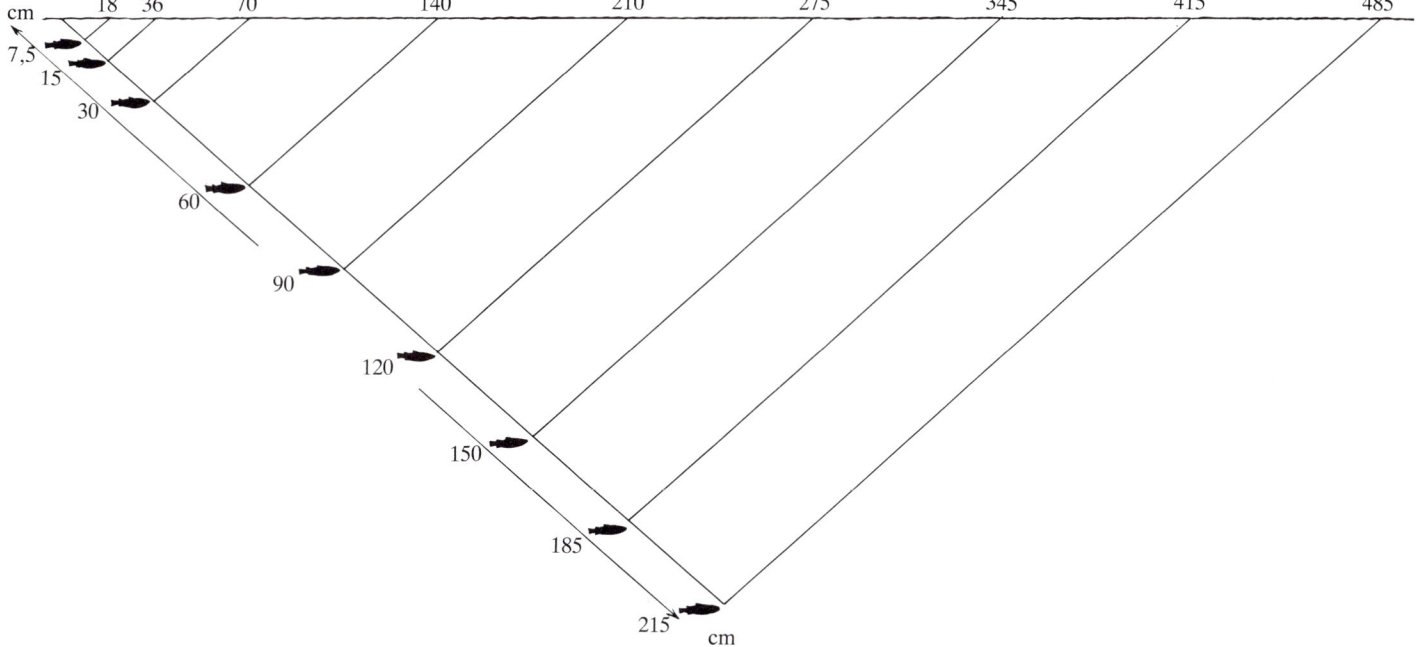

Abb. 31. Durchmesser des Fensters der Forelle, die in verschiedenen Tiefen schwimmt. Die Zahlen sind auf ½ bzw. 5 cm auf- oder abgerundet.

Strahlen der untergehenden Sonne den kritischen Winkel von zehn Grad zur Wasseroberfläche erreichen.

Man überlege, was passiert. Während des ersten Teils des Abends halten sich die meisten Forellen im Mittelwasser auf. Der eine oder andere Fisch mag dann hin und wieder steigen, um eine an der Oberfläche treibende Dun oder einen Spinner zu nehmen, die Mehrzahl der Forellen jedoch beobachtet nur und wartet auf das Massenschlüpfen der Eintagsfliegen oder den Spinnerfall, was gewöhnlich nach Sonnenuntergang einsetzt.

Während dieser Zeit stehen die meisten Forellen einen halben bis etwas über einen Meter unter der Oberfläche und sehen, wie besprochen, alles in ihrem Fenster scharf. Dazu kommt, daß die Forelle wegen der großen Lichtstärke ihrer Augenlinse im schwindenden Licht wahrscheinlich besser sieht als der anpirschende Angler. Man braucht sich deshalb nicht zu wundern, daß sie zu dieser Zeit schwierig zu beschleichen ist. Sie kann aufgrund ihrer leistungsfähigen Linse gut sehen, und alles, was in ihrem Fenster erscheint, ist scharf.

Mit herannahender Dämmerung spielen sich die Vorgänge ab, die ein paar Seiten zuvor diskutiert wurden. Das Licht, das den Fisch erreicht, wird rasch schwächer, der Fisch nähert sich der Oberfläche immer mehr und steigt immer häufiger, bis er schließlich, wenn das Schlüpfen seinen Höhepunkt erreicht hat, nur noch wenige Zentimeter unter der Wasseroberfläche steht. Je näher er an die Oberfläche herankommt und je schärfer er sie beobachtet, desto kleiner wird sein Fenster und desto verschwommener erscheinen entfernte Objekte darin. Auch der Angler.

Zum Verständnis dieser Vorgänge und unserer früheren Ausführungen zur Veränderung der Fenstergröße haben wir Abb. 31 zusammengestellt. Sie zeigt den Durchmesser des Fensters der Forelle für unterschiedliche Standtiefen und wie das Fenster in dem Maß kleiner wird, in dem der Fisch sich nach oben bewegt.

7 Was die Forelle von der Fliege sieht

Wie vordem ausgeführt kann man den «Himmel» der Forelle mit einem großen, wie ein kegelförmiges Zelt geformten, abwärts zeigenden Spiegel vergleichen – abgesehen davon, daß von einem kreisförmigen Bereich in der Mitte die Silberschicht entfernt wurde.

Die Oberflächenfliege als «Auslöser» des Steigreflexes

Genau so wie uns, die wir nicht durch einen Spiegel hindurch, sondern nur die Spiegelbilder in ihm sehen können, geht es auch der Forelle. Im Spiegel kann die Forelle überhaupt nichts von der Außenwelt sehen. Nur wenn ein Gegenstand den Oberflächenfilm des Wassers berührt oder gar durchbricht, kann sie merken, daß in der Außenwelt etwas vorhanden ist.

Aus diesem Grund sieht die Forelle beim Blick in den Spiegel zwar den Körper von Spinnern und von Landinsekten, die sich im Film gefangen haben, *nicht dagegen den Körper der meisten Duns (Subimagines).*

Der Spinner sinkt nach der Eiablage mit ausgebreiteten Flügeln ermattet auf die Wasseroberfläche. Seine Flügel haften in dem klebrigen Film, und sofort durchbricht sein Körper die Oberflächenhaut und wird damit für die Forelle sichtbar.

Die Dun im Spiegel hingegen steht leichtfüßig auf dem Oberflächenfilm, ihr Hinterleib wird von den Beinen und durch seine aufwärts gekrümmte Haltung vom Oberflächenfilm ferngehalten und kommt mit ihm nicht in Berührung. Das einzige Anzeichen, durch das die Forelle auf eine entfernte, auf dem Spiegel stehende Dun aufmerksam werden kann, sind die winzigen Eindrücke der Füße im Oberflächenfilm.

Das Foto auf Seite 90 läßt deutlich erkennen, wie die Füße der Dun winzige sternförmige Lichtpunkte verursachen, die das scharfe Auge der Forelle schon meterweit zu entdecken vermag.

Diese durch die Füße der auf der Wasserhaut stehenden Dun verursachten Lichtsternchen sind das erste, was den Beutereflex der Forelle auslöst.

So manche Angler könnten diesen Auslöser in Aktion sehen, wenn ihnen die äußerst lehrreiche, gründliche Beobachtung einer Forelle bei der Nahrungsaufnahme ebenso wichtig wäre, wie ihr Drang, sie alsbald zu fangen. Immer wieder kann man feststellen, daß ein im Mittelwasser lauernder Fisch schon zu steigen beginnt, wenn er aufgrund der früher erläuterten Gesetze der Lichtbrechung Körper und Flügel der herantreibenden Dun überhaupt noch nicht sehen kann: Sie befinden sich innerhalb des kritischen Zehn-Grad-Winkels zur Wasseroberfläche, innerhalb dessen die Forelle nichts Wesentliches erkennen kann.

Wenn nichts von dem bisher Gesagten den Skeptiker vom höchst beachtlichen Sehvermögen der Forelle zu überzeugen vermag, dann vielleicht die Tatsache, daß die Forelle imstande ist, die winzigen Eindrücke im Wasserfilm auch im rasch fließenden rauhen Wasser zu erkennen und sich dann mit tödlicher Sicherheit in die genau richtige Aufstiegsbahn «einzuspuren».

In der Tat ist es sehr wahrscheinlich, daß es vielfach wirklich die Fußeindrücke der Dun sind, die die Forelle im Verein mit ihrem bemerkenswerten Sehvermögen zur unterscheidenden Auswahl bei der Nahrungsaufnahme befähigen. Unsere Beobachtungen machen es wahrscheinlich, daß die Forelle in der Lage ist, die unterschiedlichen Fußeindrücke von Duns erkennbar verschiedener Größe auseinanderzuhalten, wenn die Insekten gleichzeitig auf dem Wasser treiben.

Die sternförmigen Lichtpunkte der Fußeindrücke einer Dun auf der Oberfläche des Spiegels (oder natürlich ebenso die Lichtreflexe, die von einem zappelnden Spinner oder einem Landinsekt ausgehen) sind jedoch nicht der einzige Auslöser des primitiven Raubinstinkts der Forelle, wenn auch, nach unserer Meinung, der wichtigste. Es gibt noch einen anderen Auslöser: die *Flügel* der Dun.

Man stelle sich eine Dun vor, die auf der Wasseroberfläche im Spiegel auf die Forelle zuschwimmt (oder in einem See eine Forelle, die sich auf die Dun zubewegt – was im Prinzip das gleiche ist).

Die Dun, deren Körper der Fisch nicht sehen kann, nähert sich langsam den flachsten Lichtstrahlen, die noch ein klares Bild der Außenwelt in das Fenster der Forelle tragen. Als erstes gelangen die Flügel in den Bereich dieser Strahlen (Abb. 32), erscheinen aber, vom Körper losgelöst, auf dem Abhang des «Hügels», auf dem sich alles befindet, was die Forelle sieht.

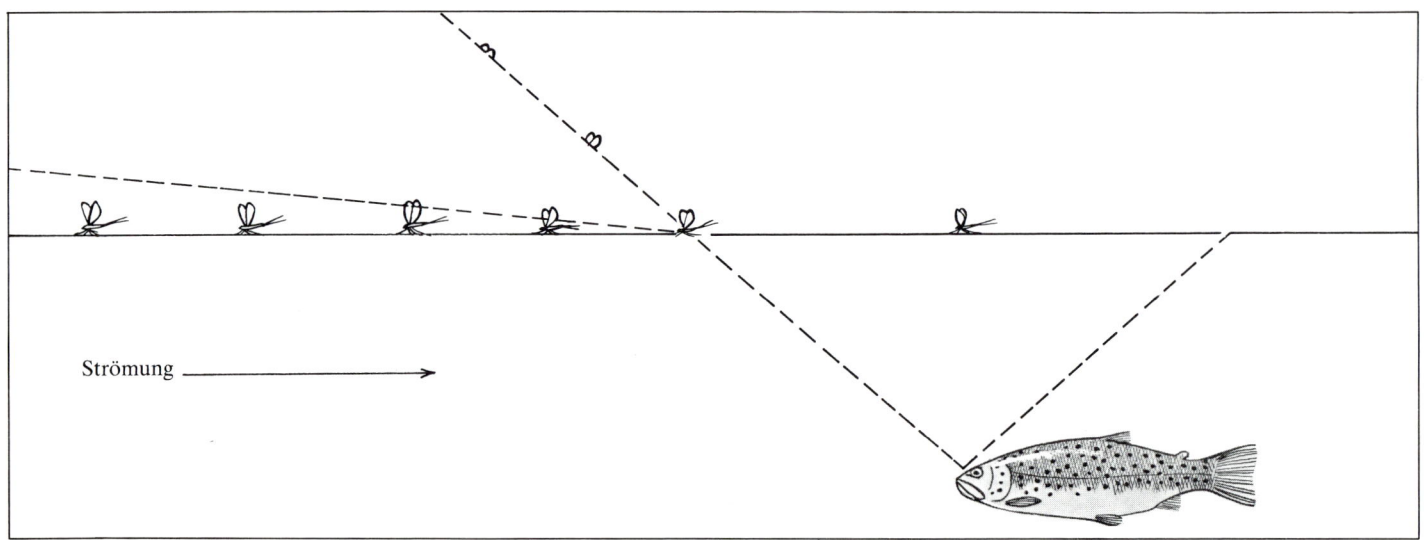

Strömung ⟶

In dem Maß, wie allmählich die Flügel in den Bereich der Strahlen des «sichtbaren» Lichts hineinragen, wird immer mehr von ihnen im Fenster erkennbar. Wenn schließlich der Körper den Rand des Fensters erreicht und von den flachsten Strahlen erfaßt wird, werden Körper *und* Flügel sichtbar, die ganze Dun erscheint.

Das Tempo, in dem dieser Vorgang abläuft, hängt natürlich im Fluß von der Strömungsgeschwindigkeit ab, im See von der Geschwindigkeit, mit der die Forelle sich der Dun nähert. Am Wasser spielt sich dies alles ziemlich rasch und fließend ab. Der flammenähnliche Anblick der Flügel aus der Sicht der Forelle läßt sich mit einem brennenden Gasfeuerzeug vergleichen; bei vollem Druck erscheint die Flamme in einiger Entfernung von der Düse des Feuerzeugs, mit

Abb. 32. Wie die Forelle eine auf sie zu schwimmende Dun sieht. Zuerst werden die Flügel wie eine Art Flämmchen über dem Fensterrand wahrgenommen, während sich der Leib noch über dem Spiegel befindet. Den Leib sieht sie erst, wenn er im Fenster erscheint; er verbindet sich dann mit den bis dahin isoliert erschienenen Flügeln. Erst vom Rand des Fensters an sieht die Forelle die ganze Dun.

abnehmendem Druck nähert sie sich dieser immer mehr, bis sie sich schließlich mit dem Feuerzeug selbst «verbindet».

Der Vorgang des Übergangs von den Fußeindrücken zum flammenartigen Auftauchen der Flügel über dem Fensterrand wird durch die Fotos auf Seite 90 und 91 veranschaulicht. Vorwiegend wegen dieser flammenähnlichen Wirkung der Flügel sind wir der Meinung, daß Flügel bei Trockenfliegen (siehe weiter unten) von Nutzen sein können, wenn eine gewitzte Forelle angegangen wird.

Die Farbe der Oberflächenfliege

Wir haben begründet, daß die Forelle Farben unterscheiden kann, und gezeigt, wie die Oberflächenfliege für den Fisch sichtbar wird. Wir wollen nun beides in Zusammenhang bringen und überlegen, was die Forelle von der *Farbe* der schwimmenden Fliege sehen kann.

Am einfachsten liegt der Fall beim «Spent Spinner» oder irgend anderen Insekten, deren Körper den Oberflächenfilm durchbricht.

Da die Forelle alles, was durch den Spiegel gedrungen ist, klar sieht und über ein ausgezeichnetes Farb-Sehvermögen verfügt, nimmt sie auch die Farbe all dessen bestens wahr, was sich unterhalb des Spiegels befindet. Folglich ist die Körperfarbe des «Spent-Spinner» und von Landinsekten für den Fliegenfischer unbedingt wichtig.

Eine Dun *auf* der Wasseroberfläche wirft ein viel verwickelteres Problem auf. Wir wollen dazu nocheinmal die auf die Forelle zuschwimmende Dun betrachten.

Zuerst sieht der Fisch die Fußeindrücke im Oberflächenfilm. Unter normalen Umständen erscheinen die Füße nicht in ihrer natürlichen Farbe, sondern als weiße Lichtfünkchen. Das erste, was die Forelle von der Dun selbst sieht, sind die wie «Flämmchen» über dem Fensterrand auftauchenden Flügelspitzen. Da die Forelle Farben erkennen und durch das Fenster sehen kann, muß der Angler auch der Farbe der Flügel Beachtung schenken. An der üblichen Trockenfliege ist folglich die Farbe der *Hecheln* besonders wichtig, weil sie es ja sind, die wie Flügel über dem Rand des Forellenfensters auftauchen. Die Hechelfarbe ist wohlgemerkt auch dann wichtig, wenn die Fliege zusätzlich mit Flügeln gebunden wird. Denn die Hechelfarbe überdeckt die der Flügel, weil die Hechel das Licht viel wirksamer reflektiert.

Wenn der Körper des Insektes sich vom Spiegel her dem Fenster nähert, passiert er die feine Trennlinie zwischen beiden, den als Snellschen Ring bezeichneten, wie ein Prisma wirkenden farbigen Ring. Befindet sich die Sonne direkt über oder hinter der Forelle, so ist in diesem Ring und in seiner unmittelbaren Nähe für einen kurzen Augenblick die Farbe des ganzen Insektes – von Flügel *und* Leib – sichtbar. Hat es den Snellschen Kreis durchquert, nähert es sich immer mehr der Mitte des Fensters und hebt sich dadurch zunehmend dunkler vom hell erleuchteten Himmel ab. Die Fotos auf Seite 89 zeigen fast alle Phasen dieses Vorgangs.

Für die meisten Fische ist nach unserer Überzeugung die Farbe der Hechel und/oder Flügel von Subimago-Nachahmungen *durchaus* von Bedeutung, während die Körperfarbe weniger wichtig ist. Die wichtigsten Eigenschaften einer wirksamen Trockenfliege sind demnach – nächst der Erzeugung glaubhafter

Fußeindrücke – richtige Größe, täuschender Umriß und (bis zu einem gewissen Grad) Lichtdurchlässigkeit.

Dies gilt, wie gesagt, für die meisten Fische, doch nicht für alle. Wir glauben, daß richtige Größe und richtiger Umriß die wesentlichsten Merkmale von Fliegen für Dutzendforellen sind, weil es mit deren Unterscheidungsvermögen nicht weit her ist. Mit einer gut gebundenen und auf lebensechte Weise angebotenen Fliege ist ein regelmäßig steigender Fisch in neun von zehn Fällen gefangen. Das hängt unserer Meinung nach damit zusammen, daß die Forelle darauf programmiert ist, lediglich eine Reihe von Grundmerkmalen zu identifizieren – und wenn sie diese sieht, reagiert sie, *sofern sie nicht «höhere Bildung» erworben hat.*

Die naive Dutzendforelle beginnt nach unserer Erfahrung in dem Augenblick vertrauensvoll mit dem Aufstieg, in dem sie das erste dieser Grundmerkmale wahrnimmt, und das ist das Fußmuster im Spiegel. Dies ist der Grund dafür, daß die herkömmliche Fliege fängt – sie zeigt der Forelle was sie sehen will oder zu sehen erwartet. Insbesondere führt diese Fliege der Forelle den ersten jener beiden Schlüsselauslöser vor: Ihre Hecheln erzeugen im Oberflächenfilm ein Lichtmuster, das dem grob ähnelt, das durch die Füße der natürlichen Dun hervorgerufen wird. Wenn dann die Forelle auf eine herkömmliche Hechelfliege steigt, hat sie an ihr schon das «erkannt», worauf sie wartet. Und sollte sie einen Augenblick zögern, bevor sie die Fliege nimmt, dann wird sie in ihrer Überzeugung bestärkt: Sie bemerkt die Hechelflämmchen über dem Fensterrand, die vertrackt den Flügeln gleichen, die sie ebenfalls zu sehen «erwartet».

(Nur nebenbei sei bemerkt, daß die meisten Forellen den Körper der Fliege, mit der sie gefangen werden, zweifellos nie wirklich zu Gesicht bekommen. Wenn der Fisch nicht vergrämt wurde, dann beginnt er mit dem Aufstieg, sobald er die Lichtfünkchen im Spiegel wahrnimmt. Steigt er dann im gleichen Tempo, mit dem sich die Fliege nähert, wird sein Fenster stetig kleiner, und die Fliege bleibt im Spiegel, bis sie versinkt oder ins Fischmaul gesogen wird.)

Farbe und der gewitzte Fisch

Wie sieht es nun mit gewitzten Fischen aus – Fischen, die das alles schon kennen, die ihre Seele nicht für das Sterngefunkel von Hechelspitzen im Oberflächenfilm verkaufen? Bei diesen Fischen muß, so glauben wir, alles, *einschließlich der Körperfarbe,* stimmen.

Weshalb die Körperfarbe? Wir betrachten noch einmal eine Dun, die in der Strömung auf die Forelle, diesmal eine gewitzte, zutreibt. Der Fisch sieht die Eindrücke der Füße und beginnt aufzusteigen. Er tut dies nicht mit einem unüberlegten, kopflosen Stoß. Er steigt vielmehr langsam und zielbewußt hoch, nämlich so, daß sich die Fliege stetig vom Spiegel in sein Fenster bewegt. Ihre Flügel tauchen auf und verbinden sich mit dem Körper, genau am Fensterrand.

Bei normalem Ablauf der Dinge würde sich die Fliege rasch über den Fensterrand bewegen und schnell zu einer dunklen Silhouette gegen den hellen Himmel werden. *Der wachsame, gewitzte Fisch läßt es jedoch gar nicht so weit kommen.* Warum sollte er auch? Das Fenster ist, wie wir wissen, von einem feinen, wie ein Prisma wirkenden Saum umgeben, und nur in diesem Saum oder dicht daneben kann er die Farbe der Fliege in allen ihren Nuancen erkennen.

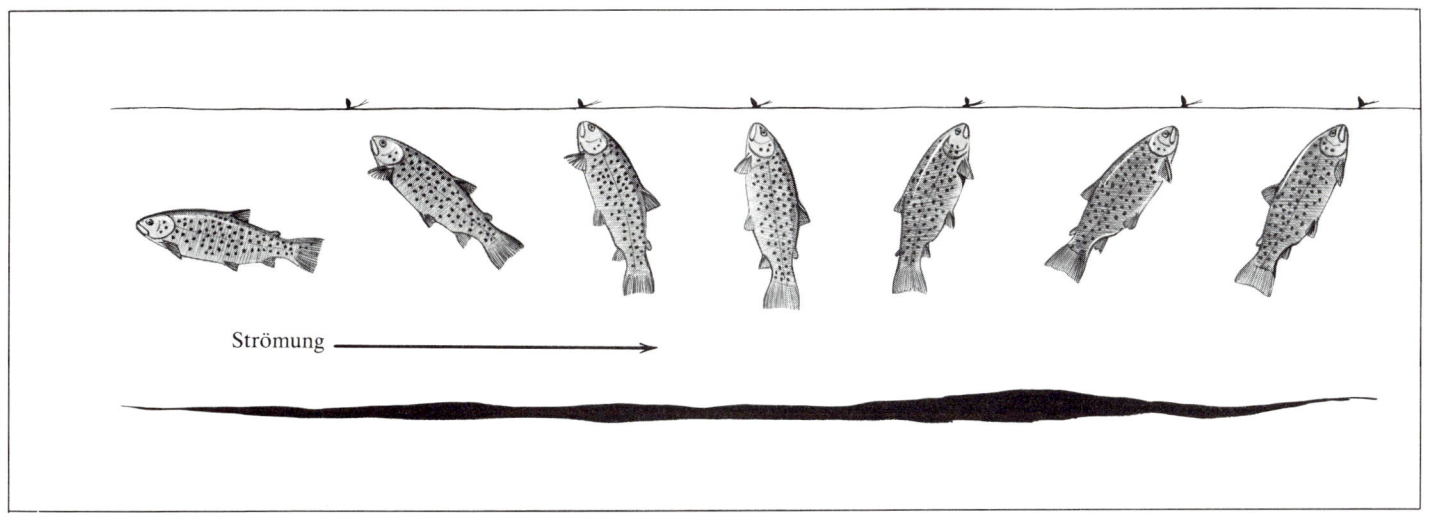

Strömung ──────────────────►

Abb. 33. Die Farbe der Kunstfliege kann wichtig sein. Ein Fisch, der schon schlechte Erfahrungen gemacht hat, fixiert mit den Augen die Fliege, wenn sie die schmale Zone am Fensterrand erreicht hat, in der er aus der Nähe Farben sehen kann, und läßt sich, mit den Augen dicht an der Fliege, stromab treiben. Die Entfernung, aus welcher ein vorsichtiger Fisch die Fliege studiert, ändert sich, wie es scheint, nur selten.

Wenn die Sonne nicht gerade hinter der Fliege steht und diese bereits dadurch in dem Augenblick, in dem sie auftaucht, nur eine Silhouette ist, dann steigt der gewitzte Fisch soweit, bis die Fliege den Rand seines Fensters erreicht hat und in ihrer wirklichen Farbe zu sehen ist. Dann läßt sich die Forelle mit der Fliege flußabwärts treiben, doch immer so, daß die Fliege im Fensterrand bleibt und er feststellen kann, daß sie dem entspricht, was er haben möchte (Abb. 33). Erst dann steigt er ganz auf, um sie zu packen. Doch sehr viel häufiger unterläßt er es (und ist deshalb so alt und schlau geworden).

Wir haben Hunderten von gewitzten Forellen zugeschaut, wie sie sich auf diese Weise mit der Strömung treiben ließen, die Nase dicht an der natürlichen oder künstlichen Fliege. Die Fliege bleibt dabei stets einige Zentimeter vor der Nase der Forelle, im günstigsten Beobachtungsabstand, solange die hochnotpeinliche Untersuchung andauert.

Wir sind sicher, daß Forellen, die sich so verhalten, vollen Gebrauch machen von der ihnen vom Schöpfer verliehenen Sehkraft und Fähigkeit zur Selbsterhaltung. Wir halten es sogar für nicht unwahrscheinlich, daß besonders mißtrauische Forellen sich so unter der Fliege hin und her bewegen, daß sich deren Stellung zum Fenster und Regenbogensaum ändert und sie nicht nur die Farbe sondern auch die Form genau prüfen können – wieder und wieder, während sie sich nach einem einzigen Aufstieg mit der Fliege treiben lassen.

Mit dem Ziel, den Ansprüchen derart heikler Fische zu genügen, haben wir die am Schluß des Buches beschriebene Serie von Dun- und Spinner-Nachbildungen entwickelt. Sie sollen dem gewitzten Fisch alles bieten, was er nach unserer Auffassung erwarten kann: einen Körper, der sich richtigerweise frei über dem Oberflächenfilm befindet (Dun) beziehungsweise im Oberflächenfilm liegt (Spinner), sowie Fußeindrücke im Spiegel, Flügel, die über dem Rand des Fensters auftauchen, zweckentsprechende Farbabstimmung, naturgetreuen Umriß im Fenster und richtige Größe.

Der Haken macht den Forellen unserer Überzeugung nach kaum etwas aus – neunundneunzig von hundert Forellen stört er ganz eindeutig überhaupt nicht.

In unserem Bestreben, die oben aufgezählten Anforderungen zu erfüllen, mußten wir indes in einigen Fällen den Hakenbogen aus dem Wasser in die Luft versetzen, und die Forellen schienen ihn nicht sehr zu vermissen.

Wir haben viele Fische der beschriebenen Eigenart mit diesen Fliegen gefangen. Sie sind nicht unfehlbar – unfehlbare Fliegen dürfte es wohl nicht geben. Die neuen Bindeweisen sind jedoch eine sehr nützliche *Ergänzung* und bieten dem Angler gerade dann Vorteile gegenüber herkömmlichen Fliegen, wenn solche Vorteile am dringendsten nötig sind: bei der Pirsch auf eine schwierige, gewitzte, begehrenswerte und meist *kapitale* Forelle, die ihre herrische Nase über Fliegen mit aufrechtem Hechelkranz rümpft.

Eine Bemerkung möchten wir noch machen: Jede Forelle ist dann schwieriger zu fangen, wenn ihr Verdacht geweckt wurde. Vorsichtiges, unbemerktes Anpirschen und ein zarter erster Wurf tragen mehr zum Fang einer schlauen Forelle bei als so gut wie jede noch so raffinierte Verbesserung der Fliege.

Die Trockenfliege bei Sonnenuntergang

Wir haben verschiedene Versuche durchgeführt, um herauszufinden, wie sich das Erscheinungsbild einer Fliege im Lauf des Tages mit dem wechselnden Sonnenstand ändert. Dabei machten wir mit dem Spinner eine fesselnde Beobachtung, und zwar bei Sonnenuntergang.

BC hatte schon lange vermutet, die Fähigkeit der «Orange Quill»-Fliege und ähnlich gefärbter Trockenfliegen beruhe im wesentlichen auf ihrer Stellung zur Sonne, von der Forelle aus gesehen. Insbesondere glaubte er, der Erfolg dieser Fliegen – *sofern* sie Erfolg hatten (abends) – beruhe darauf, daß die flach einfallenden roten Strahlen der untergehenden Sonne von den Flügeln der natürlichen Fliege zur Forelle nach unten reflektiert wurden, daß also, mit anderen Worten, das Sonnenlicht auf den Flügeln der Fliege die Farbe der Fliege verändert.

Schon früher hatte er beobachtet, daß die Flügel des natürlichen Spinners, wenn sie so gehalten wurden, daß sie das Licht reflektierten, ganz wie Katzenaugen bei Nacht aussehen. Das Netzwerk der Flügeläderung zerlegt den Glanz der Spinnerflügel in eine große Anzahl stark reflektierender Facetten – und die Strahlen der untergehenden Sonne auf diesen Facetten verändern die Flügelfarbe zu einer Vielfalt von Farbtönen zwischen blassem Rosa und hellem Orange.

Es war beim Aufbau eines Versuchs zur Überprüfung dieser Theorie unter Wasser, daß wir unsere überraschende Beobachtung machten.

Zunächst fanden wir die Theorie betreffend den aufrechten Spinnerflügel teilweise bestätigt: im Fenster, im richtigen Winkel von unten gesehen, fingen die Flügel tatsächlich an, rosa zu leuchten, jedoch nicht so intensiv, wie wir erwartet hatten.

Sehr viel fesselnder war jedoch eine Erscheinung, die wir nicht einmal vermutet hatten – nämlich die Wirkung des Lichtes der rot untergehenden Sonne auf die Fußeindrücke einer Dun und auf die *ausgebreiteten* Flügel eines Spinners, jeweils im Spiegel gesehen.

Zunächst die Fußeindrücke. Statt nur einige Lichtfünkchen ähnlich winzigen weißen Diamanten zu erzeugen, nahmen die Eindrücke in der Oberflächenhaut gegen den dunklen Hintergrund des Spiegels in der Dämmerung das Aussehen von glühenden Rubinen an.

Dann der Spent-Spinner – er wurde völlig verwandelt. Seine Flügel fangen unter dem oben erwähnten Netzwerk der Adern Luft ein und wirken deshalb bei normaler Beleuchtung im Spiegel wie ein Stück geädertes Kathedralglas, das von einem weißen Lichthof umgeben ist.

Im Abendrot glühen, aus gewissen Richtungen von unter Wasser gesehen, diese Lichterscheinungen rot und golden: Die Fliege scheint wie sanftes Feuer zu leuchten (s. Abb. S. 85).

Diese Erscheinung liefert wohl die Antwort auf das alte Problem des schwierigen Fischens beim abendlichen Steigen, dem «Abendsprung». Man darf doch annehmen, daß die Forelle im schwindenden Licht sich die Fliegen aussucht, die sie am leichtesten erkennen kann – außerdem steht wissenschaftlich fest, daß die Farbe, die die Forelle im Süßwasser am besten sieht ... *Rot* ist.

Wenn dies stimmt, dann zieht wahrscheinlich an einem Abend mit prächtigem Sonnenuntergang eine Fliege mit orangefarbiger Hechel die Aufmerksamkeit von weit mehr Forellen auf sich als eine genaue Nachbildung der natürlichen Fliege, so wie sie der Angler sieht.

Unsere Beobachtungen über die Wirkung des Abendrots auf die Flügel von Spinnern und die Fußeindrücke von Duns im Spiegel erfolgten, als das Manuskript zu diesem Buch in Druck ging. Infolgedessen haben wir noch keine Gelegenheit gehabt, unsere Schlußfolgerungen am Wasser zu testen. Gleichwohl erwarten wir zuversichtlich, daß die Fische beim entsprechenden Versuch positiv reagieren werden.

Die Unterwasserfliege in der Sicht der Forelle

Völlig verschieden von der blendend hellen und buntfarbigen Welt an der Wasseroberfläche mit ihrem Sonnenlicht und den Regenbogenfarben ist die Unterwasserwelt der Forelle. Hier herrschen blasse Grün- und Brauntöne, Schatten und verschwommene Umrisse vor, und die hier lebenden Nährtiere der Forelle kleiden sich in ähnliche Farben.

In der grünen Weite stehender Gewässer gibt es keine Strömung, die der Forelle ihr Futter zuträgt, sie muß danach jagen. Bei der Jagd helfen ihr vor allem Bewegung und Umriß der gut getarnten Beute, diese zu orten. Einer der Gründe, warum in Seen farbige Fliegen die Aufmerksamkeit der Forelle auf sich ziehen, ist der Umstand, daß sie Farben unverfälscht sieht und – am wichtigsten – daß diese bunten Fliegen mit *Bewegung* geführt werden.

In Flüssen gründelt zwar gelegentlich ein Fisch zwischen Steinen, Kies und Kraut, meist gibt sich die Forelle jedoch mit der ihr von der Strömung zugetriebenen Nahrung zufrieden. Sie steht in der Strömung und vertraut darauf, daß ihr ausgezeichnetes Sehvermögen ihr hilft, rasch zu entscheiden, was auf dem breiten Fließband um sie herum Nahrung ist und was nicht.

Im angetrübten Wasser und rascher Strömung nimmt die Forelle Beute erst wahr, wenn diese dicht bei ihr ist, und muß sich dann schnell darüber klar werden, was freßbar ist und was nicht. Ihre Entscheidung wird sich unter diesen Verhältnissen auf Größe, flüchtigen Formeindruck und Anzeichen von «Leben», wie die Bewegung von Beinen und anderen Körperanhängen, stützen.

Für Forellen in rasch strömendem und angetrübtem Wasser dürfte deshalb genaue Nachahmung nicht wesentlich sein, wahrscheinlich sind «Spider»-Fliegen nicht deshalb fängig, weil sie ein bestimmtes Nährtier *nachahmen,* sondern weil ihre weichen, aneinander klebenden Hühnerhecheln auf unbestimmte, impressionistische Weise die Eigenschaften *vortäuschen,* die die Forelle zu sehen erwartet.

Im klaren und meist auch träge fließenden Wasser der Kreide- und Kalksteingewässer kann die Forelle weiter sehen, genauer sehen und längere Zeit prüfen. Hier ist deshalb genaue Nachbildung viel wichtiger, und die erfolgreichsten Unterwasser-Muster für klare Flüsse sind solche, die nicht nur wie das natürliche Vorbild *aussehen,* sondern sich auch wie dieses *verhalten.*

Aus diesem Grund sind Sawyers Fasanenschwanz-Nymphe, der «Versunkene Spinner» und unsere Bindeweise für Flohkrebs-Nachbildungen so erfolgreich. Aus demselben Grund glauben wir auch, daß es noch ungeahnte weitere Möglichkeiten für die Nachahmung der Unterwassernahrung von Flußforellen gibt.

(Absolute Naturtreue ist keineswegs *immer* notwendig – und bei der Pirsch auf die meisten Fische stellen wir bei unseren Nymphen-Nachbildungen die Funktionstreue voran. Doch kann der ernsthaft Interessierte bei Verfeinerungen auf diesem Gebiet viel Freude und Befriedigung finden.)

Die Bedeutung des Spiegels

Forellen, die in der behaglichen Umwelt der Kreide- und Kalksteinflüsse leben, genießen außer dem Vorteil des klaren und weniger turbulenten Wassers bei der Aufnahme von Unterwasserfutter noch einen weiteren Vorteil: einen Vorteil, den sonst nur noch Forellen haben, die im Flachwasser klarer, stiller Seen Jagd auf Nymphen, Flohkrebse und ähnliches machen. Beiden hilft der *Spiegel.*

Schon bei Besprechung der optischen Gesetzmäßigkeiten der Unterwasserwelt, in der die Forelle lebt, war davon die Rede, daß der Spiegel nicht wie die Decke eines weiten, sich in die Ferne dehnenden Raumes wirkt. Er erscheint vielmehr eher wie die Wand eines kegelförmigen Zelts, die rings um die Forelle schräg nach unten hängt. Und weil dieser optische Effekt, wie gesagt, den Spiegel in bequeme Lage vor die Forelle stellt, so wird sie in ruhigem, seichtem Wasser wahrscheinlich im Spiegel nicht bloß nach Fußeindrücken und in der Wasserhaut klebenden Körpern von Oberflächeninsekten Ausschau halten. Da der hängende Spiegel alles auf seiner Unterseite reflektiert, so dürfte die Forelle höchst wahrscheinlich auch nach Spiegelbildern suchen: nach den Bewegungen von Wassertieren, die am Boden herum- und vom Grund hochzappeln. Wenn sie ihre Aufmerksamkeit auf die Vorderhälfte der Spiegelglocke richtet, ist die Forelle imstande, auch Beute auszumachen, die sich oberhalb und unterhalb der Zone bewegt, auf die ihr Auge scharf eingestellt ist. Der Spiegel verschafft ihr also, ruhige Wasseroberfläche vorausgesetzt, ein viel größeres Gesichtsfeld, als man ihr zunächst zutrauen würde.

Dem Flußfischer, der nur selten eine völlig ruhige Wasseroberfläche antrifft, mögen solche Überlegungen zwar interessant, aber von geringer praktischer Bedeutung erscheinen. Der Seefischer sei jedoch darauf hingewiesen, daß der

Spiegel stets die Seite eines Objektes die dem Spiegel zugewandt ist, reflektiert. In einem ruhigen See ist dies der *Rücken* eines Lebewesens, das sich unter ihm bewegt, und zwar gesehen gegen den dunklen grünbraunen Hintergrund des ebenfalls gespiegelten Grundes. Nymphen, die für das Fischen in flachen Seen bei Windstille bestimmt sind, sollten daher mit Rücksicht auf diese Überlegung gebunden werden.

Aufgrund der Spiegelwirkung einer ruhigen Wasserunterfläche, die sich die Forelle bei der Jagd nach Nymphen und anderer Unterwassernahrung zunutze macht, erscheint es sehr vernünftig, Nymphen für den Einsatz in stehenden Gewässern mitunter mit einem flach eingebundenen, winzigen Streifen weißer Federfiber oder Silberlurex am Rücken zu versehen.

Damit hätte man einen Lichtfleck, der der Forelle, gegen den dunklen Spiegel gesehen, auffallen muß, hätte jedoch den durch Größe, Umriß und Farbcharakter bestimmten Gesamteindruck der Nymphe aus normalem Blickwinkel nicht geändert.

In der Forellenwelt

Die folgenden Seiten zeigen einige ungewöhnliche Fotos, durch die unsere Aussagen im Text über das Verhalten der Forelle bei der Nahrungssuche, -auswahl und -aufnahme und über die Tarnung der Forelle belegt werden sollen. Sie zeigen außerdem Filmaufnahmen vom Fang eines besonders starken Fisches.

Alle Bilder wurden in freier Natur, ohne künstliche Hilfen oder Vorrichtungen irgendwelcher Art aufgenommen. Sie geben daher ein wahres Bild vom wirklichen Ablauf der Vorgänge.

Oben … und unten

Wie sieht die Forelle Fliegen in der Dämmerung, wenn der Angler sie längst nicht mehr wahrnimmt? Diese Spinner, die wie lautlose, gespenstische Mondfähren über die Kamera driften, liefern die Antwort. Obwohl das Insekt für den Beobachter über dem Wasserspiegel nicht zu sehen ist, werden die letzten Lichtstrahlen vom Rand seines Körpers – genau von den Flügelmembranen – abwärts gebrochen. Dadurch ist der Spinner aus der Unterwasser-Perspektive deutlich gegen den dunklen Hintergrund des Spiegels sichtbar. Solange noch eine Spur von Licht vorhanden ist, wird es auch gebrochen. Die Bedeutung dieser Erscheinung für das Fischen bei Abendrot wird im Text besprochen.

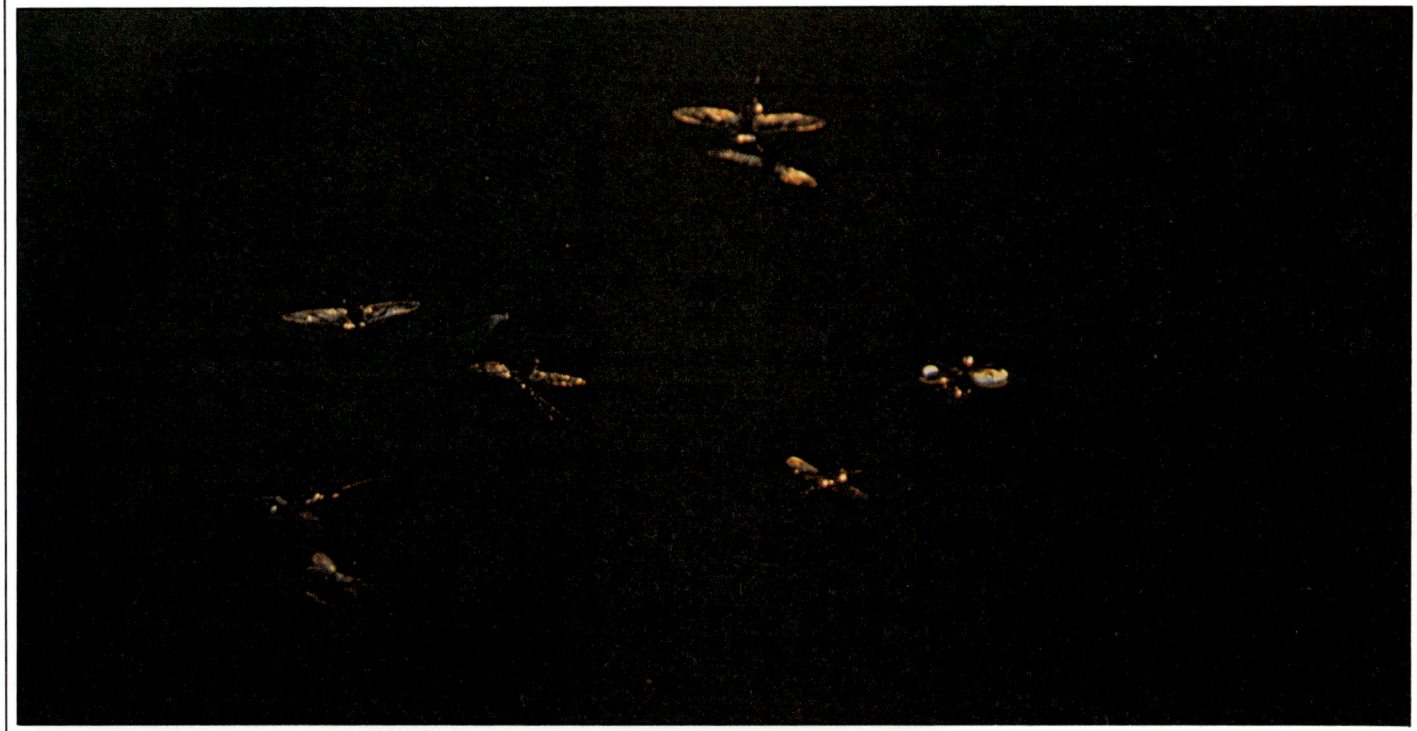

Eine der bemerkenswertesten Beobachtungen, die wir machen konnten, betrifft die Art und Weise, wie starke Forellen in Flüssen durch den ständigen Kontakt mit ihrem Körper und das dauernde Wedeln mit dem Schwanz kleine Bereiche des Flußbetts reinigen oder blankscheuern. Das Foto belegt klar unsere dargelegten Feststellungen zu dieser Erscheinung.

Steigzeichen

Im Text wurde ausführlich dargelegt, daß eine enge Beziehung zwischen der Bewegung der Forelle und der Bewegung ihres Beute-Insektes besteht. Ebenso gibt es natürlich auch eine direkte Beziehung zwischen der Bewegung der Forelle und der Bewegung des Wassers, das von ihr verdrängt wird (das «Steigzeichen»). Der wichtigste Fortschritt, den der Fliegenfischer machen kann, besteht darin, zu lernen, wie man anhand des Steigzeichens auf das Insekt schließen kann, das von der Forelle genommen wird.

Links: Es eilt nicht ... Ruhiges Steigen, meist von einem kurzen, schlürfenden oder küssenden Geräusch begleitet, gilt fast immer solchen Fliegen, die sich in der Oberflächenhaut gefangen haben oder unmittelbar unter ihr driften und von denen der Fisch aus Erfahrung weiß, daß sie ihm nicht entkommen können.

Links: Das Steigzeichen, das am kniffligsten zu deuten, wofür der Grund jedoch leicht zu erkennen ist. Der Zugriff einer Forelle, mit dem sie eine Nymphe von der *Unterseite* der Wasserhaut wegnimmt, erzeugt das nahezu identische, für das Aufnehmen einer Fliege an der *Wasseroberfläche* typische Steigzeichen. Nur sorgfältige Beobachtung kann den wahren Sachverhalt entschleiern.

Links: Hier hat die Forelle die aufsteigende Nymphe wenig unter der Wasseroberfläche abgefangen. Der dadurch entstandene Wasserwirbel ist typisch für das Steigzeichen, das ein Fisch erzeugt, der Nymphen dicht unter der Oberfläche nimmt. Eine andere häufige, von solchen Fischen hervorgerufene Störung ist ein kurzes Aufwallen des Wassers bzw. «Ausbuchten» der Wasserhaut.

Oben: Mit einem rasanten Platscher wirft sich eine Forelle einer fliehenden Köcherfliege nach. Kein Tier verbraucht in freier Wildbahn mehr Energie als notwendig, und ein ungestümes Steigen wie dieses gilt fast immer einem großen Insekt, von dem die Forelle weiß, daß es ihr leicht entkommen könnte.

86

Links: Ein faszinierender Anblick ... Eine Forelle benutzt die flache Seite ihrer Maulspalte, um einen fest am Boden haftenden Flohkrebs aufzuschaufeln (s.a. das Foto der mit einer Flohkrebs-Imitation gefischten Forelle, S. 97 unten).

Links: Nicht alle Fische sind versessen auf Nahrung von der Wasseroberfläche oder dicht darunter. Diese Forelle hat die bezeichnende Haltung eines Fisches, der am Grund nach Köcherfliegenlarven, Steinfliegennymphen, Flohkrebsen und ähnlichem jagt.

Unten: Dies ist das eindeutigste, klassischste aller Steigzeichen, die «Rolle», typisch für Forellen, die kleine Duns, sowie einige Spinner- und Nymphenarten nehmen, die sich im Oberflächenfilm gefangen haben. Im Bild winkt der Fischschwanz sein verächtliches Lebewohl.

Unten: Der Stoß eines Schwanzes, ein gemächliches Zurückgleiten in die waagrechte Stellung, und eine Nymphe verschwindet. Das nur Bruchteile von Sekunden während weiße Blinken, wenn die Forelle ihr Maul öffnet, ist einer der wichtigsten Schlüssel, nach dem der aufmerksame Nymphenfischer als Hilfe beim Festnageln seiner Beute sucht.

Tarnung

Die Forelle ist Meisterin der Tarnung und fähig, selbst feinste Schattierungen ihrer Färbung von Flußstrecke zu Flußstrecke, ja sogar von Standplatz zu Standplatz zu verändern.

Links: Ein grauer Schatten hält seine Stellung an einem typischen Standplatz – vor einem vom Flußgrund aufragenden Hindernis.

Links: Die Tarnfarbe mancher Forellen ist so vollendet auf ihre Umgebung abgestimmt, daß nur das schärfste und geübteste Auge sie entdecken kann. Im Bild liegt eine starke Forelle unmittelbar vor dem Pfeil.

Unten: Der Momentverschluß der Kamera erwischt eine Forelle dicht unter der Oberfläche in der Rückströmung unter einem Wasserfall – und hat den Fisch dadurch viel auffallender gemacht, als er sonst gewesen wäre. Wenn im rauhen Wasser, so wie hier, die Oberflächenreflexe ständig wechseln, ist es manchmal wirklich sehr schwierig, Forellen zu entdecken.

Links: Im tiefen dunklen Wasser unter einer Brücke, bereit, sachte außer Sicht zu sinken.

Die Welt unter Wasser

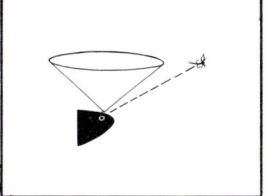

Das erste Bild der Fliege nimmt die Forelle wahr, wenn sie die Fliege im Spiegel sieht, wie sie sich ihr nähert (oder wenn die Forelle im Stillwasser auf die Fliege zuschwimmt). Wenn der Körper der Fliege, wie im Bild links, durch die Wasserhaut dringt, sieht der Fisch die Körperfarbe,

andernfalls (siehe nächste Seite) sind die Füße der Fliege an den Stellen, wo sie die Wasseroberfläche berühren, alles, was er sehen kann. Man erkennt, daß aufgrund der Reflektionswirkung des Spiegels zwei Haken zu sehen sind, nicht nur einer.

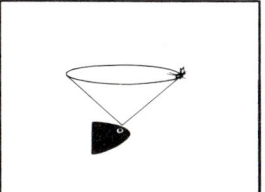

Die Fliege schwimmt nun über den Rand des Fensters (der Himmel erscheint im Bild oben). Dieses Foto ist ganz besonders wichtig für den Angler. Die meisten Angelschriftsteller haben behauptet, bei der Kunstfliege seien nur Größe und Form wichtig ... der Fisch sehe in seinem Fenster nur eine Silhouette. Tatsächlich sind aber für den Fisch die

vollen Farben der Kunstfliege zu erkennen: Der Fisch besitzt in einem schmalen Saum rings um den Rand seines Fensters vollständiges Farbsehvermögen, wobei es keine Rolle spielt, ob der Körper der Fliege ins Wasser dringt oder nicht ... und viele Forellen halten die Fliege in diesem Saum, um sie genau zu studieren.

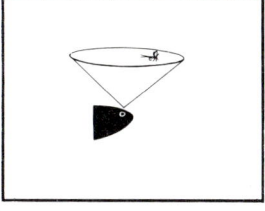

Die Fliege beginnt ins Fenster einzuschwimmen – und dabei ihre Farbe zu verlieren. Von diesem Punkt an ist Farbe weniger wichtig. Selbst der im Oberflächenfilm liegende Körper von Spinnern (im Gegensatz zu der auf dem Film stehenden Dun) verliert seine Färbung, wenn er über das Fenster driftet.

Die Fliege ist nun direkt über der Forelle. In dieser Stellung nimmt die Forelle nur noch wenig Farbe wahr: Die Fliege ist zur fast reinen Silhouette gegen das Licht geworden. Es ist zu beachten, daß sich dies lediglich auf das Erscheinungsbild einer Kunstfliege im Gegenlicht bezieht. Unter bestimmten Umständen werden manche natürlichen Insekten im Fenster durchscheinend.

Auslöser für das Steigen

1. Die Füße im Film

Hier wird es gezeigt ... was das ist, wonach die Forelle schaut, wenn sie auf Futter wartet, was ihren Raubmechanismus auslöst und sie auf den Weg zur Oberfläche schickt.

Auf dieser Seite ... die winzigen Eindrücke, die die Füße der herantreibenden Fliege im Spiegel erzeugen. Im Text wurde erläutert, daß die Forelle nicht durch den Spiegel und damit auch die Fliege selbst nicht sehen kann. Dafür zeigt ihr das winzige Lichtgefunkel der Füße an, daß eine Dun unterwegs ist. Welcher Angler, der je Fische im wirbelnden Wasser steigen sah, kann nun noch meinen, das Sehvermögen der Forelle sei nicht vollkommen?

Links: Am Rand des Fensters, wo sie nun auch die Fliege ebenso gut sieht.

Links: Im Fenster. In dem Maß, wie die Fliege ihren vertrauten Umriß annimmt, werden die Fußeindrücke dunkel.

90

2. Die Flügel im Fenster

Das Bestätigungssignal für die steigende Forelle ist das ungewöhnliche flammenartige Auftauchen der Flügel, wie sie losgelöst vom Leib über dem Fensterrand segeln ... um sich schließlich mit dem Leib der Fliege zu vereinigen. Dieses «flammenartige» Aussehen nehmen die Flügel schon in einiger Entfernung von der Forelle an, wie das oberste Bild auf der vorhergehenden Seite zeigt. Die meisten Forellen warten dieses zweite Signal nicht ab, sondern beginnen bereits mit dem Aufstieg in dem Augenblick, in dem sie die Fußeindrücke der Dun bemerken. Gewitzte Forellen tun dies fast immer. Sie steigen sehr bedächtig und vorsichtig, und Flügel an der Kunstfliege können dann entscheidend für den Erfolg sein.

Links: In diesem Bild befinden sich die Körper der Fliegen im Spiegel (man beachte das Doppelbild der Fliege rechts) ... aber infolge der Lichtbrechung verraten sich die Flügel bereits im Fenster der Forelle.

Links: Während die Fliege zum Fenster schwimmt, rücken Flügel und Körper näher zusammen.

Links: Der Augenblick der Vereinigung. Flügel und Körper treffen am Rand des Fensters sauber aufeinander. Man beachte, daß bei allen drei Fliegen der Körper deshalb zu sehen ist, weil er in das Wasser eintaucht. Hier liegt eine der häufigsten Ursachen für den Mißerfolg bei den auf übliche Weise gebundenen Fliegen. In den Fotos auf der Seite gegenüber, die wir mit Fliegen in unserer neuen Bindeweise aufgenommen haben, bleibt der Körper der Fliege über Wasser, wie bei den meisten natürlichen Duns. Man beachte außerdem, daß die von uns geschaffenen Fliegen als Auslöser sowohl die Fußeindrücke wie auch die Flügel aufweisen – und den Haken über der Wasseroberfläche halten.

Angeltechnische Tatsachen

Welches ist die beste Farbe für Schwimmschnüre? Die ganze Diskussion über die geeignete Farbe von Fliegenschnüren hat sich darauf konzentriert, wie diese in der Luft, auf dem Wasser und im Fenster erscheinen. Das Foto unten verrät die Wahrheit . . . daß es nämlich nicht darauf ankommt, wie die Schnur in der Luft oder im Fenster, sondern wie sie im Spiegel aussieht. Die weiße Fliegenschnur blitzt zwar in der Luft manchmal etwas auf (rechts), ist aber für die Forelle meist weniger sichtbar.

Dafür fällt sie wie ein weißer Blitz auf das Wasser rings um die Forelle . . . quer über den Spiegel. Unsere Experimente und Fotos, wie das untenstehende, lassen kaum einen Zweifel, daß weiße oder hellfarbige Schnüre dann nicht benutzt werden sollten, wenn die Forellen dicht unter der Wasseroberfläche stehen.

Oben: Wie eine weiße und eine grüne Fliegenschnur der Forelle in ihrem Fenster erscheinen. Die dunkle Schnur ist im ganzen zwar besser zu sehen, dieser Nachteil wird aber dadurch ausgeglichen, daß die weiße Schnur stellenweise aufblitzt (rechts unten im Bild).

Links: Warum – selbst beim Fischen mit der Trockenfliege – die Vorfachspitze nie gefettet werden sollte. Von den drei gezeigten Vorfächern ist das in der Mitte, welches mit einem Mittel sinkfähig gemacht wurde, am wenigsten sichtbar. Das Vorfach links wurde lediglich mit einem Lappen sauber gerieben. Das Vorfach rechts wurde mit Schwimmfett behandelt.

Links: Das Aufblitzen der Rute ist im Farbfoto noch deutlicher zu sehen als im Schwarzweißbild (vgl. S. 102). Die Reflektion von grellem Sonnenlicht auf glänzendem Lack vergrämt die Forelle, auch wenn der Angler selbst es nicht bemerkt.

Unten: Dieses Bild zeigt, wie ein watender Angler der Forelle erscheint – und widerlegt eine Hypothese. Seitdem sich Angelschriftsteller mit dem Sehen der Fische unter Wasser befaßten, ist angenommen worden, die Forelle sehe vom anpirschenden Angler vier Beine – die echten Beine und ihr reflektiertes Bild im Spiegel. Das untenstehende Bild ist eins von mehreren Dutzend, die wir mit einer auf dem Flußgrund versenkten Kamera aufgenommen haben. Auf keinem dieser Bilder waren Beine zu sehen, selbst wenn sich BC, wie in diesem Bild, der Kamera auf 2 m näherte. Das Wasser war, anglerisch gesehen, kristallklar. Warum keine Beine zu sehen sind, dürfte nach unserer Meinung eine Nebenerscheinung des sonderbaren optischen Effekts des «geneigten Spiegels» sein, der im Text diskutiert wurde.

Oben: Der Seitenwurf ist dem Überkopfwurf vorzuziehen. In diesem Bild, das gute 6 m von den Anglern entfernt aufgenommen wurde, ist die waagrecht geführte Rute fast unsichtbar, die senkrecht geschwungene dagegen ragt drohend in das Fenster der Forelle hinein. Die senkrecht gehaltene Rute scheint, durch das Fenster gesehen, dicker geworden zu sein.

Eine neuartige Fliegenserie

Ein Porträt von der Hand des Fliegenbinders, das die wichtigsten Eigenschaften der USD Dun zeigt

Ein Porträt, das die wichtigsten Eigenschaften des USD Polyspinners zeigt

Die neuartige Flügel-Bindeweise im Porträt der Black Gnat

USD Para-Olivfarbene

«Suspender»-Nymphe

Maifliegen-«Suspender»-Nymphe

Oben: USD Black Gnat
Unten: Schlüpfende Mückenpuppe
(«Suspender»-Bindeweise)

Caenis-Spinner

Schlüpfende Köcherfliegenpuppe

Flohkrebs im Hochzeitskleid

G + H Köcherfliege

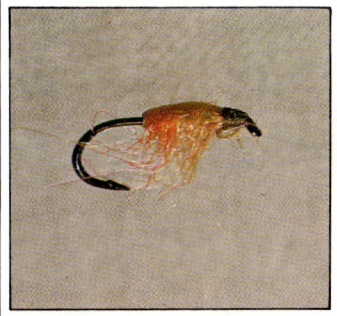

Gerroff

PVC Nymphe

USD Weißdornfliege

Versunkener Spinner

Grey Fox-Variant

PB Maifliege

Super Grizzly

USD Maifliegenspinner

95

Der Wahrheits-Test

Die Drei zum Vergleich: das herkömmliche Dun-Muster (links), die natürliche Dun und die USD Dun

Links: Der Spinner im Spiegel. In der Mitte das natürliche Vorbild, links die traditionelle Nachbildung, rechts unsere neue Bindeweise, die vom Naturmodell kaum zu unterscheiden ist.

Unten: Die gleichen drei Fliegen – und die gleiche Geschichte – im Fenster gesehen ... Man erkennt, wie aufdringlich die Hecheln des Spinners in traditioneller Bindeweise hervorstehen, wenn man sie als Silhouette sieht.

Einiges zum Nachdenken

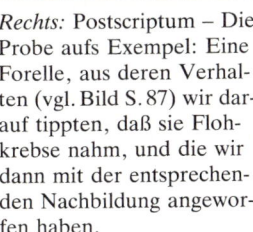

Links: Ein Foto, das den Stillwasserangler brennend interessieren sollte. Unten in der Mitte erkennt man eine Nymphe. Oben in der Mitte glänzt ein weißer Klecks im Spiegel. Was verbindet beide? Der Lichtklecks im Spiegel ist das Spiegelbild eines silbernen Streifens, den wir auf dem Rücken der Nymphe befestigt haben. Das Spiegelbild zieht die Aufmerksamkeit jeder Forelle auf sich, die bei der Futtersuche den Spiegel benutzt – und das selbst wenn die Nymphe im Kraut versteckt wäre und deshalb in direkter Sicht unmöglich zu sehen wäre. Die Bedeutung der Tatsache, daß die Forelle mit Hilfe des Spiegels um die Ecke blicken kann, wird ausführlicher im Text besprochen. (Die «Linie» im Bild ist einfach ein Stück Draht, mit dem die Nymphe während der Aufnahme festgehalten wurde.)

Rechts: Postscriptum – Die Probe aufs Exempel: Eine Forelle, aus deren Verhalten (vgl. Bild S. 87) wir darauf tippten, daß sie Flohkrebse nahm, und die wir dann mit der entsprechenden Nachbildung angeworfen haben.

Ein Leviathan wird besiegt

Ein kleines, stark verkrautetes Forellenflüßchen, in das nie Fische eingesetzt werden – und BC entdeckt dicht am Ufer einen Bachforellen-Wildling. Sie steigt nach einer kleinen dunklen Fliege und scheint riesig ...

Weitere Aufstiege folgen und werden aus der Nähe genau studiert. Schließlich entscheidet sich BC für eine passende Kunstfliege ...
▶

Der entscheidende Augenblick ... eine Drehung der Flossen, eine Wendung zur Wasseroberfläche, das riesige Maul öffnet sich beim vertrauten Nehmen.

Überlistet! Das Vorfach strafft sich und die Kamera hält die Sekunde der Wahrheit fest. Man sieht das Erschrecken im Auge des Fisches. Was ist das? Was ist das?
▶

Kampf zwischen Instinkt und Geschicklichkeit inmitten von Krautbetten.
▶

... und wirft ...

Die Fliege setzt auf und treibt auf die große Forelle zu. Die Zeit steht still, und jahrelange Erfahrung schätzt ab ... Ist diese Fliege *echt*?

Panik, eine wilde Flucht in die Deckung ...

Alles vorbei. BC hat seine Beute sicher am Ufer ...

... und die ganze Geschichte in einem Bild ... die Forelle, die Hände, das Vorfach und der im Maulwinkel gehakte schwarzfedrige Judas ...Dreieinhalb Pfund, der stärkste Fisch aus dieser Strecke seit vielen Jahren.

Verborgene Schicksale

Links: Ein magischer Augenblick – der Spiegel, das Fenster und eine winzige Nymphe, die sich aufwärts kämpft, von einem elementaren Drang ihrem Schicksal im Sonnenlicht entgegengetrieben.

Ein weiteres kleines Wunder am Fluß
Oben: Eines der ungewöhnlichsten Schauspiele am Forellenwasser ... Während ein weiblicher *Baëtis*-Spinner aus dem Wasser krabbelt (links oben im Foto), kriecht ein anderer ins Wasser hinein, um seine Eier abzulegen. Wir haben die Zeit gemessen, die diese winzigen Insekten für ihre Reise ins Wasser benötigen, und fanden, daß ein Unterwasser-Aufenthalt von 30 oder 35 Minuten nicht ungewöhnlich ist. Nur einigen gelang es, nachdem sie ihr romantisches Werk verrichtet hatten, unverletzt wieder aufzutauchen. Die Frage ist nur, wie sie es so lange ohne Luft aushalten konnten? Sie können es nicht ... das Weibchen nimmt seine Luft mit nach unten. Wenn es ins Wasser kriecht (oben rechts), faltet es seine Flügel über dem Rücken zusammen, umschließt damit eine Luftblase (links) und hält sie sicher auf dem Rücken. Diese Luft genügt zum Überleben, bis es seine Aufgabe erfüllt hat.

Der Fliegenfischer ist wahrhaftig ein glücklicher Mensch. Eine Million Wunder, wie das eben geschilderte, spielen sich in jeder Minute seines Tages am Fischwasser um ihn herum ab.

8 Was die Forelle vom Angler sieht

Zusätzlich zu unseren Beobachtungen, die uns gezeigt hatten, wie die Fliege von unter Wasser wahrgenommen wird, haben wir mit Hilfe speziell konstruierter Beobachtungstanks und auf das Flußbett versenkter Kameras eine Unterwasser-Versuchsserie durchgeführt, die Licht auf Vorgänge werfen sollte, die für den Fliegenfischer tagtäglich von praktischer Bedeutsamkeit sind. Die von uns benützten Tanks sollten die Verhältnisse unter Wasser so nachahmen, wie sie in freier Natur vorkommen, einschließlich der für alle Beobachtungen und fotografischen Aufnahmen ganz besonders wichtigen natürlichen Lichtintensität.

Die auf das Flußbett versenkten Kameras wurden in völlig natürliche, in keiner Weise veränderte Wasserstrecken eingebracht. Wir wollen nun unsere Versuche und Beobachtungen der Reihe nach schildern und, soweit es uns statthaft erscheint, Folgerungen aus den Ergebnissen ziehen.

Der Angler im Fenster

Aus theoretischen Überlegungen über das Verhalten des Lichtes unter Wasser geht bereits hervor, daß auch ein Teil der unter sehr spitzem Winkel auf das Wasser treffenden Lichtstrahlen das Forellenauge noch erreicht, allerdings zunehmend weniger, je flacher sie auftreffen. Wir wollten jedoch herausfinden, welche praktische Auswirkung dieser Intensitätsabfall des eindringenden Lichtes für den Angler hat.

Um die tatsächliche Auswirkung zu ermitteln, verfertigten wir einen 1,80 m hohen Stab mit Querlatten und bemalten ihn auf der Vorderseite in bestimmten Abständen mit fluoreszierender Farbe (zum Zweck besserer Sichtbarkeit). Diesen etwas bunt bemalten «Angler» stellten wir in Höhe des Wasserspiegels auf, in verschiedenen Abständen vom Rand des Sichtfensters eines Beobachters unter Wasser.

In dem Maße, wie unser «Angler» vom Beobachter wegbewegt wurde, markierten wir den niedrigsten Punkt darauf, der noch eine deutbare Form erkennen ließ. Der Winkel zwischen diesem niedrigsten Punkt und dem Wasserspiegel wurde nach jeder Verschiebung mit einem Theodolithen gemessen.

Auf Anhieb ergab sich eine wichtige Entdeckung: Wohl konnten wir, dank der unnatürlich intensiven Farbbemalung des Stabes, Spuren seiner unteren Teile bis in eine Höhe sehen, die einem Winkel von 1,9 Grad zur Wasseroberfläche entspricht. Doch waren sie ohne praktischen Wert. Die untersten Strahlen waren so schwach, so stark gebrochen und außerhalb des Fensters so stark komprimiert (Abb. 25 und 26 machen dies klar), daß nichts Vernünftiges zu *erkennen* war.

Erst von einem Winkel von 9,8 Grad an wurden Teile des «Anglers» einigermaßen deutlich erkennbar. Eben aus diesem Grund haben wir in unseren Diagrammen, die die Winkel des eindringenden Lichtes zeigen, und in unseren diesbezüglichen Erörterungen Strahlen, die mit einem Winkel von weniger als 10 Grad zur Wasseroberfläche auf das Wasser auftreffen, nicht berücksichtigt. Wir sind uns also bewußt, daß auch unterhalb dieses Winkels noch eine gewisse Lichtmenge ins Wasser eindringt; doch hat das unter normalen Umständen wenig Bedeutung für die Forelle.

Für die typische Standtiefe der Forelle, die auf Oberflächen-Nahrung aus ist (etwa 30 cm), hat der 10-Grad-Winkel die praktische Auswirkung, daß ein 5 m entfernter Angler von etwas unter der Hüfte an aufwärts klar sichtbar ist, natürlich sehr stark verkürzt. Auf eine Entfernung von 10 m waren nur noch der Kopf und Teile der Schultern klar zu erkennen.

Eine wichtige Einschränkung ist dabei jedoch zu machen: Jede plötzliche Bewegung eines hellen Objekts unterhalb 10 Grad konnte fast an jedem Punkt des «Anglerkörpers» gesehen werden, sogar bis zur 1,9 Grad-Linie hinunter, unter der dann nichts mehr gesehen werden konnte.

Die Bedeutung dieser Befunde für die Forellenpirsch ist klar. Die Forelle kann zwar sehr wahrscheinlich nichts unterhalb der Knie des Anglers sehen, selbst wenn er dicht bei ihr steht. Unsere Befunde sprechen aber entschieden für *vorsichtige Bewegungen, selbst der Hände,* wenn man bei hellem Sonnenlicht und Windstille vor dunklem Hintergrund fischt.

Rute und Kleidung

Wir führten eine Anzahl Versuche mit glänzend und matt lackierten Ruten in wechselnder Entfernung vom Fenster aus. Wenn eine glänzend lackierte Rute (insbesondere eine geradkantige, gespließte) vom Sonnenlicht getroffen wurde, signalisierte sie dem Beobachter unter Wasser ihre Anwesenheit, ganz gleich, wie sie gehalten wurde (Abb. 34). Das war genau das, was wir nach unseren Feststellungen über Bewegungen im vorherigen Abschnitt erwartet hatten.

Das scheint uns entschieden dafür zu sprechen, Fliegenruten nicht, wie derzeit üblich, hochglänzend, sondern matt zu lackieren. Niemand weiß, wieviele Fische ungefangen bleiben, nicht weil der Anblick des Anglers sie vergrämt, sondern vielmehr weil etwas so Einfaches wie der Glanz einer stark lackierten Rute sie alarmiert, auch wenn der Angler sie niedrig trägt. In allen unseren Versuchen wurde die matt lackierte Rute weniger leicht bemerkt.

Zusätzlich testeten wir die Auffälligkeit der Rute unter verschiedenen Winkeln zur Oberfläche und in verschiedener Entfernung vom Beobachter. Hält man die Rute senkrecht, etwa entsprechend der üblichen Stellung beim Werfen, dann erscheint auf 5 m Entfernung auch die dünnste Rute infolge der Lichtbrechung stark verdickt, eine 2,25 m lange, federleichte Rute sah aus 5 m Entfernung wie ein Billardstock aus. Eine ähnliche, wenn auch weniger auffällige Verdickung trat auf, wenn die Rute 10 m entfernt war.

In beiden Fällen fanden wir, daß die Rute um so weniger deutlich zu sehen war, je mehr sie von der senkrechten Stellung in die waagrechte gesenkt wurde; unterhalb 45 Grad zur Senkrechten verschwand sie so gut wie völlig.

Dies scheint uns der klarste Beweis dafür zu sein, daß der Seitenwurf dem Überkopfwurf vorzuziehen ist, auch wenn er manchmal schwierig auszuführen ist. Besonders wichtig ist dies beim Waten in breiten seichten Flußstrecken und beim Befischen offener Ufer von Seen und Flüssen.

Als letzten Test für die Sichtbarkeit des Anglers und seiner Ausrüstung sahen wir uns Angler an, die sich in verschieden gefärbter Kleidung vor einer Reihe typischer Hintergründe bewegten. Wie erwartet, war die Kleidung, die sich am wenigsten vom Hintergrund abhob, auch am schlechtesten von unter Wasser zu sehen. Die auffallendsten Farben waren, unabhängig davon, wo sie sich befanden: Rot, Orange und Gelb.

Abb. 34. Das Aufblitzen der Rute, von unter Wasser gesehen. Wieviele Fische werden dadurch alarmiert, auch wenn die Fliege noch gar nicht aufgesetzt hat?

Schnur

Eines der umstrittensten Probleme im Zusammenhang mit der Angelausrüstung ist die geeignete Farbe der Fliegenschnur für das Fischen an der Wasseroberfläche. Bei diesem Streit geht es um die Schnurfarbe sowohl in der Luft wie auch auf dem Wasser, d. h. im Fenster des Fisches. Wir bauten Versuchsanordnungen auf, die uns erlauben sollten, weiße, braune und grüne Schnüre auf dem Wasser und in der Luft zu beobachten.

Als erstes warfen wir drei Schnüre in verschiedener Höhe *über dem Wasser* durch das Fenster. Unabhängig von der Höhe hoben sich grüne und braune Schnüre deutlicher vom Himmel ab als weiße. In der Nähe des äußeren Fensterrandes, wo Bäume den Hintergrund bildeten, war die weiße Schnur etwas besser zu sehen. In beiden Fällen zeigte jedoch die weiße Schnur eine Erscheinung, die bei den beiden andern Farben nicht auftrat: Bei hellem Sonnenschein erzeugte sie gelegentlich einen Lichtblitz, der unter Wasser deutlich zu sehen war. In der Luft dürfte demnach der Unterschied zwischen den Schnüren nur gering sein, mit einem leichten Vorteil allerdings für die weiße.

Auf dem Wasser, im Fenster, erwies sich die Meinung, die weiße Schnur sei von der Forelle weniger gut zu erkennen, weil diese sie gegen den hellen Himmel sieht, als falsch. Die weiße Schnur *verwehrt dem Licht* den Zugang zum Beobachter unter Wasser genau so wirksam wie die grüne und braune, wobei auch das vom Grund reflektierte Licht, das die Unterseite der weißen Schnur zwar etwas beleuchtet, praktisch kaum etwas ausmachte. Auch in dieser Hinsicht besteht also kaum ein Unterschied zwischen den Farben.

Mit einem dritten Experiment wollten wir eine Frage klären, die bis jetzt noch nie diskutiert wurde. Wir prüften das Verhalten der drei Schnüre *im Spiegel.*

Die Ergebnisse dieses Experimentes führten zu Feststellungen, die mit das überraschendste waren, was unsere jahrelangen Untersuchungen für dieses Buch ergeben hatten.

Wir betrachteten im Spiegel liegende braune, grüne und weiße Fliegenschnüre vor einem im Spiegel reflektierten Untergrund von (a) Kies und Fels, (b) Kraut und (c) Kalkschlamm und Kraut.

In allen Fällen war die weiße Fliegenschnur weit besser sichtbar als die grüne und braune. Sie lag da wie ein heller, glänzender Sprung im Spiegelglas. Wurde sie auf den Spiegel geworfen, so fuhr sie wie ein grell leuchtender Blitz über das ganze Gesichtsfeld (Abb. 35, dazu Farbfoto S. 92).

Aus diesen Experimenten folgt ganz klar, daß eine weiße, gelbe oder pfirsichfarbene Fliegenschnur beim Flußfischen ein bedeutsamer Nachteil sein kann, auch wenn der Angler weiß, wo sein Fisch steht. Es mag ihm zwar durchaus möglich sein, die hellglänzende Schnur von seiner Zielforelle wegzuhalten, aber er wird jeden Fisch, der in der Nähe der einfallenden Schnur steht, um so sicherer verjagen. Und diese übersehenen Fische werden durch ihre Flucht höchstwahrscheinlich die Forelle, der der Wurf galt, vergrämen.

All dies ist für den Fliegenfischer an stehenden Gewässern noch viel wichtiger als an seichten Flußstrecken, wo er auf Forellen fischt, die er sehen oder mittels der Steigzeichen orten kann. Der Seefischer kennt nur selten den genauen

Abb. 35. Welches ist die beste Farbe für die Fliegenschnur? Bestimmt keine hellfarbige, wenn die Fische dicht unter der Wasseroberfläche aufnehmen! (Vgl. das Farbfoto S. 92.)

Standplatz seiner Forelle, wirft also häufig ohne zu wissen, wieviele Fische im Wurfbereich sind und wo sie stehen.

Das weiße Aufblitzen der Schnur im Sehbereich auch nur eines Fisches in der Nähe seiner Zielforelle wird diese vergrämen oder aufmerksam machen und dadurch seine Erfolgsaussichten stark verringern. Das einzige, was diese Auswirkung heller Fliegenschnüre bei Windstille im stehenden Wasser mildern kann, ist ein sehr langes Vorfach, das für einen größeren Abstand zwischen der Fliege und dem «Schockgebiet» sorgt oder, mit anderen Worten, den vom Fliegenfischer selbst verursachten Nachteil wenigstens teilweise ausgleicht.

Wir sagen dies, weil auch wir beide bisher im Stillwasser hellfarbige Schnüre (allerdings immer in Verbindung mit langen Vorfächern) benutzt haben. Nun, nach unseren Experimenten, kennen wir ihre Nachteile besser.

Dabei konnten wir auch zeigen, daß jede Diskussion über die Sichtbarkeit von Fliegenschnüren gegen das Licht, ob in der Luft oder auf der Wasseroberfläche, so gut wie bedeutungslos ist. Es kommt in jedem Fall auf den *Spiegel* an.

Vorfach

Wir prüften drei gleichstarke Vorfächer, das erste gefettet, das zweite durch ein Gemisch aus Glyzerin und Tonerde sinkend gemacht, und ein drittes, das mit nichts behandelt, sondern nur mit einem weichen trockenen Tuch abgerieben wurde. Das gefettete Vorfach schnitt sowohl im Fenster als auch im Spiegel am schlechtesten ab. Die Lichtbrechung an den Rändern des Schwimmfetts ließ es «dicker» erscheinen als dem Durchmesser der Fetthaut entsprochen hätte. Das Vorfach, das nur sauber gerieben wurde, trat überall in der Oberflächenhaut ziemlich deutlich hervor, war jedoch unter der Oberflächenhaut weniger gut zu erkennen. Das mit Glyzerin und Ton behandelte Vorfach war wegen des undurchsichtigen Sinkmittels unter der Oberfläche besser zu sehen, als das saubergeriebene, hatte aber natürlich den Vorteil, daß an der Oberfläche überhaupt nichts von ihm zu sehen war. Auf Grund dieser Erfahrungen und unserer Beobachtungen über das Furchen (oder Dreggen) ist unser Vertrauen in Vorfächer, die im untersten Meter so behandelt sind, daß sie sinken, wesentlich gestärkt (wo Bedingungen und Angelmethode sie zulassen).

Das Furchen

Vom Standpunkt der Forelle aus gesehen, ist leicht zu verstehen, warum Furchen die Fangaussichten des Anglers völlig zunichte machen kann.

Als Ergänzung zu den Experimenten mit unbewegten Vorfächern im Spiegel und im Fenster haben wir mit verschiedener Geschwindigkeit über die Wasserfläche gezogene Vorfächer beobachtet.

Wir fanden, daß das Furchen, von unten gesehen, enorme Störungen an der Wasseroberfläche verursacht und daß, wie man sich denken kann, das Ausmaß der Störung mit der Geschwindigkeit zunahm. Schon bei geringen Geschwindigkeiten bildete sich im Oberflächenfilm zu beiden Seiten des Vorfachs eine fischgrätenförmige zusammenhängende Reihe von dünnen Wellchen. Gegen helles Licht erschien diese Kräuselung abwechselnd hell aufblitzend und dunkel. Die ausgeprägtesten Lichteffekte entstanden genau da, wo sie der Angler am wenigsten haben möchte – am Rand des Fensters.

BC beobachtet gespannt, wie seine Fliege über einem Fisch zurückgetrieben kommt.

In allen Tests furchte das schwimmfähig gemachte Vorfach wesentlich stärker als das nur abgeriebene. Auch in diesem Fall liegt also die Lehre auf der Hand: kein Schwimmfett am vorderen Vorfachende – *besonders* beim Fischen mit der Trockenfliege.

Eine klösterlich abgeschiedene Flußstrecke im
Sommer, eingerahmt von Blüten und Zweigen

Teil III

Anbieten:

Angler gegen Forelle

9 Wie man die Nymphe anbietet

Erst in jüngster Zeit ist das Fischen mit Nachahmungen von Nymphen eine alltägliche Angelmethode an klaren Fließgewässern geworden. Doch gewann diese Technik auch dann nur langsam an Boden. Schuld war die engherzige Auslegung dessen, was Nymphenfischen ist oder *zu sein hat* – nach Meinung des Mannes, der die Vorschriften erläßt.

Viele Definitionen haben versucht, das Nymphenfischen auf das Fischen mit Nachbildungen bestimmter Insektengruppen (der Ordnung der Eintagsfliegen) in bestimmter Größe (klein) und in bestimmter Tiefe (in oder dicht unter dem Oberflächenfilm) zu beschränken.

Wir halten dies alles für Unsinn, sind aber durchaus der Ansicht, daß mit der Nymphe nicht wahllos drauflos, sondern gezielt auf ausgemachte Fische gefischt werden sollte, auf Fische, die man entweder stehen sieht oder die durch gewisse Anzeichen an der Wasseroberfläche ihren Standort verraten. Wir sind genau so wie die Puristen, die sich auf Halford berufen, streng darauf bedacht, keinen Fisch zu verjagen, der nicht zu sehen oder sonstwie zu orten war, untermaßige Fische nicht zu verletzen oder zu alarmieren und dem, der nach uns fischt, die Fangaussichten nicht dadurch zu verderben, daß wir den ganzen Fluß wahllos mit Würfen belegen.

Im Lauf unserer Schilderungen wird sich noch zeigen, daß es Umstände geben kann, die es nötig machen, diese «Regeln» zu übertreten. Das sind dann Fälle, in denen die Pirsch bestimmten fangreifen Fischen gilt, wobei niemandes Fangchancen verdorben werden und Können und Kenntnisse allein für den Erfolg ausschlaggebend sind.

Traditionelle Methoden des Nymphenfischens

Alle Forellen nehmen mehr Nahrung unterhalb als an der Wasseroberfläche auf, und aus diesem Grund ist die Beherrschung des Nymphenfischens eine so wichtige Waffe in der Rüstkammer des Anglers.

In England hat man auf zwei verschiedenen Wegen versucht, sich diese Vorliebe der Forelle für Unterwassernahrung zunutze zu machen. Der erste dieser Wege wurde durch die schöpferische Phantasie von G. E. M. Skues eröffnet, der zweite durch die Beobachtungsgabe von Frank Sawyer.

Der Beitrag von Skues zu dieser Angeltechnik ist heute allgemein bekannt. Er bestand in der bewußten Nachahmung natürlicher Nymphen, so gut es mit Haaren, Federn, Lametta und Seide möglich ist. Die von Skues entwickelte, möglichst naturgetreue Nymphe (Abb. 36) wird oberhalb eines ausgemachten nymphenden Fisches eingeworfen und soll in seiner Standtiefe auf ihn zutreiben. Da der «Skues-Fisch» typischerweise dicht unter der Oberfläche steht, werden dabei ausschließlich unbeschwerte Nymphen eingesetzt.

Die Technik von Sawyer baut auf der Pionierarbeit von Skues auf.

Zunächst fand Sawyer heraus, daß naturgetreue Nachbildung unnötig ist. Für *notwendig* hielt er dagegen ein Muster, das das *Erscheinungsbild* der natürlichen Nymphe andeutet, und eine Methode, dieses so anzubieten, daß die *Bewegungsweise* einer Nymphe vorgetäuscht wird.

In seiner äußeren Erscheinung ist dieses Muster von Sawyer typisch für alle anderen von ihm entwickelten Nymphen, sie sind in erster Linie einfach und praktisch. Bei seiner berühmtesten Schöpfung, der Fasanenschwanznymphe

Abb. 36. Die naturgetreue Nymphe, die Pionierleistung von Skues

Abb. 37. Sawyers Fasanenschwanznymphe –
vielleicht das einfachste und fängigste Nymphenmuster, das je entwickelt wurde

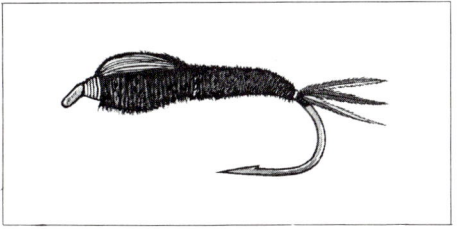

(Abb. 37) z.B., verzichtete er auf die Nachbildung der Beine. Er hielt sie für überflüssig, weil seine Anbietetaktik die aktiv schwimmende Nymphe vortäuschen sollte und bei einer lebenden Nymphe die Beine beim Schwimmen nicht abstehen, wie das eine Hechel andeuten würde. Stattdessen legte Sawyer beim *Erscheinungsbild* den Hauptwert auf Umriß und Farbe und ließ fast alles andere unberücksichtigt. Außerdem beschwerte er seine Nymphen, damit sie rasch ins Wasser eintauchen und einigermaßen tief genug absinken sollten, um auch einen Fisch anzusprechen, der tiefer (wenn auch noch nicht viel tiefer) steht als der «Skues-Fisch».

Seinen spannendsten Beitrag zum Nymphenfischen leistete Sawyer jedoch mit seiner Anbietetaktik. Seine Technik, die heute «Induced Take» genannt wird (was soviel wie «Veranlaßtes Nehmen» bedeutet und im deutschen Sprachraum als «Aufsteigenlassen der Nymphe» bezeichnet wird), entwindet dem Fisch die Initiative in einer Weise, die mit der Methode von Skues nicht zu erreichen ist.

Das geht folgendermaßen vor sich. Der Angler sieht eine Forelle stehen und wirft eine Nymphe bis Größe 12 vor den Fisch. Sobald die Nymphe flußabwärts driftet und sich dicht vor und etwas unterhalb der Nase der Forelle befindet, wird die Rutenspitze angehoben. Die Nymphe reagiert darauf, indem sie vor dem Maul der Forelle aufsteigt, und wird von der Forelle in einer reinen Reflexbewegung gepackt. Der Raubinstinkt der Forelle wird plötzlich geweckt. Sie wird dazu «veranlaßt», eine Fliege zu nehmen, die sie sonst vielleicht gar nicht beachtet hätte.

Als Angelmethode rangiert das «Aufsteigenlassen der Nymphe» an der Spitze aller unserer Angelkünste. Es stellt Ansprüche an das Können des Anglers, die nur noch von dem später in diesem Kapitel zu besprechenden Fischen mit der «tiefgeführten Nymphe» übertroffen werden.

Auf Grund seiner Genauigkeit und außerordentlichen Wirksamkeit hat das «Aufsteigenlassen der Nymphe», sofern es richtig ausgeführt wird, die lediglich auf naturgetreuer Nachahmung beruhende Technik von Skues fast völlig verdrängt. Absolute Naturtreue der Nymphe mag dann wichtig sein, wenn die Fische schlüpfende Nymphen aus der Wasserhaut picken und ebenso wenn sie dicht unter der Wasseroberfläche aufsteigende Nymphen abfangen. Die Fälle sind nicht häufig, in denen Sawyers spartanische Schöpfung – ergänzt durch ein paar andere Muster (z.B. JG's vielgelobte PVC-Nymphe als gezielte Nachahmung der Nymphe der Wasserblassen Olivfarbenen) – nicht ausreicht; und in denen das «Aufsteigenlassen der Nymphe» nicht die wirksamste Technik ist, diese Wundermittel zu verabreichen.

(Noch etwas möchten wir ergänzend bemerken. Auch die Fasanenschwanznymphe braucht nicht immer gezogen zu werden, damit sie genommen wird. Bei unseren ersten Würfen nach einer Forelle lassen wir die Nymphe stets ungehindert mit der Strömung treiben, und nur wenn der Fisch darauf nicht reagiert, lassen wir sie «aufsteigen».)

Mit all dem wollen wir keineswegs den Eindruck erwecken, daß das Nymphenfischen stromauf nach Skues und Sawyer die beiden einzigen gezielten Fangweisen für nymphende Fische in alkalischen Gewässern darstellen. In den Vereinigten Staaten und Großbritannien sind mittlerweile zahlreiche Methoden entwickelt worden, Flußfische mit der Nymphe zu fangen. Aber nur eine einzige würden wir in diesem Zusammenhang als Fangweise für genau ausgemachte nymphende Fische bezeichnen. Es handelt sich um das genaue Gegenteil der Anbietetaktik von Sawyer: um den gezielten Wurf *stromab*.

In den Vereinigten Staaten ist der gezielte Wurf stromab als «Leisenring-Heber» bekannt, so benannt nach seinem Erfinder und der Art der Ausführung. In England gibt es eine ähnliche, allerdings namenlose Technik, die von manch einem Naßfliegenfachmann beim Abfischen möglicher Standplätze «blind» ausgeübt wird.

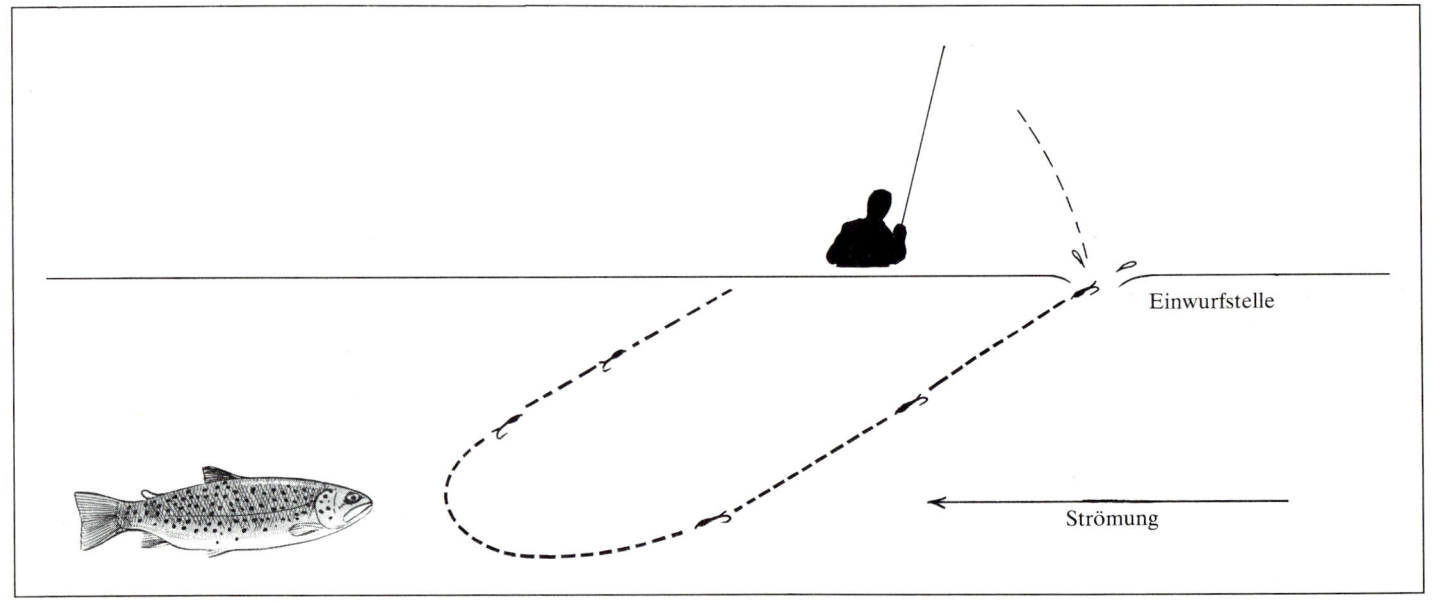

Beim Leisenring-Heber (Abb. 38) sucht der Angler, nachdem er den Fisch oder seinen Standplatz entdeckt (und sich gemerkt!) hat, eine Stellung einzunehmen, von der aus er schräg abwärts oder direkt quer zur Strömung werfen kann. Eine Hechelnymphe mit genügend Gewicht, so daß sie rasch auf die Standtiefe des Fisches sinkt, wird so geworfen, daß sie in einiger Entfernung oberhalb vom Fisch auftrifft und direkt auf ihn zutreibt. Ist die Nymphe etwa 30cm oberhalb der Forelle angekommen, wird die Rute angehoben. Dadurch streckt sich die Schnur. Die Nymphe steigt auf und bewegt sich gleichzeitig vom Fisch weg. Wie beim «Aufsteigenlassen der Nymphe» nach Sawyer reagiert der Fisch, wenn er kommt (und er kommt sehr oft), augenblicklich.

Wie sich noch zeigen wird, bestehen direkte Parallelen zwischen dem Leisenring-Heber und der an anderer Stelle in diesem Buch beschriebenen Methode, Forellen mit der stromab geworfenen Trockenfliege zum Nehmen zu veranlassen.

Doch nun zum Kern der Sache.

Abb. 38. Die Bahn der Nymphe beim «Leisenring-Heber»

Betrachtungen über das Fischen mit der Nymphe

Wenn es einen Kernpunkt gibt, den wir in diesem Buch hervorheben möchten, dann ist es die überragende Bedeutung der Beobachtung für erfolgreiches Angeln. Und von allen Beobachtungen, die der erfahrene Angler anstellt, sind die subtilsten und intensivsten jene, die er seiner Beute widmet, bevor er zu werfen beginnt. Denn nur diese Beobachtungen liefern die Antworten auf seine Grundfragen: *Was* soll ich werfen? *Wohin* soll ich werfen? *Wie* soll ich werfen? *Wann* soll ich anschlagen?

Diesen Erfolg-oder-Mißerfolg?-Fragen wollen wir uns nun zuwenden.

Wahl der Nymphe: Gewicht gegen Tiefe

Einer der Gründe dafür, daß das Nymphenfischen so viel höhere Ansprüche an den Angler stellt als das Fischen mit der Trockenfliege, ist die Tatsache, daß beim Anbieten der Trockenfliege nur zwei, beim Nymphenfischen hingegen alle Dimensionen berücksichtigt werden müssen.

Bei beiden Methoden müssen Richtung und Entfernung stimmen, beim Nymphenfischen zusätzlich auch noch die *Tiefe*. Und gerade die Abschätzung der Tiefe stellt den Nymphenfischer vor sein schwierigstes Problem, wenn dabei unterschiedliche Strömungsgeschwindigkeit miteinzubeziehen ist. Wie muß die Nymphe geworfen werden, damit sie in der Zeit, die sie braucht, um vom Einwurfspunkt auf den Fisch zuzutreiben, die richtige Tiefe erreicht?

Zur Lösung dieses Problems tragen außer der Geschicklichkeit des Anglers zwei Dinge bei: Das erste, wichtigste, aber vom Flußangler am häufigsten übersehene ist *das Gewicht seiner Fliege*, das zweite ein geeignetes Vorfach.

Auf die Vorfachfrage wird weiter hinten (s. «Die tiefgeführte Nymphe») noch näher eingegangen. Hier genügt es zu sagen, daß eine Vorfachlänge von 2,40 bis 3,60 m angemessen ist, wobei die genaue Länge von der Beschaffenheit der Wasseroberfläche (ob glatt oder wellig) und der Standtiefe des Fisches abhängt (in der Nähe der Oberfläche oder 1 m tief in rasch strömendem Wasser?).

Sorgfalt beim Abschätzen der Tiefe, in der der Fisch steht, und der Strömungsgeschwindigkeit – und der davon bestimmten Vorfachlänge – sind, wegen einer besonderen Charakterschwäche der Forelle, von höchster Bedeutung.

Diese Charakterschwäche besteht darin, daß nach unserer Erfahrung *eine Forelle, sofern sie nicht ausgesprochen gierig aufnimmt, sondern nur mehr oder weniger fast alles, was ihr die Strömung gerade zuträgt, kaum aufsteigen wird, um etwas zu nehmen, das über ihren Kopf hinwegtreibt.*

Dies mag dem Leser als nebensächliche Beobachtung erscheinen. Ihre Bedeutung für das Nymphenfischen kann jedoch gar nicht überbewertet werden. Wenn die Fliege noch nicht einmal in der Tiefe ankommt, in der der Fisch steht, so wird sie, mag sonst sein was will, von den meisten Forellen nicht beachtet. Von den *allermeisten*.

Demgemäß kommt es besonders auf das Gewicht der Nymphe an, das ihre Sinkgeschwindigkeit in erster Linie bestimmt. Dies gilt *ohne Rücksicht* auf die Tiefe, in der gefischt wird, und für sämtliche Forellen, die nicht wahllos nach allem schnappen. *Es gilt genau so für einen Fisch in einem halben Meter Tiefe, wie für einen, der mehr als einen Meter tief steht.*

Welche beschwerten Muster braucht der wohl ausgerüstete Nymphenfischer?

Für einen Fisch, der in langsamer Strömung 30–60 cm tief steht, haben Fasanenschwanznymphen in den Größen 16, 14 und 12 die richtige Größe und das richtige Gewicht.

In rascherer oder turbulenter Strömung oder für Fische, die noch tiefer stehen, ist mehr Beschwerung nötig, als auf einer Fasanenschwanznymphe der angegebenen Größen untergebracht werden kann. Unter diesen Umständen ist der künstliche Flohkrebs das genau Richtige (Abb. 39).

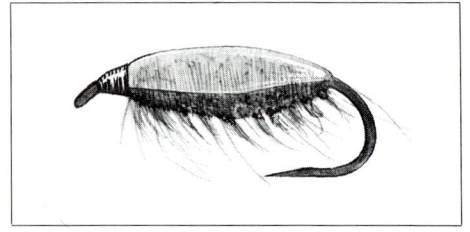

Abb. 39. Der künstliche Flohkrebs

Der Flohkrebs *(Gammarus)* ist im Verhältnis zu seiner Länge ziemlich dick. Seine Nachbildungen können deshalb viel Beschwerung tragen. In der Praxis kann ein Flohkrebs auf Haken der Größe 10 und 12 gebunden werden, ohne selbst mit acht, zehn, fünfzehn oder mehr Bleidrahtwindungen als Unterkörper unnatürlich dick zu werden.

Die von uns am häufigsten benutzte Nymphe ist ein kunstloses Gebilde aus Seehundwolle und durchsichtigem PVC oder Polyäthylen wie in der Abbildung.

Führen der Nymphe: Der Einfluß unsichtbarer Strömungen

Erfolg oder Fehlschlag beim Nymphenfischen wird unter anderem durch die Fähigkeit des Anglers bestimmt, alle Anhaltspunkte für den günstigsten Einwurfpunkt zu berücksichtigen, die der Fisch selbst liefert. Wie immer ist auch hier genaue Beobachtung der Schlüssel zum Erfolg.

So wäre es z. B. ein Fehler, aufgrund der Tatsache, daß die Hauptströmungsrichtung flußab ist, anzunehmen, daß die Fische stets mit dem Kopf stromauf stehen. Bestimmte Fische stehen nicht in der Hauptströmungsrichtung. Sie stehen in der Teilströmung an ihrem Standplatz, deren Richtung sehr oft nicht genau mit der Hauptströmungsrichtung übereinstimmt.

Solche Teil- oder Nebenströmungen bilden sich, wenn die allgemeine flußabwärts gerichtete Strömung durch die Beschaffenheit des Ufers oder des Flußgrundes oder durch Krautbestände gebremst oder abgelenkt wird. Sie reichen von kleinen Abweichungen vom normalerweise stromabwärts gerichteten Strömungsverlauf bis zu regelrechten Rückläufen am Rande von Wehrkolks, Buchten und ähnlichem. Wird die Strömung nur wenig abgelenkt, steht der Fisch mit seiner Längsachse lediglich etwas schief zur Strömung; in Rückläufen steht er völlig verkehrt zur Hauptströmung. Je nach Strömungsverlauf der Teilströmung sind alle Übergänge zwischen diesen beiden Extremen möglich.

Für die Art und Weise, wie der Angler den Fisch angehen muß, kann dieser Umstand entscheidend sein. Es genügt für den Mißerfolg, wenn der Angler seinen Wurf entsprechend der Hauptströmungsrichtung direkt flußaufwärts plaziert, statt ihn *flußaufwärts im Sinn der speziellen Strömung,* in der der Fisch steht, auszuführen. Im letzteren Fall treibt die Nymphe aus der Richtung auf den Fisch zu, in die er blickt und aus der er Futter erwartet, im ersten Fall dagegen trifft dies nicht zu.

Wie soll jedoch der Angler wissen, in welche Teilströmung er seinen Wurf plazieren beziehungsweise seine Nymphe führen soll? Die Forelle verrät ihm dies durch ihre Stellung im Wasser (Abb. 40).

In der Abbildung wird die Strömung das einemal durch eine Kiesbank geteilt, das anderemal durch einen umgestürzten Baumstamm abgelenkt.

Abb. 40. Die Körperhaltung eines Fisches im Wasser verrät die Richtung, aus der er Nahrung erwartet. In der Zeichnung ist «B» der richtige Punkt, in dem die Fliege aufsetzen sollte, obwohl die Hauptströmung von «A» kommt.

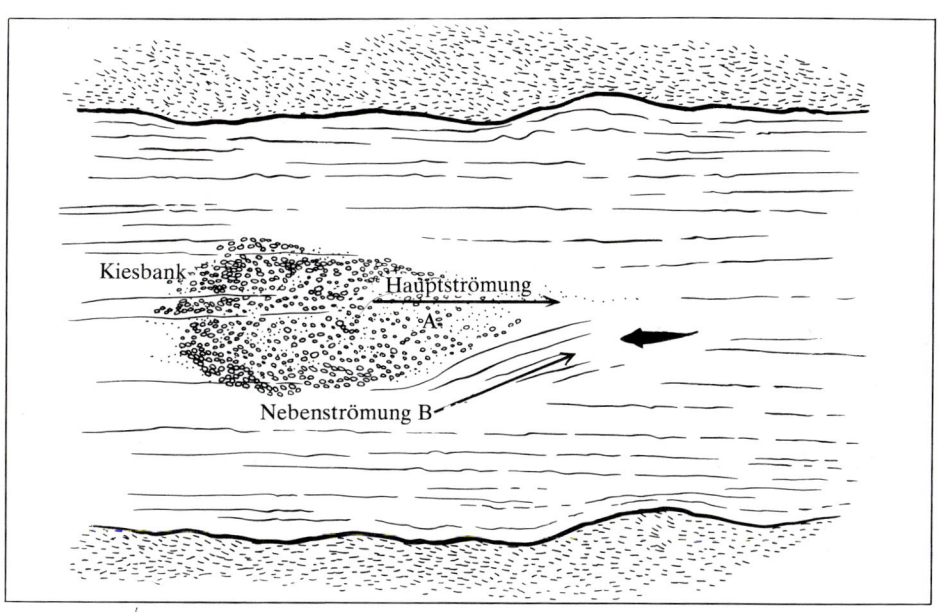

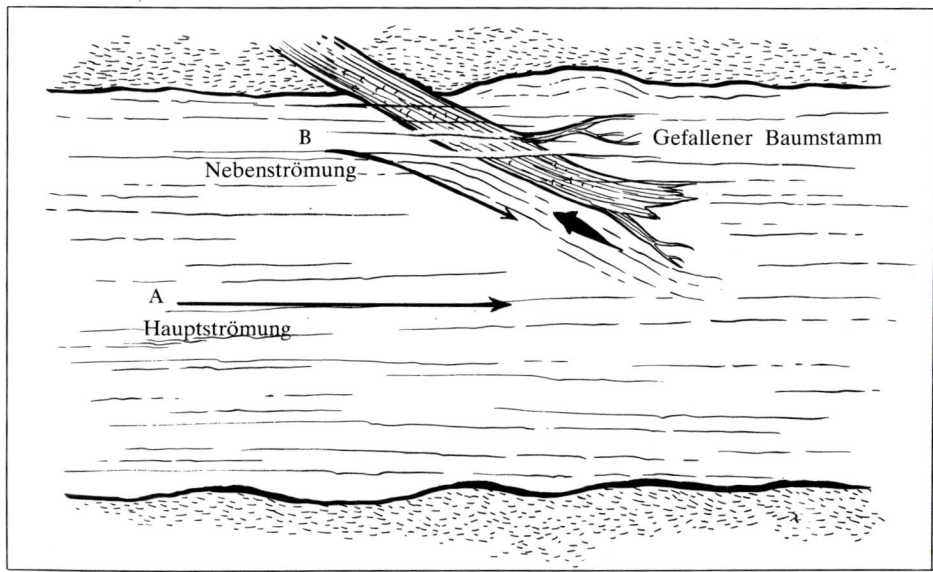

Es ist durchaus wahrscheinlich, daß ein Wurf nach Punkt A in beiden Fällen zu nichts führen würde, obwohl die Fliege dicht am Fisch vorbei ginge.

Die Begründung hierfür ist sehr einfach. Jede Forelle ist an Nahrung interessiert, die ihr von der Teilströmung, in der sie steht, zugeführt wird. Denn eben deswegen steht sie ja an dieser Stelle. Sie stellt sich deshalb ganz auf das ein, was aus Richtung B kommt. Ein erfolgversprechender Wurf muß deshalb nach B gerichtet sein, wie die Stellung des Fisches dem aufmerksamen Angler deutlich zeigt.

Kiesbänke und umgestürzte Bäume sind natürlich nicht das einzige, was Strömungen teilt oder ablenkt. Dichte Krautbetten, Pfosten, Uferbefestigungen, Sandbänke, vorstehende Felsrippen, Löcher und viele andere Strukturen des Flußbettes wirken auf den Wasserabfluß und die Fische ein. Und diese müssen sich mit dem Kopf gegen die an ihrem Standplatz herrschende Strömung stellen, wenn sie überleben wollen. Die Forelle weiß sehr wohl, welche Launen der Strömung ihr das meiste Futter bringen. Beobachten Sie die Forelle genau, dann verrät sie es Ihnen!

Beobachten Sie aber nicht nur die *Forelle*. Wenn Sie Ihre Strategie für den Angriff auf eine besonders begehrte Forelle planen, sollten Sie auch das reizende Wedeln der Krautfahnen nicht aus dem Auge lassen. Verfolgen Sie außerdem die Bahn der natürlichen Insekten *auf* der Wasseroberfläche, ebenso den Weg von Schwebstoff-Teilchen, die am Flußgrund entlang wirbeln, sofern das Wasser so klar ist, daß sie zu erkennen sind. Sie alle geben genauen Aufschluß über Stärke, Art und Richtung der Strömungen und sind bei der Entscheidung, wohin sie werfen sollen, eine unschätzbare Hilfe.

Spezielle Anbietetaktiken

Die tiefgeführte Nymphe

In den meisten Flüssen führt eine nicht unbeträchtliche Zahl von Forellen ein langes, glückliches und ungestörtes Leben, das sie nicht ihrer besonderen Schlauheit sondern dem Umstand verdanken, daß die üblichen Methoden des Fliegenfischens ihre Schonung gewährleisten.

In manchen Flüssen sind das die Fische, die in tiefen Löchern mit schwacher Strömung hausen: Fische, die meist größer sind als der Durchschnitt, die selten steigen und den größten Teil ihrer Nahrung am Grund oder dicht darüber suchen. Andere Gewässer – Kalkstein- und Kreideflüsse, die aus bestimmten Gründen weniger solcher ruhigen, stillen Plätzchen aufweisen – beherbergen ebenfalls Fische, denen mit den üblichen Nymphenmethoden (von Skues und Sawyer) nicht beizukommen ist.

Diese Fische sind sicher, weil sie in langsameren Randbereichen der schnellen Strömung stehen und aufnehmen, tief am Grund von Wehrkolks, Leerschüssen und anderen raschfließenden Stellen mit Tiefen von 1½–3 m – und sogar noch mehr (Abb. 41). Und der *Grund* für ihre Lethargie und Unansprechbarkeit? Die übliche künstliche Nymphe treibt hoch über ihrem Kopf vorbei.

Einige dieser Fische *können* gefangen werden. Beileibe nicht alle, aber doch einige.

Nur eine kleine Minderheit dieser Fische wird überhaupt entdeckt, denn sie stehen tief und unter einer für schnellfließende Wasserstrecken oft typischen unruhigen Wasseroberfläche. Und sehr oft können nicht einmal alle Fische, die zu sehen sind, auch befischt werden, weil die Besonderheiten ihres Standplatzes oder des Uferbewuchses sie schützen. Damit bleiben aber immer noch *einige* – und von diesen können, es sei wiederholt, einige gefangen werden.

Die gefangen werden, sind ein guter Fang. Sie müssen so schwer verdient werden, daß die meisten Angler sie ungeschoren lassen würden, selbst wenn sie sie zufällig entdeckt hätten. Es sind Fische, die dem Angler die Erinnerung an

Abb. 41. Ein Wehrkolk. Wenn Fische im tiefen Wasser wie hier Jagd auf Nymphen und Flohkrebse machen, ist die einzige Antwort eine tiefgeführte Nymphe – die schwierigste aller Flugangel-Techniken.

die sommerliche Landschaft einprägen und tief innen eine Wärme hinterlassen wie von gutem altem Wein.

Die Technik, die wir für ihren Fang entwickelten, haben wir «Die tiefgeführte Nymphe» getauft. Sie ist die schwierigste Art Fliegenfischen, die wir kennen.

Was ist die tiefgeführte Nymphe? Eine Technik, die sich in Umrissen abzuzeichnen begann, als wir anfingen, uns mit den problematischen Fangmöglichkeiten für diese tiefstehenden Fische zu befassen und uns über die Anforderungen an eine erfolgversprechende Fangmethode klarzuwerden. Wir wollen hier unseren Lernprozeß aufzeichnen.

Das allerwichtigste Erfordernis, um mit einem tiefstehenden Fisch in Kontakt zu kommen, ist – das erkannten wir mit brillanter Geistesschärfe – ihm eine Fliege vorzusetzen, die er auch tatsächlich sehen kann. Angesichts des tiefen, schnellströmenden Wassers bedeutet dies, daß gleichgültig welches Fliegenmuster wir schließlich benutzen, dieses vor allem und zuallererst ein *Transportmittel für Gewicht* sein muß.

Die zweite Bedingung ist, dem Fisch eine Fliege anzubieten, die trotz ihrer Bleimenge noch wie etwas Freßbares aussieht. Die dritte Voraussetzung lautet: Der Fisch darf durch die Art, wie die Fliege angeboten wird, nicht vergrämt werden. Viertens muß der Angler eine gute Chance haben, den Anbiß zu merken. Fünftens schließlich (da ja die Fliege, die am dichtesten am Fisch vorbeischwimmt, die größte Aussicht hat, genommen zu werden) soll der Fisch die Fliege ohne besondere Mühe nehmen können.

Wenn somit als erste und wichtigste Voraussetzung anzusehen war, daß der Fisch die Fliege nicht bloß sehen sondern auch als etwas Freßbares erkennen sollte, kam aus dem früher diskutierten Grund der Sinkgeschwindigkeit die Fasanenschwanznymphe nicht in Betracht. Unser guter Freund Flohkrebs dagegen war genau richtig, ein Flohkrebs allerdings, der einiges an Beschwerung zu tragen hatte, um auch in schnellster Strömung in die richtige Tiefe abzusinken und so seinen Platz auf dem Forellenmenu einzunehmen.

Um allen diesen Bedingungen zu genügen, haben wir für Forellen im tiefen, turbulenten Wasser Flohkrebse verwendet, die auf weitbogige Haken Größe 8 gebunden und mit bis zwanzig und mehr Bleidrahtwindungen um den Schenkel beschwert waren.

Mit dem Problem, ein solch schweres Muster zu werfen und, was noch mehr bedeutet, es zielgenau aufs Wasser zu bringen – begannen die Schwierigkeiten. Doch vor dem Wurf mußte der Flohkrebs an ein Vorfach gebunden werden. Aber, an welche *Art* Vorfach?

Zunächst erwies sich die übliche Vorfachlänge als völlig unzureichend – aus mehreren Gründen. Einer dieser Gründe ist das hohe Gewicht des Flohkrebses, das nicht nur die ganze Länge des Vorfaches, sondern auch noch die Spitze der Fliegenschnur zum Sinken bringen würde. Der Wasserwiderstand der ziemlich dicken Fliegenschnur würde aber die Sinkgeschwindigkeit der Nymphe drastisch vermindern. Dadurch würde, mit anderen Worten, die Wirksamkeit der Bleibeschwerung zum Teil wieder aufgehoben.

Ein zweites, wenn auch geringeres Problem war die Befürchtung, die Fliegenschnur könnte so tief unter Wasser gezogen werden, daß sie die Forelle warnt. Mit einer dunklen Fliegenschnur war dies kaum zu befürchten, wohl aber mit den bei vielen Anglern so beliebten weißen, gelben oder pfirsichfarbenen.

Eine dritte Überlegung ging dahin, daß statt des feinen Vorfaches, das den wichtigen Anbiß melden sollte, die grobe Fliegenschnur als Bißanzeiger dienen müßte. (In der Praxis stellte sich zwar heraus, daß der Flohkrebs meist wild und ungestüm genommen wurde, weil es offenbar für die Forelle galt, den vorbeitreibenden begehrten Futterbrocken «jetzt oder nie» zu packen. Doch wußten wir aus Erfahrung, daß das Nehmen der Nymphe, das ja mit einem sofortigen Anschlag quittiert werden muß, viel leichter am gut gefetteten, schwimmenden dicken Ende des Vorfachs als an der untergetauchten Spitze der Fliegenschnur zu erkennen sein würde.) Bei der Lösung dieses Problems kamen wir schließlich auf ein Vorfach ähnlicher Länge und Bauart, wie wir es oft beim Nymphenfischen in stehenden Gewässern verwenden: so kurz wie nötig, doch praktisch bis 4,20 oder 4,80 m, ja bis 5,40 m lang, ein Vorfach also von erstaunlicher Länge für Angler, die gewohnt sind, in Flüssen auf gebräuchlichere, weniger komplizierte Weise zu fischen.

Während es, wörtlich genommen, unvermeidlich ist, den Fisch zu überwerfen (weil er ja tief steht und die Nymphe weit oberhalb seines Standplatzes eingeworfen werden muß), ist das Nylonvorfach eben doch weit weniger störend als die dicke Fliegenschnur – und wir haben selten erlebt, daß ein Fisch dadurch vergrämt wurde. Zudem leistet das dünne Vorfach der sinkenden

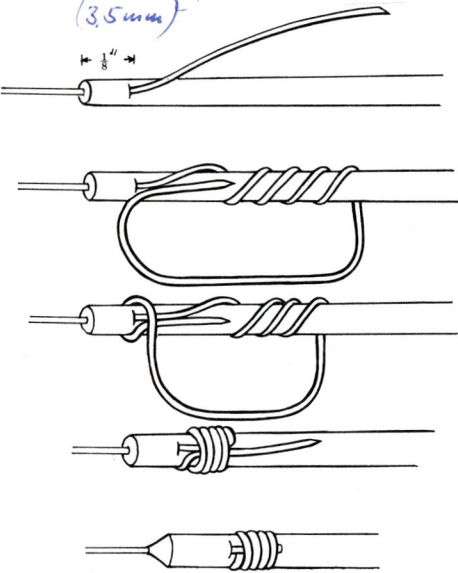

Abb. 42. Der Nadelknoten

118

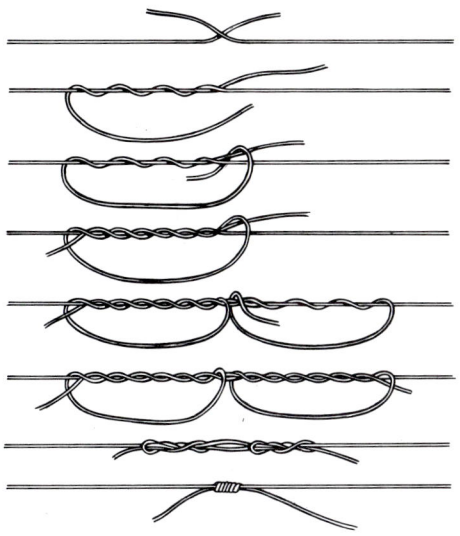

Abb. 43. Der doppelte Grinnerknoten

Nymphe wenig Widerstand und erhöht daher deren Sinkgeschwindigkeit. Dazu kommt, daß das gefettete dicke Ende des Vorfachs auf der Oberfläche schwimmt, wo es gut zu sehen ist. Das läßt uns die Möglichkeit, das Nehmen der Nymphe in der gewohnten Weise zu erkennen – anhand des empfindlich reagierenden Vorfachs.

Die Herstellung eines solchen etwas ungewöhnlichen, aber vielseitig verwendbaren Vorfachs ist einfach. Ein etwa 1 m langes Stück Nylon von 20–25 Pfund Tragkraft wird mit Hilfe des Nadelknotens (Abb. 42) fest mit der Spitze der Fliegenschnur verbunden – als nächstes befestigt man daran mit Hilfe des Grinnerknotens (Abb. 43) – der viel stärker ist als der Blutknoten – die untersten 1,80–2,00 m eines 2,70 m langen knotenlos verjüngten Vorfachs von 6 Pfund Spitzentragkraft, von dem das obere Ende weggeschnitten wurde. Hieran wird, ebenfalls mit dem Grinnerknoten, ein 60 cm langes Stück Nylon von 5,5 Pfund Tragkraft und als Spitze schließlich ein Nylonstück von 4,5 Pfund Tragkraft der notwendigen Länge angeknotet.

Damit haben wir ein Vorfach, das viel einfacher zu knüpfen ist als der vielteilige Unsinn, von dem seit Jahren geschwatzt wird, ein riesig langes Vorfach, das aber trotzdem *nur drei Knoten* aufweist. Beim Wurf streckt es sich, ja wird unter einigermaßen normalen Verhältnissen in neun von zehn Fällen durch das Gewicht der Nymphe am Ende förmlich *gerade gezogen.*

Es ist allerdings nicht ganz einfach, einen extrem schweren Flohkrebs am Ende eines überlangen Vorfachs in drei Dimensionen richtig anzubieten. Es geht jedoch und funktioniert zuverlässig. Natürlich darf man nicht zuviel erwarten. Gegen starken Wind kann nicht geworfen werden, ebenfalls nicht inmitten von Bäumen und Büschen oder dicht vor einem hohen Zaun. Aber unter nicht zu schwierigen Bedingungen, ohne Wind oder mit leichter Brise von hinten, gelingt der Wurf und können Fische gefangen werden.

Der Wurf mit der schweren Nymphe wird folgendermaßen ausgeführt.

Zuerst müssen Sie die Standtiefe des Fisches und die Strömungsgeschwindigkeit abschätzen. Wählen Sie dann einen gewichtsmäßig dazu passenden Flohkrebs aus. Unter Berücksichtigung dieser drei Faktoren – Strömungsgeschwindigkeit, Standtiefe, Nymphengewicht – entscheiden Sie, wie lang das Vorfach sein muß. Dabei muß berücksichtigt werden, daß das Vorfach nicht gestreckt, sondern in weitem Bogen auf den Grund sinkt und daß die ersten 60–90 cm des Vorfachs schwimmen müssen, um den Anbiß anzuzeigen.

Schließlich müssen Sie darüber entscheiden, wohin die Nymphe geworfen werden muß, damit sie in der richtigen Tiefe auf die Forelle zutreibt.

Der Wurf wird folgendermaßen ausgeführt (unter der Annahme, daß der Angler Rechtshänder ist): Halten Sie die Rute mit der rechten Hand und den Flohkrebs zwischen Daumen und Zeigefinger der Linken und ziehen Sie mit den freien Fingern der Linken Stück für Stück Schnur von der Rolle. Schwingen Sie nun die Rute vor sich waagrecht hin und her, so daß die Schnur, die die Linke von der Rolle nimmt, durch die Ringe läuft. Dadurch bilden Vorfach und Schnur in der Luft einen weiten Bogen vor Ihnen, vom Flohkrebs in der einen Hand zur Rute in der anderen. Sobald soviel Schnur in der Luft ist, daß die Rute arbeitet, lassen Sie den Flohkrebs los, leiten *im gleichen Augenblick* in eine normale Wurfbewegung über und verlängern Sie die Schnur auf die übliche

119

Weise. Der Flohkrebs und das Vorfach führen dabei neben Ihnen wundervolle Kunststücke in der Luft aus, doch ohne daß es zu Verwicklungen kommt.

Ist genügend Schnur in der Luft, um den Flohkrebs an den gewählten Zielpunkt zu bringen, gibt die Linke sie frei. Sobald die Schnur beginnt, sich vor Ihnen zu entfalten, bremsen Sie sie mit den Leitfingern der linken Hand zart ab. Der Flug der Schnur verlangsamt sich, während sie sich gleichzeitig streckt, der schwere Flohkrebs fliegt aber weiter und zieht das Vorfach nach sich. Zu Ihrem Erstaunen wird es sich in ganzer Länge säuberlich strecken.

Ist der Flohkrebs geworfen, fischen Sie den Wurf auf normale Weise aus. Wie schon erwähnt, dürfen Sie jedoch in tiefem, schnellem Wasser keinen typisch zarten Anbiß erwarten. Der Biß kann mitunter sehr wild sein. Mehr als einmal hat uns der Fisch dabei die Rute fast aus der Hand gerissen.

Abschließend möchten wir betonen, daß extrem lange Vorfächer nur unter den geschilderten außergewöhnlichen Umständen erforderlich sind. Für Fische, die in der Nähe der Oberfläche aufnehmen, sind sie fehl am Platz.

Wie man Fische aus der Deckung lockt

Einer der wertvollsten taktischen Kniffe beim Nymphenfischen besteht darin, Fische mit Hilfe des von uns so getauften «Plop»-Einwurfes aus ihrer Deckung zu locken. Der Wurf wird absichtlich so ausgeführt, daß die Fliege in der Nähe des Fisches mit Schwung einfällt und das Wasser einige Zentimeter hoch aufspritzt.

Das erreicht man, indem man die schießende Schnur in dem Augenblick plötzlich bremst, in dem sich das Vorfach streckt. Sobald die linke Hand mit festem Griff die Schnur stoppt, schlägt der Schwung des Flohkrebses das Vorfach scharf über und läßt die Fliege aufs Wasser stürzen.

Die Wirksamkeit dieser Art der Darbietung entdeckten wir zuerst an stehenden Gewässern. Sie ist unserer Ansicht nach deshalb so wirksam, weil sie die Aufmerksamkeit der Fische *erzwingt*. Das «Plop!» erzeugt Schwingungen im Wasser, die der Fisch fühlt. Außerdem erfolgt, wenn der Flohkrebs den Wasserspiegel durchschlägt, eine kleine Explosion von Lichtfunken, und ein Fisch, der diese und die langsam verebbenden Wasserkringel nicht wahrnehmen würde, wäre blind.

Dieser Kombination von stimulierenden Reizen – Schwingungen, Bewegung und Lichtfunken – kann keine Regenbogenforelle widerstehen und auch nicht jede Bachforelle. Wir glauben, daß dies auch nichts mit irgendwelchen Pawlowschen Reflexen als ferne Erinnerung an ins Wasser prasselnde Futterkugeln im Zuchtteich zu tun hat. Wir haben den «Plop» bei Wildforellen – d.h. bei Fischen, die noch nie eine Futterkugel gesehen haben – mit gleichbleibendem Erfolg angewandt.

Wie wir an solchen Fischen bestätigt fanden, ist der «Plop» ein Wundermittel, um «Mohamed zum Berg zu bringen», einen scheinbar unnahbaren Fisch aus seiner Deckung ins freie Wasser zu locken. Immer wieder haben wir mit dieser Taktik Fische gefangen, die nicht ansprechbar zu sein schienen. Zwei klassische Beispiele für ihren Einsatz sind der Fisch, der unter überhängenden Zweigen aufnimmt, und die Forelle, die unter einer Brücke steht.

Abb. 44 zeigt eine typische Situation. (Typisch allerdings nur für uns. Die typischen Fische anderer Angler steigen stets in der Flußmitte, wo ein sauberer Rückwurf möglich ist und sanfter Rückenwind das Vorfach tadellos streckt. *Unsere* typischen Fische steigen unter dichtem Dorngebüsch dicht vor dem weit entfernten Gegenufer, dicht jenseits von elektrisch geladenen Weidezäunen, etwas flußauf bei der Wiese mit dem Bullen!)

Der Fisch in Abb. 44 steht an einer gänzlich unzugänglichen Stelle, dicht unter dem Ufer, geschützt durch einen Schirm von Weidenzweigen. Sie hören und sehen ihn steigen – ihm eine Fliege sauber vorzusetzen, ist Ihnen jedoch unmöglich.

Binden Sie einen leicht beschwerten Flohkrebs Größe 12 oder 10 ans Vorfach und werfen ihn dicht neben die Weidenzweige, so nahe an die Forelle, wie Sie können. In der allerletzten Wurfphase halten Sie die schießende Schnur, wie beschrieben, an, so daß der Flohkrebs das Vorfach überholt und mit leichtem Plumps einfällt.

Es ist erstaunlich, wie oft dann immer das gleiche Verhaltensmuster abrollt. Der Fisch, der eigentlich steigen müßte, steigt nicht. Oft fährt er mit einer

Abb. 44. Der häufigste Fall, in dem das «Plop!»-Angebot seinen Wert erweist – und einen sonst unzugänglichen Fisch aus seiner Deckung unter einem Zweig lockt. Die Forelle steht und steigt bei A. Auf das «Plop!», mit dem die beschwerte Nymphe auffällt, verläßt die Forelle ihren Stand und jagt (und nimmt wahrscheinlich auch) die Nymphe im Zentrum des Wirbels bei B.

Strömung

121

Bugwelle aus seiner Deckung heraus oder flußabwärts, um nachzusehen, was los sei. Nach einer kleinen Pause schießt das Vorfach weg, weil er den Flohkrebs gepackt hat und an seinen Platz zurückschwimmt.

Genau so verfährt man mit dem Fisch unter der Brücke (Abb. 45). Er scheint vor jedem Angler sicher zu sein, und für die übliche Taktik ist er es wohl auch.

Doch wenn der Flohkrebs dicht hinter dem Fisch aufklatscht, holt er ihn todsicher aus seinem Versteck. Der Flohkrebs fällt ein, der Fisch jagt ihm nach und packt ihn mit einer Wendung, ganz lehrbuchmäßig. Das ist eine präzise, wirksame und adrette Fangweise. Man muß keine unsinnigen Versuche unternehmen, einen unmöglichen Wurf in die Enge zwischen Wasser und Brücke zu quetschen, die – wie solche Fleißarbeiten oft – den Fisch schließlich nur gründlich vergrämen. Es ist auch kein Wurf quer über die Brückenlänge nötig, in der Hoffnung, daß das Vorfach geschlängelt auf das Wasser fällt und die Fliege ohne zu furchen auf den Fisch zuschwimmt.

Mit diesem Verfahren soll, um es noch einmal zu sagen, das Fliegenfischen *keineswegs weniger anspruchsvoll* gemacht werden – da sei Petrus vor! Wir sind im Gegenteil bemüht, das Fischen so zu betreiben, daß es uns *mehr fordert*, und

Abb. 45. Die Forelle unter einer Brücke oder einem Steg ist ein anderer Anwärter auf den mit «Plop!» unterhalb des Stegs im freien Wasser eingeworfenen Flohkrebs.

122

sind vor allem aus diesem Grund mehr an schwierigen als an offensichtlich leicht zu überlistenden Fischen interessiert.

Was wir liebend gern *nicht* mehr sehen möchten, ist gedankenloses Drauflosfischen. Es ist hie und da ganz unterhaltsam, sein Glück auf eine fast unfangbar scheinende Forelle zu versuchen – doch fast immer führt dies zu unsauberem Fischen, mit dem Ergebnis, daß der Fisch beim Lösen eines unvermeidlichen Hängers an der Uferkante gründlich vergrämt wird oder, wenn die Fliege zufällig richtig aufgefallen sein sollte, um einen Brückenpfeiler flüchtet und abreißt.

Nie sollte man nach einem Fisch werfen, der wahrscheinlich abreißen wird. Das wäre schlechtes, unverantwortliches, *inhumanes* Fischen. Und der Angler, der nichts mit Taktiken wie dem «Plop» zu tun haben möchte – das übrigens, richtig ausgeführt, Witz und Geschick verlangt –, der lasse Forellen wie die eben beschriebenen besser ganz ungeschoren.

Der versunkene Spinner

Seit einigen Jahren ist bekannt, daß das Weibchen der mittelgroßen Olivfarbenen *(Baëtis vernus)* und mutmaßlich auch anderer Eintagsfliegen zur Eiablage unter Wasser kriecht. Sowohl Frank Sawyer wie Oliver Kite haben das in ihren Büchern als Tatsache erwähnt. Wir konnten darüber hinaus schlüssig feststellen, daß auch folgende Arten zur Eiablage ins Wasser gehen: die große dunkle Olivfarbene *(Baëtis rhodani)*, die kleine dunkle Olivfarbene *(Baëtis scambus)* und wahrscheinlich auch die Eisenblaue *(Baëtis niger)*. Es mag noch andere Arten geben, die ihre Eier auf diese Weise ablegen, doch zur Zeit der Niederschrift dieses Buches sind die aufgeführten Arten die einzigen, bei denen wir dies mit Sicherheit feststellen konnten.

Wenn die weiblichen Spinner dieser Arten zur Eiablage bereit sind, fliegen sie auf das Wasser hinaus und halten Ausschau nach herausragenden Pflanzen, Steinen, Geröll, Pfosten, Pfahlreihen und dergleichen. Sobald sie auf einem solchen Objekt gelandet sind, kriechen sie rasch unter Wasser, wo sie sich nach einem geeigneten Platz für die Eiablage, mit Vorliebe in der Nähe von Kraut, umsehen.

Häufig kriechen sie unter Wasser bis zu 1 m umher, bevor ihnen eine Stelle zusagt. Nach der Eiablage sind die Spinner meist zu erschöpft, um wieder an die Oberfläche zu klettern. Sie lassen einfach ihren Halt los, werden zur Oberfläche emporgeschwemmt und dann, dicht unter dem Oberflächenfilm gefangen, von der Strömung fortgetragen.

Diese verhältnismäßig winzigen Fliegen vermögen lange Zeit – 30 oder mehr Minuten – unter Wasser zu bleiben; wie ihnen dies gelingt, haben wir erst bei den Aufnahmen für die Farbbilder entdeckt, die diese Spinner beim Kriechen ins Wasser zeigen. Nach starker Vergrößerung lassen diese Bilder deutlich große Luftblasen unter den Flügeln und an den Körperhaaren erkennen. Man darf wohl mit Recht annehmen, daß sie auf irgendeine Weise bei ihren Ausflügen unter Wasser von diesem Luftvorrat Gebrauch machen.

Die Spinner, die ihre Eier frühmorgens oder abends ablegen, sind für die Forellen eine verlockende Beute, und diese lernen rasch, wo sich die Plätze für die Eiablage befinden. Zur passenden Zeit postieren sie sich 1 m oder 2 m unterhalb solcher Plätze und schnappen die nach oben treibenden Spinner auf. Wo Pfosten, Felsen, das Mauerwerk oder die Pfeiler von Brücken als Eiablageplatz dienen, kann man beobachten, wie die Forellen eifrig dabei sind, die nach unten kriechenden Spinner vom Holz oder Gestein zu picken. Forellen, die sich unter Brücken dieser Beschäftigung hingeben, gehören oft zu den stärksten im Fluß. Eine Forelle, die sich vorwiegend auf diese Weise ernährt, ist an ihren weißen Lippen zu erkennen – ihr Maul ist von der ständigen Berührung mit dem rauhen Mauerwerk abgerieben. Bislang wurde allgemein angenommen, daß Forellen, die auf diese Weise Nahrung aufnehmen, grünes Moos oder Algen vom Mauerwerk zupfen.

Das beschwerte Muster, das wir als Nachbildung dieser Spinner entwickelt haben (s. «Die Bindeweise der neuen Fliegenmuster») ist eine höchst wirksame und lebensechte Kunstfliege. In verschiedenen Größen gebunden, ahmt sie die verschiedenen am Wasser anzutreffenden Spinnerarten nach. Sie sollte genau so geführt werden wie eine normale beschwerte Nymphe, scheint jedoch am fängigsten zu sein, wenn sie zur Wasseroberfläche aufsteigend geführt wird und dadurch das aufgrund der Luftblasen am Körper schnelle Aufsteigen des natürlichen Spinners imitiert. Dieses Anheben der Fliege verführt die Forelle in längst bekannter Weise zum Anbiß.

Darüber hinaus hat dieses neue Muster noch einen anderen wertvollen Einsatzbereich: Es bietet eine ausgezeichnete Alternative beim Überlisten eines gewitzten Fisches, der schlüpfende Nymphen nimmt. Wenn dieser Ihre künstliche Nymphe ablehnt, versuchen Sie es mit dem neuen Spinnermuster. Gegen Ende der Fangzeit, wenn die meisten Forellen zur Genüge mit der üblichen beschwerten Nymphe bombardiert worden sind und dadurch zweifellos die gängigsten Nymphenmuster kennengelernt haben, nehmen sie oft vertraut dieses neue Muster, selbst wenn um diese Zeit keine natürlichen Spinner im Wasser sind.

Zwei kleine Umwege

Es gibt zwei weitere Anbietetaktiken, die jeder Nymphenfischer parat haben sollte.

An vielbefischten Gewässern haben die Forellen das «Aufsteigenlassen der Nymphe» schon so oft erlebt, daß sie eine Fliege, die ihnen wie gehabt an der Nase vorbei gezogen wird, einfach ignorieren. Doch wie kann man sie auf eine Fliege aufmerksam machen, die reglos inmitten einer Menge natürlicher Nährtiere angetrieben kommt, wenn dieser Kniff versagt? Das Mittel dafür ist rechtzeitiges «Reizen» des Fisches, ihn quasi auf Ihre Fliege fixieren (Abb. 46). Werfen Sie oberhalb vom Fisch ein, und lassen Sie die Fliege in sein Gesichtsfeld eintreiben. Sobald anzunehmen ist, daß der Fisch die Fliege sehen kann (oder eher schon etwas vorher), heben Sie die Rute an, um ihn auf die Nymphe aufmerksam zu machen. *Lassen Sie dann alles ungehindert treiben.* Diese eine Aufstieg-Bewegung reicht oft aus, um die Aufmerksamkeit einer gegen das «Aufsteigenlassen der Nymphe» mißtrauisch gewordenen Forelle für ein Wassertier zu wecken, das hilflos auf sie zuschwimmt. Manchmal kommt ein Anbiß, wenn das Gegenteil zu erwarten war.

Der zweite Trick besteht in der Anwendung des «Plop» in langsamem

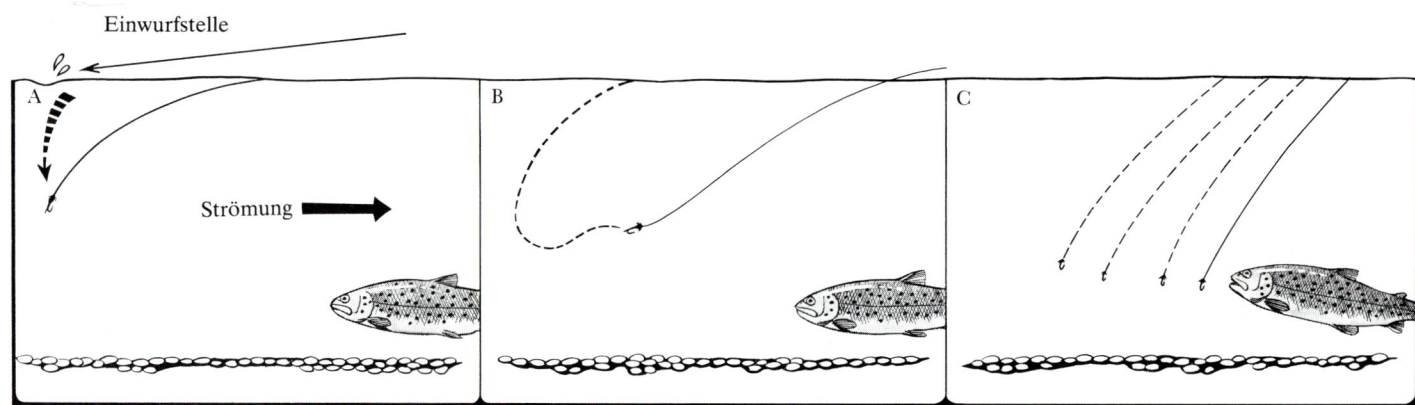

Einwurfstelle

A

Strömung

B

C

Fließgewässer. Es ist dies eine Methode, die wir während der großen Trockenheit des Jahres 1976 anzuwenden gelernt hatten, als die Flüsse zu Rinnsalen, manchmal zu Gumpen erweitert, geschrumpft waren. In diese Gumpen hatten sich die stärkeren Fische zurückgezogen, und oft genug floß das Wasser so träge, daß sie sich wie in einem Teich verhielten und ruhelos im Kreis herumschwammen.

Hier ging es darum, den Fischen die Fliege in dem flachen Wasser lange genug vorzuführen, ehe sie auf den Grund sank. Mit dieser Schwierigkeit wurden wir mittels einer flohkrebsartigen unbeschwerten Fliege fertig. Als Material verwendeten wir die gleiche Seehundswolle wie für unseren Standardflohkrebs, jedoch lockerer gebunden, damit die Wolle viel Luft einschließen konnte.

Das Ergebnis war eine Fliege mit genügend *Masse*, um beim Einfallen «plop!» und die Fische aufmerksam zu machen, die aber so langsam sank, daß die Fische genügend Zeit hatten, sie zu sehen. Dieses Muster war so wirksam, daß BC es «Gerroff» taufte, eine Verstümmelung seines Ausrufs «Get off!» – «Hau ab!» –, wenn kleine Fische wie aus dem Nichts auftauchten, um die Fliege zu packen, während sie doch für einen stärkeren Fisch gemünzt war.

Abb. 46. In manchen Fischwassern erleben die Forellen das «Aufsteigenlassen der Nymphe» so oft, daß sie es entweder nicht beachten oder es sie sogar regelrecht in Alarmbereitschaft versetzt. Das bedeutet jedoch nicht, daß sie durch «Reizen» nicht gefangen werden könnten. Man wirft ziemlich weit oberhalb der Forelle (A), läßt die Nymphe tief sinken und erteilt ihr, wenn sie etwa einen halben Meter vor der Forelle ist, einen deutlichen Zupfer (B). Läßt man danach die Nymphe ungehindert auf den Fisch zutreiben (C), zieht er sie ziemlich häufig natürlichen Nymphen vor.

10 Wie man liest, daß die Nymphe genommen wurde

Im vorhergehenden Kapitel haben wir gesagt, daß unserer Ansicht nach das Nymphenfischen anspruchsvoller ist als das Fischen mit der Trockenfliege, weil es in drei statt nur zwei Dimensionen ausgeübt wird. Es gibt aber noch einen ebenso klaren und nicht weniger wichtigen Unterschied zwischen beiden Methoden. Er besteht darin, daß der Anhänger der Trockenfliege selten im Unklaren darüber ist, ob seine Fliege genommen wurde: Eben war sie noch da und segelte auf dem Oberflächenfilm mit all der Grandezza, die ihr zu Gebote stand, stromab, im nächsten Moment gibt es an der Wasseroberfläche einen «Platscher», einen «Schlürfer» oder eine «Rolle», und die Fliege ist verschwunden – genommen von einem Fisch, der meist auch deutlich zu sehen war.

Wie ganz anders beim Nymphenfischen! Der Nymphenfischer sieht nicht nur seine Fliege höchst selten, der Fisch tut ihm auch nicht den Gefallen, beim Nehmen die Wasseroberfläche zu durchbrechen. Oft nimmt der Fisch die Nymphe weit unter der Oberfläche und gerade an einer Stelle, wo helle Glanzlichter ihn vor dem Angler völlig verbergen. Auch aus diesem Grund ist Nymphenfischen so viel schwieriger als das Angeln mit der Trockenfliege.

Der Nymphenfischer muß deshalb nicht nur scharf sondern vor allem auch *konzentriert* hinschauen. Er kann es sich nicht leisten, die Vorgänge am Wasser mehr oder weniger nebenbei als passiver Zuschauer, wie durch ein Fenster, zu «sehen». Gespannt, wach, fast aggressiv *sucht* er nach Anzeichen dafür, daß man geruhte, sein Angebot anzunehmen.

Seine gespannte Aufmerksamkeit gilt dem Fisch, dem Wasser und dem Vorfach, sie alle könnten ihm signalisieren, daß die Fliege genommen wurde. Worauf er sich am intensivsten konzentriert, hängt davon ab, ob der Fisch, dem sein Wurf gilt, im Augenblick des Nehmens zu sehen ist oder nicht.

Der goldene Ratschlag beim Nymphenfischen auf eine Forelle, die man sieht, lautet: Den Fisch scharf beobachten. Achten Sie nicht auf das Wasser. Achten Sie nicht auf das Vorfach. Achten Sie auf nichts anderes als auf das, was der Fisch macht. Und worauf kommt es dabei an? Lassen Sie uns die häufigsten Anzeichen dafür betrachten, daß sich Fisch und Nymphe getroffen haben: die Zeichen für das Nehmen.

Das Weiße im Maul

Der alte Rat an den Infantristen – «Schieß erst, wenn du das Weiße im Auge des Feindes siehst» – gilt auch für den Nymphenfischer, in etwas veränderter Form natürlich – «Schlag an, wenn du das Weiße im Maul der Forelle siehst».

Dem Angler ohne Erfahrung im Nymphenfischen stromauf mag die Vorstellung, man könne sehen, wie der Fisch beim Nehmen sein Maul auf- und zumacht, sehr weit hergeholt vorkommen. Tatsächlich ist dies jedoch bei günstigen Wasser- und Lichtverhältnissen deutlich zu erkennen, weil das sich öffnende Maul hell aufleuchtet (s. Foto S. 87).

Sie können das Weiße natürlich nur dann sehen, wenn sich der Fisch beim Nehmen Ihnen zuwendet, oder wenn er querüber von Ihnen in der Strömung steht. Aber straffen Sie die Schnur, sobald die Nymphe ungefähr in der Nähe des angeworfenen Fisches angekommen sein muß und er das Maul öffnet. Es ist erstaunlich, wie oft, nach all dem, was die verrückte Lichtbrechung und der unberechenbare Verlauf von Teil- und Nebenströmungen mit Vorfach und

Fliege unter Wasser anfangen können, die Nymphe *woanders* ist, als Sie beschwören würden.

Straffen Sie deshalb an – bereuen können Sie später. Setzen Sie keinen harten Anschlag, straffen Sie nur die Schnur durch ein flinkes Anheben der Rutenspitze, nicht viel kräftiger, als wenn Sie den Fisch am Schnurende nur eben spüren wollten. *Das genügt völlig*, besonders dann, wenn Sie (hoffentlich!) mit bartlosem Haken fischen.

Damit meinen wir aber keineswegs, daß man allzu lässig sein darf. Warten Sie z.B. nicht so lange, bis der Fisch sein Maul wieder *zumacht*. Er läßt sich nicht lange täuschen, und das Einsaugen und Wiederausspucken der Fliege dauert nur einen Augenblick. Wenn das Fischmaul offen ist, befindet sich die Nymphe schon drin. Entweder hat der Fisch sie gepackt, indem er auf sie zugeschwommen ist und sie ins Maul genommen hat, oder dadurch, daß er beim Öffnen des Mauls die Nymphe mit dem Atemwasser eingesaugt hat.

Das Anschlagen oder Anheben der Rute beim Nymphenfischen ist in dieser Beziehung etwas völlig anderes als der Anschlag beim Fischen mit der Trockenfliege. Während die Gefahr groß ist, mit der Trockenfliege zu früh anzuschlagen, ist dies mit der Nymphe fast unmöglich. Es gibt einen Trick – die meisten Fliegenfischer wenden ihn ganz automatisch an –, das Tempo des Anschlags dadurch fast zu verdoppeln, daß Sie den Schnurarm ins Spiel bringen. Heben Sie, wenn der Anbiß erfolgt, die Rute und ziehen Sie gleichzeitig mit der freien Hand die Schnur ein. Dadurch wird die für das Anstrecken der Schnur notwendige Zeit wesentlich verkürzt.

Andere Zeichen für das Nehmen beim Fischen auf Sicht

Das weiße Aufleuchten des Fischmauls ist zwar das verläßlichste Anzeichen dafür, daß die Nymphe genommen wurde, doch bei weitem nicht der *einzige* Hinweis, den der Fisch uns normalerweise gibt.

Hebt der Fisch, den Sie anwerfen, sich bei Annäherung der Nymphe etwas im Wasser, ist dies ein weiteres Alarmsignal dafür, daß es höchste Zeit für das Anstraffen der Schnur ist (Abb. 47).

Ein Fisch hebt sich im Wasser nur dann, wenn er bei der Nahrungsaufnahme ist und etwas, das über seinem Kopf schwimmt, genauer ansehen oder abfangen möchte. Er nimmt seine Beute nach Abschluß der Hebebewegung in noch schräg aufwärtsgerichteter Haltung. Sobald er sich wieder waagrecht stellt oder nach unten wendet, befindet sich das, was er haben wollte, schon in seinem Maul. Richten Sie sich deshalb bereits auf den Anschlag ein, wenn er sich hebt, und heben Sie die Rute an, sobald er sich wieder waagrecht stellt, auch wenn Sie nicht sehen, ob er das Maul öffnet.

Wenn die Nymphe nicht genau auf den Fisch zutreibt, sondern – wie fast unvermeidlich – ein paar Zentimeter rechts oder links von ihm vorbeitreibt, dann muß sich der Fisch *horizontal* bewegen, um sie zu nehmen. Diese waagrechte Bewegung ist sehr viel eindeutiger als das eben beschriebene Sich-Heben. Dieses wird durch geringfügige Veränderung der Flossenstellung erreicht – die Seitwärtswendung, mit der der Fisch etwas abfängt, das in der Strömung an ihm vorbeitreibt, erfordert einen kräftigen Stoß seines ganzen Körpers.

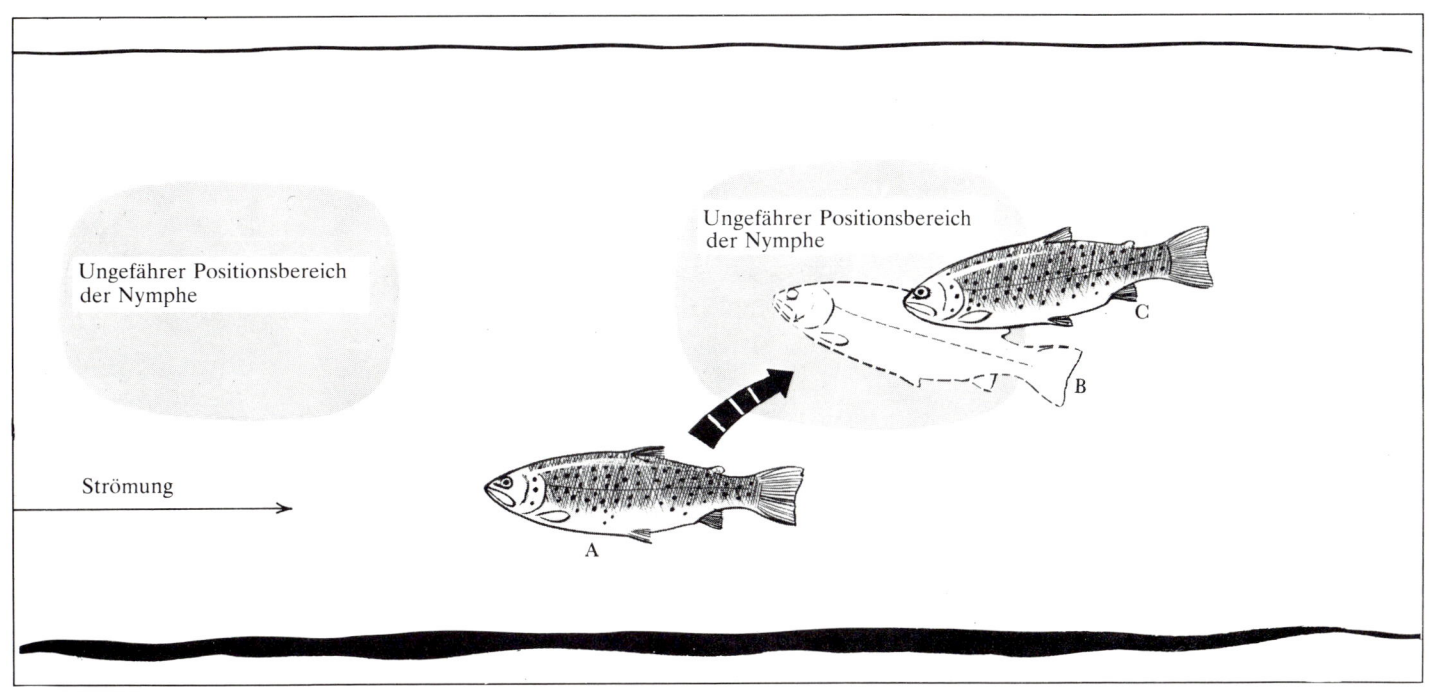

Ungefährer Positionsbereich der Nymphe

Ungefährer Positionsbereich der Nymphe

Strömung

Abb. 47. Das Sich-Heben oder der «vermutete» Anbiß. Die Forelle steht bei A. Sie steigt nach B, in die Nähe unserer Nymphe, und stellt sich sofort wieder waagrecht (C), ehe sie an ihren alten Platz zurückkehrt. Der Anschlag wird gesetzt, sobald sie beginnt, wieder die waagrechte Lage einzunehmen. Der Fisch hat die Nymphe häufig schon hier im Maul, auch wenn kein eigentlicher «Anbiß» zu erkennen war.

Geht dieser Stoß auf Sie zu, sehen Sie wahrscheinlich als sicheres Zeichen des Nehmens das Maul weiß aufleuchten. Können Sie dies nicht ausmachen, straffen Sie an, sobald der Fisch wendet, um wieder seinen alten Platz einzunehmen. Geht der Zugriff von Ihnen weg, müssen Sie ebenfalls anstraffen, sobald der Fisch sich seinem alten Platz zuwendet. Manchmal ist die Seitwärtsbewegung des Fisches nach einer Nymphe so ausgeprägt, daß der Angler ebenso erstaunt ist wie der Fisch, wenn der Anschlag sitzt.

Auf eines möchten wir noch aufmerksam machen, bevor wir dieses Thema verlassen: Nehmen Sie die Nymphe nicht zu voreilig wieder auf, wenn sie am Fisch vorbeigetrieben ist. Aus Gründen, die nur sie allein kennt, läßt eine Forelle oft die Fliege – besonders eine große – eine Strecke an sich vorbeitreiben, bevor sie, wie vom Teufel gejagt, herumfährt, um sie zu packen. Sofern kein Hindernis im Weg ist, an dem sich die Fliege oder die Schnur verhängen könnte, sollten Sie die Nymphe mindestens 1 m weit am Fisch vorbeitreiben lassen, bevor Sie sie wieder aufnehmen.

Zeichen für das Nehmen bei nicht sichtbaren Fischen
Gerade beim Befischen von Forellen, die der Angler im Augenblick des Anbisses nicht sehen kann – was gewöhnlich dann der Fall ist, wenn ein sichtbarer Fisch sich beim Verfolgen der Nymphe flußabwärts in ein Gebiet mit spiegelnder Oberfläche treiben läßt –, gleicht der Nymphenfischer einem Meister der Schwarzen Magie, darauf würde jeder Nichtangler schwören. Denn er weiß anscheinend im voraus, wann der Fisch die Fliege nimmt, obwohl doch weder die Fliege selbst. noch der anbeißende Fisch zu sehen sind.

Natürlich hat dies nichts mit Schwarzer Magie zu tun. Der Erfolg beim Befischen einer Forelle, deren Standplatz uns bekannt ist, die aber von der Wurfstelle aus nicht sichtbar ist, wird von unseren Kenntnissen davon bestimmt, wie sich der Fisch verhalten, wie das Wasser auf die Bewegungen des Fisches reagieren und was das Vorfach als Antwort auf die Bewegungen des Fisches tun wird, wenn dieser die Fliege ins Maul nimmt.

Wie wir schon wissen, besteht eine direkte Beziehung zwischen der Bewegung eines Fisches und der Bewegungsform des Wassers, in dem er schwimmt. Bewegt sich der Fisch schnell, um eine natürliche Nymphe abzufangen, so drückt er das Wasser heftig beiseite. Schwimmt er dagegen langsamer, ist die Wasserbewegung sanfter. Was für die natürliche Fliege gilt, trifft auch für die künstliche zu. Das Wasser reagiert nicht anders auf die Bewegungen des Fisches, nur weil die Nymphe, auf die er zustößt, künstlich ist. Das erste, wonach der Nymphenfischer Ausschau halten muß, sind Strömungen der Oberflächenhaut des Wassers: plötzliche Abweichungen vom Fließbild, Veränderungen in der Größe von Glanzlichtern oder Verzerrungen der Spiegelbilder von Himmel oder Ufer.

Das zweite, was auf der Suche nach Anzeichen beachtet werden muß, ist das Verhalten der Vorfachspitze, besonders des winzigen «Lochs», das das Vorfach scheinbar dort erzeugt, wo es durch die Wasserhaut dringt (Abb. 48). Genau so wie eine Verbindung zwischen der Bewegung des Fisches und der des Wassers besteht, so besteht auch – im offensichtlichsten und wörtlichen Sinn – eine Verbindung zwischen jeder Bewegung der Fliege am Vorfachende (jeder Bewegung der Fliege am Vorfachende im Fischmaul!) und dem auf der Wasseroberfläche schwimmenden Teil des Vorfaches.

Während der Nymphenfischer das Vorfach auf der Wasserhaut scharf beobachtet, reagiert er auf alles, was auf einen Zug am Vorfachende hindeutet, und auf jeden Verhalt des auf der Wasserhaut schwimmenden Vorfachteiles. Wie deutlich diese Anzeichen zu sehen sind, hängt unter anderem von der Strömungsgeschwindigkeit ab. In langsamer, ruhiger Strömung wird das Nehmen, wenn überhaupt, nur äußerst zart angezeigt. Ist die Strömung lebhaft, bewegen sich auch Nymphe und Vorfach entsprechend stärker, und die schnelle Abfangbewegung des Fisches nach einer schnell vorbeitreibenden Nymphe wird im Regelfall ein sehr deutliches Zeichen für das Nehmen hervorrufen.

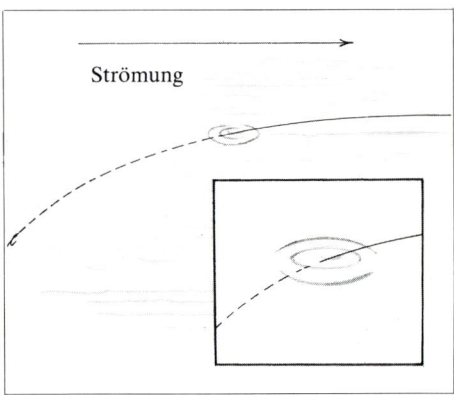

Abb. 48. Bewegung des Vorfachs an der Stelle, an der es ins Wasser taucht, sind der wichtigste Schlüssel für das Nehmen der Fliege unterhalb der Wasseroberfläche.

Einige subtile Zeichen für das Nehmen

Die Eintauchstelle des Vorfachs bewegt sich, außer bei Hängern unter Wasser, nur aus zwei Gründen. Der erste ist das Gewicht der Nymphe, das die Vorfachspitze gleichmäßig nach unten zieht. Der andere ist ein Fisch, der die Fliege nimmt und dabei das Vorfach nach unten *reißt*.

Vor allem die Abwärtsbewegung des Vorfachs durch das Gewicht der Nymphe darf nicht außerachtgelassen werden. Ist die Nymphe unbeschwert, so neigt das Vorfach dazu, unregelmäßig, ruckweise einzusinken. Für den Angler ist dieses Verhalten wenig aufschlußreich, es sei denn, es würde durch einen ganz untypischen Ruck unterbrochen. Die gut beschwerte Nymphe dagegen zieht das Vorfach zunächst glatt und stetig nach unten, wobei die Sinkgeschwindigkeit, bedingt durch die Reibung des Nylonfadens gleichmäßig abnimmt. Wenn dann die Fliege in die Nähe des Fisches abgesunken ist und die Vorfachspitze schlagartig zu sinken aufhört – anstraffen! Sinkt im umgekehrten Fall die Spitze, wenn sich die Fliege in der Nähe des Fisches befindet, plötzlich schneller – ebenfalls anstraffen! Dies sind zwei typische Zeichen für das Nehmen beim Nymphenfischen, die äußerst schwierig zu entdecken sind und zweifellos selbst von erfahrenen Anglern häufig übersehen werden.

Ein anderes zartes Zeichen für das Nehmen, das der Nymphenfischer sucht, gibt das Vorfach, wenn es mit der Strömung auf der Oberfläche treibt und plötzlich stehenbleibt oder seine Fahrt verlangsamt und dann wieder im alten Tempo weiterschwimmt. Ein sehr häufiges Zeichen für das Nehmen! Dabei wird die Vorfachspitze weder nach unten gezogen, noch bewegt sie sich seitwärts. Es geschieht nichts außer einem Verhalt, der so geringfügig ist, daß er kaum stattgefunden zu haben scheint. Diese Fähigkeit der Fische, Fliegen in so unauffälliger Weise abzufangen, konnten wir einwandfrei beobachten, als wir Experimente in glasklarem, sehr träge fließendem Wasser ausführten. Dabei machten wir keinen Versuch, die Forellen wirklich zu *fangen*. Uns interessierten einzig ihre Reaktionen auf eine Fliege, die JG so gebunden hatte, daß sie im seichten Wasser langsam sinken sollte, die Fliege mit dem bereits erklärten bizarren Namen «Gerroff» (s. S. 174).

Einer von uns beobachtete den Fisch, der andere das Vorfach. Immer wieder konnten wir Fische die Nymphe einsaugen und wieder ausspucken sehen, ohne daß sich das Vorfach im geringsten bewegte. Einmal sah BC zu, wie ein Fisch die Fliege einsaugte, nachdenklich darauf herum kaute, wobei das Maul auf und zu ging, und sie dreimal wieder ausspuckte, ohne auch nur ein einziges Mal das Vorfach an der Oberfläche zu bewegen.

Dies ist eine für den Fluß-Nymphenfischer lehrreiche Beobachtung, zeigt sie doch, wie oft die Fliege genommen worden sein kann, ohne daß das Vorfach die Freundlichkeit hatte, dies zu melden. (Sollte diese Geschichte den Flußangler nachdenklich stimmen, so dürfte sie dem See-Nymphenfischer ein leeres Gefühl im Magen verursachen. *Seine* Anbisse kommen meist, wenn die Nymphe nach dem Wurf im Wasser absinkt – und Petrus mag wissen, wieviele Anbisse im Stillwasser ungemeldet bleiben, weil eine Strömung fehlt, die die Bewegungen verstärken könnte.)

Nicht immer jedoch ist das Nehmen der Nymphe, selbst im langsam fließenden Wasser, so schwierig zu sehen. Das häufigste Zeichen ist einfach ein Zucken des Vorfachs nach der Seite oder das erwähnte deutliche Abtauchen.

Auf einen Punkt im Verhalten der Forelle beim Nehmen der Kunstfliege möchten wir noch hinweisen: Es wäre völlig falsch, sich beim Nymphenfischen darauf zu verlassen, den Biß zu fühlen. Es gibt dabei nichts zu *fühlen*. Der Angler, der mit der Nymphe stromauf fischt und darauf wartet, daß er einen Zug spürt, wie beim Fischen mit der Naßfliege, vergeudet seine Zeit. Höchstens bei einem unter hundert Anbissen spürt man so etwas wie einen Zug. Der Erfolg beim Nymphenfischen hängt von den Augen des Anglers ab und von der Raschheit, mit der er auf das reagiert, was seine Augen sehen. Das allermeiste jedoch von dem, was sie sehen, ist ganz unauffällig.

Die Palette der Zeichen für das Nehmen der Nymphe ist so bunt, daß der Anfänger zur Meinung kommen könnte, er lerne es nie. In der Praxis ist die

Sache aber doch nicht so schwierig, wie es scheint. Der aufmerksame Angler lernt rasch eine ungewöhnliche Bewegung der Forelle, die er belauert, zu erkennen, und dann erfolgt das Anheben der Rutenspitze halb unbewußt. Selbst bei Bewegungen des Vorfachs, die kaum als solche zu erkennen sind, schalten sich die natürlichen Reflexe überraschend schnell ein.

Ein einfaches Mittel, sich davon zu überzeugen, besteht darin, einem Könner des Nymphenfischens bei seiner Tätigkeit zuzusehen und ihn nach dem Fang eines Fisches zu fragen, woran er gemerkt habe, daß seine Fliege genommen wurde. Sehr oft wird er die Frage gar nicht beantworten können. Er ist so fein auf Abweichungen vom Normalen eingestimmt, daß sein Gehirn jedes der oben beschriebenen Zeichen unbewußt registriert und dem Arm signalisiert: Rute anheben! Jedem von uns ist dies schon viele Male passiert, wenn wir einem Begleiter zeigen wollten, wie man mit der Nymphe fischt. Wir konnten schlechtweg nicht sagen, was uns zum Anstraffen veranlaßt hatte.

Eines war es *keinesfalls* – Schwarze Magie!

Hier steht die Welt still, ein lauschiges Plätzchen dicht am Flußufer.

11 Wie man die Trockenfliege anbietet

Das Schrifttum über das Fliegenfischen ist ein Minenfeld von Meinungsverschiedenheiten, manchmal über Fragen von grundlegender Bedeutung, viel häufiger jedoch ein Streit um des Kaisers Bart. Eine der unfruchtbarsten Debatten dreht sich um Nachahmung und Darbietung, oder genauer – denn darum geht der Streit heute – um Nachahmung *gegen* Darbietung.

In der blauen Ecke sitzt der «exakte Nachahmer» (ein beispielhaft unexakter Ausdruck!), der Mann, der behauptet, von der Nachahmung allein hänge alles ab, und der Kopien von jedem Insekt in jedem Stadium seiner Entwicklung mit ans Wasser schleppt. Jede Fliege in seiner Schachtel wartet auf den wunderbaren Augenblick, in dem sie sich als das *genau* richtige Muster, *genau* der richtigen Größe mit *genau* der richtigen Hechellänge und der richtigen Zahl der Schwanzfäden präsentiert.

In der roten Ecke sitzt der «sachliche Anbieter». Irgendwo versteckt in seiner Kleidung hat er zwei kleine Büchschen. Das eine enthält etwas eingetrocknete Reste von seinem Lieblingstabak und ein halbes Dutzend Kippen – nein doch: Nymphen; in dem anderen befinden sich neben ähnlichen Fossilien ein paar Teppichflusen – nein doch: Trockenfliegen. Nachahmung hat überhaupt nichts zu bedeuten, behauptet der Anbietungstaktiker – nur wie die Fliege angeboten wird, das ist wichtig.

Wir wollen ganz klar aussprechen, daß, wenn dies eine Frage von Entweder/Oder *wäre*, der Anbietungstaktiker eine gute Meile vorn läge. Es *ist* jedoch keine Frage des Entweder/Oder. Es geht um beides: Nachahmung *und* Darbietung. Manchmal bringt Nachahmung allein den Erfolg. Viel häufiger führt jedoch Darbietung allein zum Ziel. Aber um bei gewitzten Fischen zuverlässig Fangerfolg zu erzielen, muß man die richtige Fliege in der richtigen Weise anzubieten verstehen.

Aber was genau heißt «richtige Weise»? Besser noch, was genau bedeutet «Anbieten»?

Der Wurf stromauf

Bei der klassischen, herkömmlichen Art, die Trockenfliege anzubieten, wird die künstliche Dun oder eine Spinnernachbildung einige Dezimeter oberhalb des auf Beute wartenden Fisches eingeworfen, so daß die Fliege unbeweglich auf die Forelle zuschwimmt. Soll die Fliege eine Dun darstellen, so wird sie so präpariert, daß sie *auf* der Wasserhaut schwimmt. Soll sie einen Spinner imitieren, so wird sie flach auf oder *in* der Wasserhaut angeboten. (Damit zeigt sich schon in der ersten Angriffsphase, wie wichtig die richtige Deutung der Steigzeichen ist; sie ist entscheidend nicht nur für die Fliegenwahl, sondern ebenso für die Anbietetaktik.)

Diese Grundtechniken beim Fischen mit der Trockenfliege sind im Angelschrifttum tausendmal beschrieben worden, und es hätte keinen Wert, sie hier zu wiederholen. Bevor wir jedoch darangehen, eine Trockenfliegentechnik zu erörtern, die nach unserer Meinung wirklich wichtig ist (aber in direktem Gegensatz zur eben geschilderten steht), möchten wir einige Überlegungen anstellen, die nicht ohne Auswirkung auf das Gewicht des Angelkorbs sein dürften.

Die erste betrifft das Anbieten der Fliege.

Wie gesagt, wird bei der klassischen Art, die Trockenfliege anzubieten, die Fliege so geworfen, daß sie stromauf vom Fisch aufsetzt. Dadurch soll die Forelle genügend Gelegenheit haben, die auf sie zutreibende Fliege zu betrachten.

Es *gibt* aber auch Zeiten, in denen man nicht will, daß der Fisch die Fliege genauer betrachten kann, zum Beispiel wenn ein Fisch so eifrig damit beschäftigt ist, die Früchte eines Massenschlüpfens einzuheimsen, daß die Kunstfliege, wenn sie wie *noch eine natürliche Fliege mehr* angeboten wird, kaum Aussicht hätte, genommen zu werden. Ein weiterer Fall liegt dann vor, wenn es sich herausstellt, daß wir kein Muster dabeihaben, das der gerade gefragten Fliege einigermaßen ähnlich sieht. In beiden Fällen gibt es einen guten Grund dafür, die Fliege nicht zu weit oberhalb vom Fisch anzubieten und ihm dadurch Zeit zu lassen, unsere Fliege in der Masse der lebenden einfach zu übersehen oder, im zweiten Fall, sie genauer zu betrachten und dann abzulehnen. In beiden Fällen kann man etwas tun, um seine Fangaussichten zu verbessern.

Als erstes müssen Sie feststellen, wie regelmäßig der Fisch steigt, und sich mit seiner Stellung zur Wasseroberfläche so vertraut machen, daß Sie im voraus wissen, wann und wo er das nächstemal steigen wird. In diesem Augenblick müssen Sie werfen – aber *direkt auf den Fisch*, nicht, wie üblich, oberhalb von ihm aufsetzen. Dadurch paßt sich die Fliege der gastronomischen Uhr der Forelle an, sie kommt zur richtigen Zeit an der richtigen Stelle an, kann aber vorher nicht gesehen und begutachtet werden.

Wenn dies nicht klappt, werfen Sie die Fliege nur Sekundenbruchteile, nachdem die Forelle an der Oberfläche aufgenommen hat, ein paar Zentimeter oberhalb ihrer Nase ein. Manchmal bewirkt dies, daß der Fisch seinen regelmäßigen Steigrhythmus unterbricht und noch ein zweites Mal zugreift.

Noch ein anderes Mittel kann angewandt werden, wenn der Fisch ein Insekt nimmt, für das wir keine passende Nachbildung haben. Dabei macht man sich das Steigzeichen zunutze. Es ist besonders wirksam bei spiegelglatter Wasseroberfläche, wenn der Fisch die über ihn wegschwimmenden Fliegen deutlich sieht. Der Fisch steigt zur Oberfläche, er «platscht» oder «rollt», durchbricht dabei die Wasserhaut und erzeugt um sich herum Wellenringe. Werfen Sie *sofort* in die Ringe hinein – das ist Ihre Chance, dem Fisch ein zwar verzerrtes, aber immer noch fliegenähnliches Bild von Ihrer Kunstfliege vorzuführen. Nicht selten siegt dann der Appetit über die Vorsicht, und der Fisch läßt sich herbei, den so plötzlichen Neuankömmling zu nehmen.

Vom Reiz der Bewegung

Ganz besonders interessant – aber auch besonders frustrierend – ist die Forelle, die zwar regelmäßig steigt, aber die genaueste Nachahmung, die Finger und Stoßgebete an Petrus zustandebringen können, völlig ignoriert, auch wenn sie noch so tadellos angeboten wird.

Da! Unser Quälgeist steigt – Blub – Schlürfen – Wirbel – und wieder taucht er weg. Steigen – Blub – Wegtauchen, Steigen – Blub – Wegtauchen.

Beobachten Sie genau den Steigvorgang, und beobachten Sie genau die natürlichen Insekten, die die Forelle nimmt. Es ist ein nicht häufiger, aber höchst bedeutungsvoller Begleitumstand des Steigens nach Oberflächennahrung, daß sich einzelne Insekten durch ihr auffälliges Verhalten sozusagen selbst zum Gefressenwerden verurteilen. Sie werden zu unfreiwilligen Selbstmördern, weil sie die Aufmerksamkeit der Forelle auf sich lenken.

Man braucht sich die Szene nur vorzustellen. Die Wasseroberfläche ist mit Fliegen übersät, ein Fließband, reich gedeckt mit Nahrung. Alle paar Sekunden bewegt sich auf jedem beliebigen Wasserstück eine Fliege. Sie flattert mit den Flügeln, um sie nach dem Schlüpfen zu trocknen, oder versucht vergebens, aufzufliegen. Ihr Geflatter erzeugt zitternde Wellenringe auf dem Wasser, durch die das Licht in verlockenden Kreisen nach unten dringt.

Darauf reagiert die Forelle. Sie überlegt nicht – weil sie das nicht kann –, sie sucht auch nicht nach einem bestimmten Merkmal, das diese eine Fliege von all den anderen unterscheidet. Sie ist einfach mit einem fein abgestimmten Raubinstinkt ausgestattet, einem Mittel der Natur, die Schwachen, die Lahmen und die Dummen auszuschalten. Flattern – Futter – Bäng! Flattern – Futter – Bäng!

In einem solchen Fall ist das übliche ruhige Abtreibenlassen der Fliege, ohne daß sie furcht, genau das *Falsche*.

Wenn sich der Fisch nur solche Fliegen aussucht, die sich bewegen, dann muß sich auch *Ihre* Fliege bewegen. Setzen Sie die Fliege stromauf vom Fisch auf, warten Sie, bis sie sich etwas weiter als bis auf Kiemenhöhe genähert hat, und lassen Sie sie einige Zentimeter über das Wasser schlittern. Manchmal (gewiß nicht immer) wendet der Fisch und greift zu – ohne jedes Zeichen von Mißtrauen.

Wir wissen, daß wir in den vorhergehenden Abschnitten dieses Kapitels mehrmals die Feststellung getroffen haben, der Fisch nehme «manchmal». Das werden wir gleich wieder tun. Beim Fischen gibt es nun einmal keine völlige Sicherheit. Trotzdem ist verläßlicher Erfolg das Kennzeichen des erfahrenen Fischers. Dieser verläßliche Erfolg beruht auf *Anpassungsfähigkeit*. Der anpassungsfähige Fischer – der die Lage überschaut, die Anzeichen richtig zu lesen versteht und seine Technik den Gegebenheiten anpaßt – der hat Erfolg. Nicht weil er ein unfehlbares Rezept besäße (außer Konzentration und einem Auge für Einzelheiten), sondern weil er auf Grund seiner durch Beobachtungen gewonnenen Anpassungsfähigkeit aus einer Vielzahl von Möglichkeiten auszuwählen vermag. Denn er weiß, daß manchmal dies, manchmal das und manchmal auch etwas anderes zum Ziel führt. Er vervielfacht seine Erfolgsaussichten durch Erfassen und Verarbeiten der Lage. Anders als der Mann am gleichen Ufer weiter unten spielt er nicht eine Art Roulette.

Der «einseitige» Steiger

Noch einen Fisch möchten wir erwähnen. Er steht ziemlich weit weg vor dem anderen Ufer. Sie können ihm die Fliege noch und noch vorsetzen, ohne daß er vergrämt wird oder zu steigen aufhört. Oder – und darauf kommt es an – ohne ihn zum Nehmen zu bringen. Ihre Erfahrung sagt Ihnen, daß Sie alles richtig machen, und Sie sind ziemlich sicher, zu wissen, was er nimmt, und haben eine Nachahmung von erprobter Zuverlässigkeit am Vorfach. Und Sie werfen so, daß die Fliege diesseits des Fisches aufsetzt, damit das Vorfach nicht auf ihn fällt. Denn Sie wissen, daß dies die sicherste Taktik ist: Wenn er die Fliege mit einer seitlichen Wendung aufs Korn nimmt, sieht er zuerst die Fliege und nicht die Vorfachspitze.

Beobachten Sie diesen Fisch mit äußerster Sorgfalt, und stellen Sie sich zwei Fragen: (a) Steigt er stets zur gleichen Seite (in diesem Fall zu der Ihnen abgewandten)? Und (b) läßt er beim Steigen das Wasser außergewöhnlich stark aufspritzen? Lautet die Antwort auf beide Fragen «ja», überwerfen Sie ihn möglichst weit und plazieren Sie die Fliege vor *sein anderes Auge.*

Auch bei Fischen sind Sehstörungen keineswegs selten, und Fischen, die auf einem Auge blind sind, begegnet man öfter. Jeder von uns beiden fängt während einer Fangzeit ein paar Einäugige (Abb. 49). Warum ein Fisch mit nur einem gesunden Auge nur nach der Seite steigt, auf der er sieht, ist klar. Wenn er steigt, entsteht häufig ein klatschendes Geräusch, weil ihm das Zielen nach der Fliege aufgrund seines einäugigen Sehens Schwierigkeiten macht – und Fliegen, die direkt über ihm dahintreiben, erblickt er in der Regel erst spät und stößt deshalb im letzten Augenblick hastig nach ihnen.

Abb. 49. *Oben:* Manchmal steigen Forellen stets nur nach einer Seite und lassen Fliegen auf der anderen Seite unbeachtet. Der häufigste Grund: Die Forelle ist auf einem Auge blind – ihrem linken in diesem Fall.

Unten: Dieses Foto zeigt das rechte Auge des gleichen Fisches. Man sieht, daß die Fliege im Maulwinkel gefaßt hat, als sich die Forelle wieder ihrem Standplatz zuwandte.

Der «nicht vorhandene» Steiger

Bisher haben wir uns mit Fischen beschäftigt, die stetig steigen. Leider ist nicht jeder Fisch so entgegenkommend. Häufig legt ein Fisch zwischen seinen Aufstiegen längere Pausen ein und lehnt dann unsere Kunstfliege ab, auch wenn sie die Stelle, an der der Fisch gezeichnet hat, noch so genau trifft.

Dauerndes Anwerfen der Stelle, an der ein unregelmäßig steigender Fisch zeichnet, ist eine häufige Ursache von Mißerfolgen. Wir überlegen nämlich nicht sorgfältig genug, weil es das Naheliegendste und Vernünftigste scheint, eben diese Stelle anzuwerfen. Warum auch nicht, wenn das doch offensichtlich die Stelle ist, an der Nahrung aufgenommen wird?

Es gibt einen triftigen Grund, warum das zwecklos ist. *Der Fisch befindet sich nämlich gar nicht an dieser Stelle, wenn Ihre Fliege dort ist.*

In Wasser von einiger Tiefe findet man häufig Fische, die ihre Beute von einer bestimmten Stelle aus erspähen und an einer anderen Stelle nehmen, bisweilen meterweit unterhalb davon (Abb. 50).

Ein solcher Fisch wartet auf Nahrung, die auf ihn zuschwimmt. Er steht außerdem in einiger Tiefe in gleichmäßig strömendem Wasser. Das Wasser braust nicht an ihm vorbei, zwingt ihn daher auch nicht, hastig zuzugreifen. Da ist auch keine rauhe, wellige Wasseroberfläche, die das Zielen erschwert. Von seinem Platz im tiefen, gleichmäßig strömenden Wasser aus hat er reichlich Gelegenheit zu sehen, was auf ihn zutreibt. Sieht er etwas Interessantes kommen, so schwimmt er aus Gründen der Energieersparnis nicht direkt darauf zu, sondern stellt einfach seine Flossen so, daß ihn die Strömung auf einer Bahn aufwärts *und gleichzeitig stromab* trägt, die ihm ermöglicht, seine Beute in einiger Entfernung unterhalb seines ursprünglichen Standortes abzufangen. Seine Bewegung gleicht, wie schon erwähnt, sehr der einer auf dem Wind segelnden Möwe. Handelt es sich um einen scheuen und gewitzten Fisch, so

Abb. 50. Forellen steigen nach Fliegen an der Wasseroberfläche nicht senkrecht auf – sie lassen sich mit der Strömung rückwärts treiben und nehmen die Fliege etwas unterhalb ihres Standplatzes. Manchmal lassen sich die Forellen meterweit treiben, um die Fliege genau zu inspizieren. Ist die Fliege genommen, schwimmt der Fisch an seinen alten Platz zurück und wartet auf die nächste. Ein Wurf in den Ring, den die Forelle beim Steigen erzeugt, setzt unter diesen Umständen natürlich hinter der bereits wieder zum Standplatz zurückkehrenden Forelle auf.

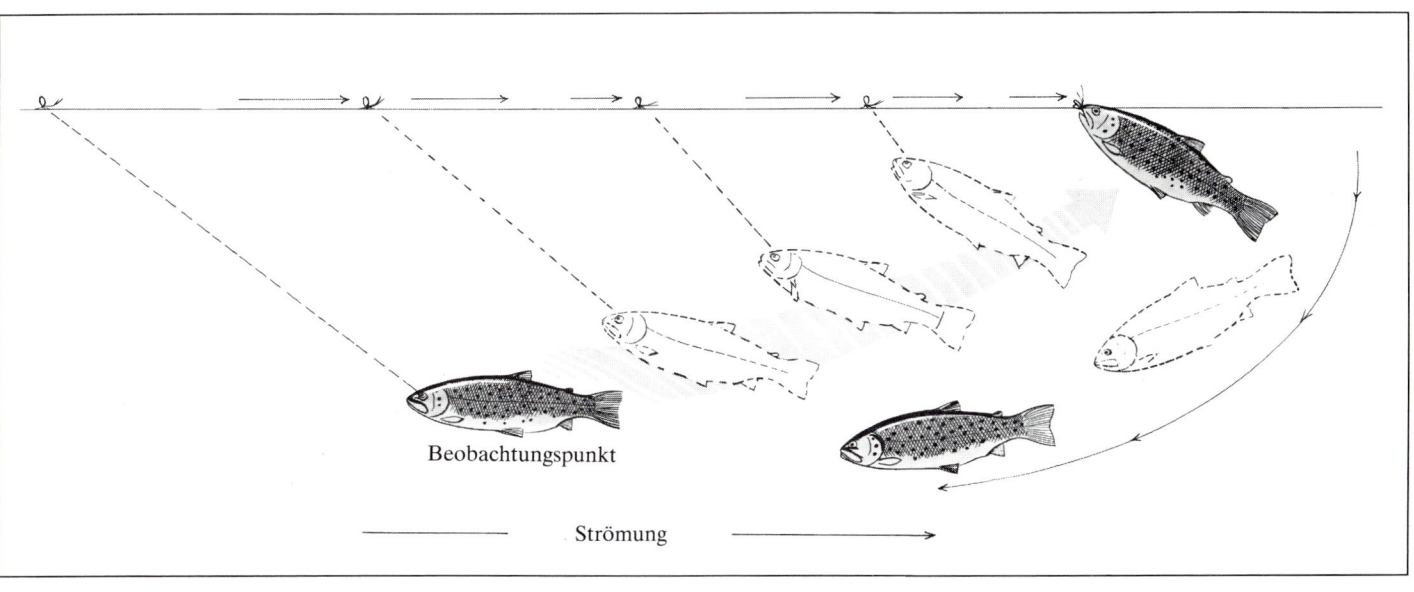

Beobachtungspunkt

Strömung

kann es durchaus passieren, daß der Fisch die Fliege *nicht* an der Stelle nimmt, an der er auf sie trifft, sondern sie zunächst aus der Nähe inspiziert. Solange er damit beschäftigt ist, wird er noch weiter von seinem ursprünglichen Standplatz stromab abgetrieben.

Die Lehre daraus für das Befischen unregelmäßiger Steiger in ruhigem, tiefem Wasser lautet also: *Zuerst* die Zeichnungsstelle anwerfen und *die nächsten Würfe* dann jeweils etwa 1 m weiter *stromauf* absetzen. (Hin und wieder fällt die Fliege dem Fisch auf den Kopf, so daß er ganz aufhört zu steigen. Das passiert jedoch vergleichsweise selten – und wenn, dann können Sie sich den Standort des Fisches ja merken und später wiederkommen.) In tiefem Wasser sollten Sie den Fangversuch nicht aufgeben, ehe Sie nicht das Wasser 5 oder 6 m oberhalb der Stelle, an der der Fisch zeichnet, mit Würfen abgedeckt haben.

Wir können dies nicht nachdrücklich genug betonen. Vielen Fliegenfischern gelingt es nicht, steigende und fangbare Forellen an den Haken zu bringen, einfach deshalb, weil sie den Fischen ihre Fliege gar nicht zeigen. Die Neigung der Forellen, vor allem einer besonders verlockenden, gewitzten Großforelle im tiefen Wasser, sich vor dem Nehmen von der Strömung stromab tragen zu lassen, ist eine der am wenigsten bekannten, gleichzeitig aber auch eine der häufigsten und für den Erfolg wesentlichsten Eigenarten im Fischverhalten.

Der Wurf stromab

Ein von uns befischter Fluß macht unterhalb einer Insel einen Bogen. Das Wasser strömt auf beiden Seiten der Insel so kraftvoll, daß es beide Flußufer tief unterspült hat. Alles, was der Fluß an Nahrung bringt, wird in diese beiden rauhen Wasserzungen zusammengedrängt. Während einer Schlüpfperiode sind diese Strömungen eine Art Fliegensuppe mit Einlage.

Auf einer Seite, dem rechten Ufer, steht dichter Wald, der dem Angler ausgezeichnete Deckung gibt.

Der Angeltag an dieser Strecke war angenehm gewesen. Es gab keine lemmingartigen Selbstmörder, sondern einen Fisch hier und einen dort und noch ein paar mehr. BC hatte bisher eine ausgezeichnete Saison erlebt, eine Saison, in der sein Fischhunger längst befriedigt war und er sich nun ohne Fangzwang dem Nachdenken und Experimentieren widmen konnte.

Auf dem Rückweg zum Wagen, es wurde bereits dunkel, beschloß er, sich in einer der ältesten Angelmethoden, dem Tippfischen, zu versuchen. Er ließ seine kleine künstliche Köcherfliege auf dem Wasser im Oberflächenfilm trippeln. Sie war schwierig zu sehen, um so auffallender die feinen V-förmigen Wellenrippeln, die sie in der Strömung erzeugte.

Nach kaum einer Minute gab es einen Platscher, einen Schlag gegen die Rute, und sein Arm wurde heftig nach unten gerissen. Irgendwo in der Dämmerung schoß ein schwerer Fisch flußabwärts, sprang in einer weißen Schaumwolke hoch in die Luft und kam ab. Etwas verblüfft rollte BC ein und überzeugte sich, daß die Fliege in Ordnung war. Aus reiner Neugier brachte er sie wieder aus und ließ sie auf dem Wasser schlittern, während er am Ufer entlang langsam zum Wagen ging. In den nächsten zehn Minuten packten noch einige Fische die Köcherfliege, und so gab es an diesem Abend die ersten unserer zahlreichen

Abb. 51. Zupfen stromauf beim Trockenfliegenfischen stromab. Man macht einen lockeren Bogenwurf (A) auf eine Stelle etwa einen Meter oberhalb der Forelle. Während die Fliege auf den Fisch zuschwimmt, zupft man kurz an der Schnur, so daß sich die Fliege einige Zentimeter flußaufwärts bewegt (B). Sofort danach läßt man Schnur und Fliege wieder ungehindert treiben (C) und macht sich auf einen stürmischen Anbiß gefaßt.

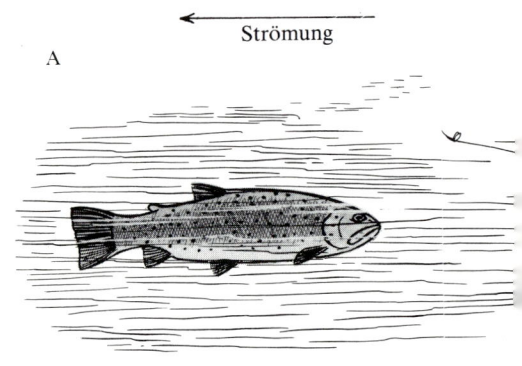

Strömung

A

Versuche, nicht nur das Erscheinungsbild eines natürlichen Insekts, sondern auch seine Bewegungsweise vorzuspiegeln.

Solche Versuche, der Fliege Leben zu verleihen, sind natürlich ein Affront für puristische Kreise. Es ist aber nun einmal Tatsache, daß sich fast alle lebenden Insekten in irgendeiner Weise auf dem Wasser bewegen. Ein Beispiel hierfür – bei dem ein Fisch nur die Insekten aussuchte, die sich erkennbar bewegten – haben wir weiter vorne beschrieben. In diesem Fall war es notwendig, die Fliege stromauf zu werfen und über dem Fisch abwärts zu ziehen. Dies ist aber bei weitem nicht die wirksamste Art, der Fliege Bewegung zu verleihen.

Von allen Bewegungen einer Fliege, der die Forelle nur schwer widerstehen kann, ist die *stromauf*, gegen die Strömung gerichtete am unwiderstehlichsten.

Warum gerade sie, wissen wir nicht genau. Vielleicht deshalb, weil die stromauf gerichtete Bewegung der Fliege der stromab gerichteten Bewegung des Oberflächenfilms größeren Widerstand entgegensetzt und so die Lichtmuster in der Sicht von unten vergröbert. Vielleicht ist der Fisch aber auch einfach darauf programmiert – als Teil des Natur-Mechanismus zur Erhaltung des ökologischen Gleichgewichts –, auf die Bewegungen der eierlegenden Weibchen zu reagieren. Bei der Eiablage bewegen sich die Weibchen fast immer stromauf, und viele Arten halten dabei den Hinterleib ins Wasser, um die Eier abzulegen.

Doch was auch immer der Grund für diese Reaktion sein mag, auf jeden Fall gibt es sie, und sie kann mit nachhaltiger Wirkung durch den Wurf stromab ausgelöst werden.

In England ist es vielfach verpönt, die Trockenfliege stromab anzubieten, ein Vorurteil, das bei genauerer Nachprüfung nicht haltbar ist. Wie man auch dazu steht, es gibt zwei Methoden, mit denen das Stromabfischen mit der Trockenfliege verantwortungsvoll ausgeübt werden kann.

Aufwärtszupfen der Fliege

Bei der ersten und zudem äußerst wirksamen Methode des Stromabfischens verleiht man der Kunstfliege, kurz bevor sie bei ihrer Drift flußabwärts die Forelle erreicht, direkt stromauf gerichtete Bewegung (Abb. 51). Das geht folgendermaßen vor sich (angegeben für Rechtshänder):

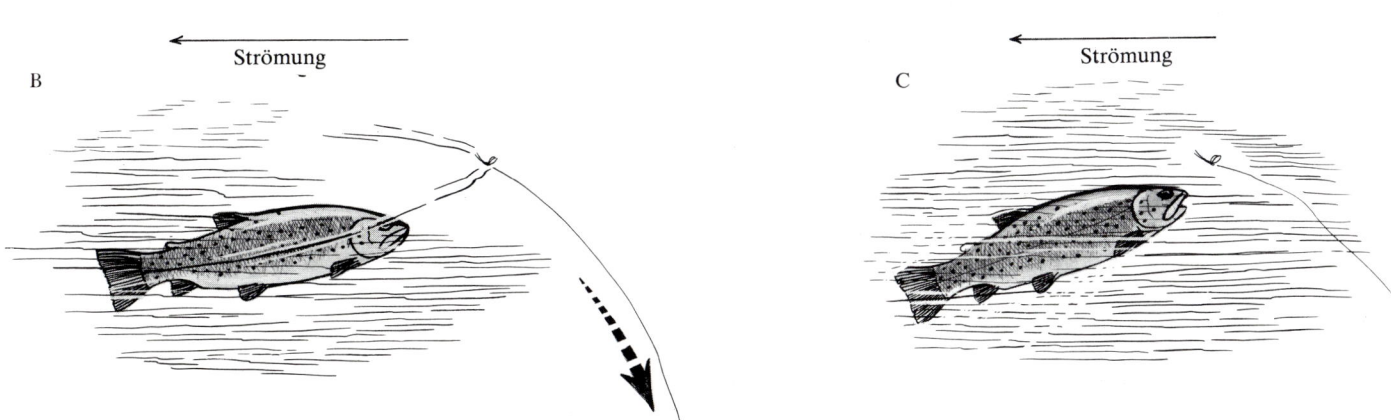

B Strömung   C Strömung

Angenommen, die Strömung verläuft von rechts nach links und Sie haben eine Forelle entdeckt, die in einiger Entfernung Insekten von der Wasseroberfläche nimmt. Zunächst stellen Sie sich etwas oberhalb des Fisches auf. Mit der auf der rechten Seite geführten Rute bringen Sie nun durch Leerwürfe soviel Schnur in die Luft, wie notwendig ist, um die Fliege 1 m jenseits und knapp oberhalb vom Fisch aufzusetzen. Dann schicken Sie im Zielwurf die Fliege auf die Reise und legen dabei Vorfach und Schnurende im Bogen von rechts nach links ab, *entweder* indem Sie den Wurf mit mehr als üblicher Kraft ansetzen, *oder* indem Sie die Schnur im letzten Moment des Schießenlassens, unmittelbar vor dem Auffallen, mit der Linken etwas anziehen.

Mit günstigem Wind und sehr viel Übung (denn dieser Wurf ist schwierig und gelingt nicht jedesmal) schwingt die Fliege am Vorfachende in einem unregelmäßigen, nach links gerichteten Bogen herum. Und wenn Sie die Entfernung richtig geschätzt hatten, dann wird der Meter Extraschnur, den Sie einschießen lassen, durch den Bogen verbraucht: Die Fliege landet in der richtigen Entfernung oberhalb vom Fisch, und die Vorfachspitze legt sich genau in Strömungsrichtung ab.

(Für den Bogenwurf bei von links nach rechts verlaufender Strömung müssen Sie den Wurf so ansetzen, als wollten Sie den Fisch absichtlich überwerfen, wenden aber statt mehr Kraft, wie beim vorher beschriebenen Wurf, etwas weniger Kraft an als normal. Mit einiger Übung gelingt es, die Kraft so abzuschätzen, daß der Impuls der Schnur für die erforderliche Wurfweite gerade ausreicht und das Vorfach stromab von der Schnurspitze locker auf das Wasser flattert. Bei beiden Würfen hilft natürlich ein flußabwärts wehender Wind.)

Welchen dieser Trickwürfe Sie auch immer angewandt haben, die Schnur liegt nun so auf dem Wasser, daß Vorfach und Fliege genau in Strömungsrichtung stromab auf den Fisch zeigen. Jetzt lassen Sie die Fliege mit der Strömung auf den Fisch zuschwimmen, und heben die Rute einen Augenblick lang an, wenn sie einen halben bis einen Meter vor dem Fisch angelangt ist. Dadurch wird die Fliege flußaufwärts gezupft. Sobald die Fliege ihre Bewegung ausgeführt hat – und es handelt sich nur um ein paar Zentimeter –, senken Sie die Rute wieder, damit die Fliege wieder ungehindert und natürlich abtreiben kann. Aber behalten Sie dabei die Nerven! Denn die Verlockung durch die gegen die Strömung schlitternde Fliege kann genauso tödlich wirken wie das Sawyer'sche «Reizen» (das «Aufsteigenlassen der Nymphe»), bei dem die Nymphe flußabwärts bewegt wird. Oft wirft sich der Fisch auf die Fliege wie aus der Kanone geschossen. Geschieht das, überlassen Sie ihm die Fliege durch Senken der Rutenspitze – heben Sie aber dann nach einer kurzen Pause energisch wieder an. Diese Anschlagweise ist beim Fischen mit der Trockenfliege stromab wichtig. Anders ist es sehr schwierig, die Fische sicher zu haken.

Nicht immer ist es möglich, der Fliege die beschriebene Bewegung zu verleihen. Steht der Fisch vor dem eigenen Ufer, dann muß die Fliege ihm auf direkter Bahn von oben her vorgeführt werden. Führen Sie die Rute dann möglichst flach, und lassen Sie die Fliege in gerader Linie oberhalb des Fisches aufsetzen. Sobald Sie überzeugt sind, daß der Fisch die Fliege sieht, halten Sie sie einen Augenblick an und senken dann die Rute. Auch diesmal lassen Sie dem Fisch die Fliege einen Moment, ehe Sie anschlagen. Mit einem scharfen Anschlag würden Sie den Fisch meist verfehlen oder höchstens lose haken.

Die flußab geworfene und aufwärts gezupfte Fliege erweist sich, sofern gestattet, besonders wirksam, wenn abends Köcherfliegen schwärmen, aber auch sehr fängig, wenn die Fische nach Eintagsfliegen steigen. Außerdem ist sie das beste Heilmittel für Fische, die es auf die erwähnten Selbstmörderfliegen abgesehen haben. Und natürlich für die Forellen, denen von unten her nicht beizukommen ist.

Das Stromabfischen mit der Trockenfliege ist zwar weit schwieriger als das Fischen stromauf, bietet aber einige Vorteile.

Vor allem bekommt der Fisch *die Fliege vor dem Vorfach* zu Gesicht. Im Kapitel über das Sehen der Fische wurde gezeigt, daß die Forelle das auf dem Spiegel liegende Vorfach sehr gut sehen kann, wenn Sie darauf achtet. Schwimmt jedoch als erstes die Fliege auf die Forelle zu, wird sie ihr Augenmerk vor allem auf die Fliege richten und sich auf deren Fußmuster konzentrieren und dürfte das Vorfach daneben kaum wahrnehmen.

Beim herkömmlichen Wurf stromauf fällt beim Aufsetzen der Fliege das Vorfach häufig in der Nähe der Forelle ein und durchschneidet Spiegel und Fenster. Wenn der Fisch scheu wird, dann eher durch eine Fliege, die am Ende eines dicht bei ihr durch den Oberflächenfilm dringenden Vorfachs heranschwimmt, als durch ein in der Strömung treibendes Vorfach, das hinter einer Fliege auftaucht, auf die er seine Aufmerksamkeit konzentriert.

Ein weiterer Vorteil des Wurfes stromab liegt darin, daß mit ihm Fische angegangen werden können, die stromauf unerreichbar sind. Er bietet eine Alternative bei der Pirsch zum Beispiel auf einen Fisch, der oberhalb eines Busches steht, oder auf unseren alten Freund vor dem Brückenpfeiler (Abb. 52). Er ist auch anwendbar bei Fischen, die ihren Platz über Schwellen und Wehrkronen haben, eine keineswegs seltene Ausgangslage, die den Angler zu verzweifelter Wut treiben kann. Ein solcher Fisch ist vor dem Wurf stromauf sicher, weil Fliege, Vorfach und Schnur von dem über die Absturzkante stürzenden Wasser sofort furchend stromab gerissen werden. Die stromab geworfene Trockenfliege wird mit all diesen Schwierigkeiten fertig.

Jedoch sind zwei Warnungen angebracht: Die eine betrifft die Annäherung an den Fisch, die andere das Vorfach.

Wir wissen jetzt, daß die Forelle scharfe Augen besitzt. Sie verfügt außerdem über beidäugige Sicht direkt voraus, und beim Wurf stromab, auf sie zu, wird sie Sie leicht entdecken, wenn Sie nicht vorsichtig sind. Auch wenn sie Sie selbst nicht bemerkt, sieht sie doch, sofern kein deckender Hintergrund vorhanden ist, Ihre überkopfgeschwungene Rute. Nur mit einem *weiten Horizontalwurf* werden Sie unter diesen Umständen auf Erfolg rechnen können.

Dann das Furchen. Beim Wurf stromab furcht die Fliege, wenn sie am Fisch vorbeigeschwommen ist, auf jeden Fall. Aber nicht allein die Fliege, auch Vorfach und Schnur furchen, sobald sie sich in der Strömung gestreckt haben. Beim Wurf stromab werden Sie deshalb nur selten mehr als eine einzige Chance haben. Wenn der erste oder der zweite Wurf nicht genau sitzt, holen Sie die Fliege lieber ein, bevor sie der Forelle zu nahe kommt, und werfen erneut.

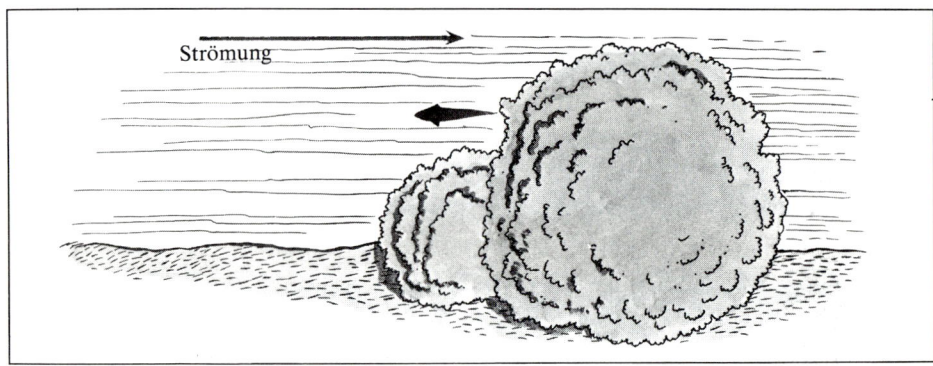

Abb. 52. Zwei offensichtliche Kandidaten für die stromab angebotene Trockenfliege – wo die Fischereiordnung dies zuläßt.

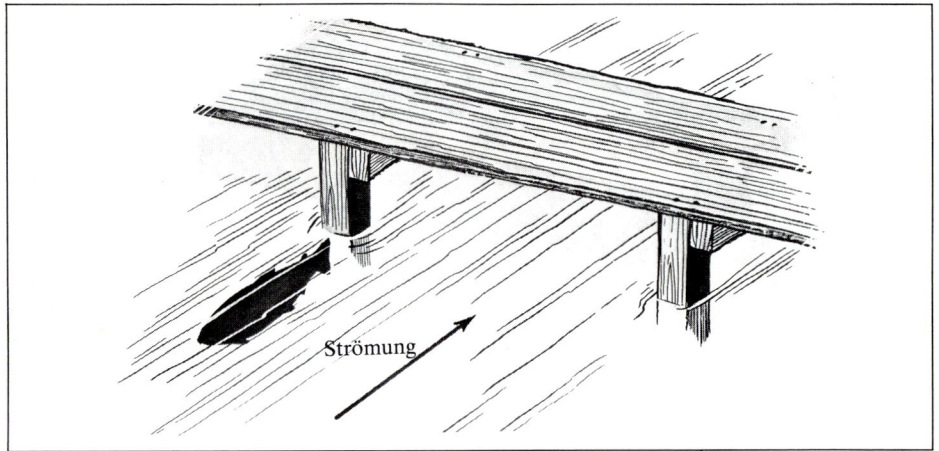

War der Wurf gelungen, und wurde die Fliege trotzdem nicht genommen, dann lassen Sie die Fliege weit vom Fisch vorbeitreiben, ziehen sie mit einem raschen Ruck der Rute unter Wasser und manövrieren sie auf die Seite. Damit nach einem Wurf direkt stromab die Fliege möglichst unauffällig eingeholt werden kann, empfiehlt sich ein längeres Vorfach.

Noch ein Letztes: Vermeiden Sie den Wurf *direkt* stromab möglichst. Wenn es irgend geht, versuchen Sie, eine Stellung einzunehmen, von der aus Sie *schräg* stromab werfen können. Der Wurf ist dann schwieriger, aber die Wahrscheinlichkeit, den Fisch zu vergrämen, besonders beim Einholen der Fliege, ist geringer.

Schwoienlassen der Fliege

Dies ist nur ein bescheidener Trick, der aber doch sehr nützlich sein kann – zum Beispiel beim Weitwurf schräg abwärts, oder wenn es wegen Gebüsch oder anderen Hindernissen am Ufer aller Anstrengungen bedarf, die Fliege überhaupt auf das Wasser zu bringen, und kein Platz für Wurfkünste ist.

Das Schwoienlassen (quer zur Strömung vorbeitreiben lassen) ist fast nur abends erfolgreich, wenn das Licht schwindet und Köcherfliegen schwärmen. Es verlangt eine gut schwimmende, gut gefettete Fliege, die auf den Hechelspitzen schwimmt, und ist einfach auszuführen. Werfen Sie schräg abwärts einen

Abb. 53. Schwoienlassen der Trockenfliege beim Wurf stromab: Man wirft A oberhalb und etwas jenseits vom Fisch an und läßt die Fliege dicht oberhalb des Standplatzes des Fisches schwoien (B); beim Anbiß senkt man die Rute und schlägt vorsichtig, aber energisch an.

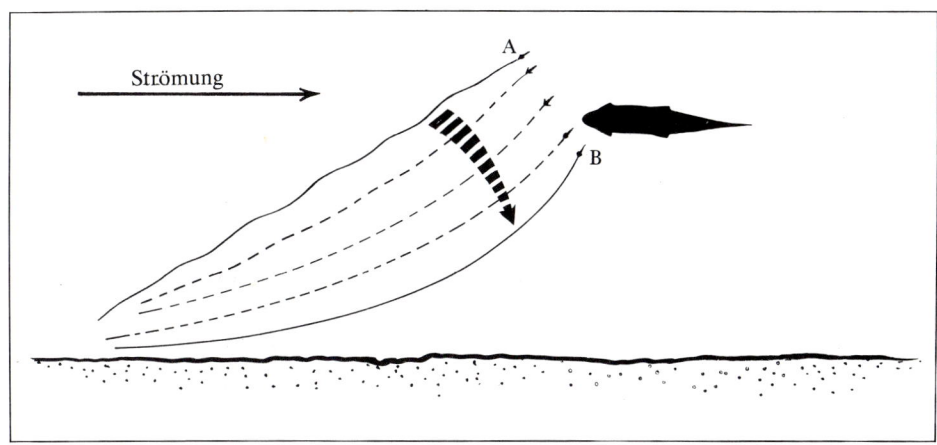

Zielpunkt etwas oberhalb und jenseits vom Fisch an (Abb. 53), und halten Sie die Rute dann so, daß die Fliege in weitem Bogen etwa 30 cm oberhalb des Fisches vorbeischwoit. Richten Sie sich darauf ein, daß der Biß an jeder Stelle des Bogens kommen und – stürmisch sein kann.

Manchmal gelingt es dabei nicht, den Fisch zu haken. Geben Sie dem Fisch hingegen vor dem Anschlag etwas lose Schnur, dann hängt er meist. Sehr häufig hakt sich ein auf diese Weise steigender Fisch selbst. Das Nehmen der schwoienden Fliege im Fluß entspricht etwa dem, was die Stillwasser-Angler als Schmetteranbiß bezeichnen.

Mit unseren vorstehenden Ratschlägen zum Stromabfischen mit der Trockenfliege möchten wir in keiner Weise dazu ermutigen, mit dieser Anbietetaktik das Wasser wahllos nach Fischen abzusuchen. Wir sehen im Stromabfischen mit der Trockenfliege jedoch eine sportliche, Geschicklichkeit verlangende, gezielte Fangweise auf ausgemachte Fische, deren Standplatz man kennt. So wie alle anderen von uns beschriebenen Methoden zum Angeln auf einzelne, ausgemachte Fische bestimmt sind.

Diese Technik hat durch den Amerikaner Leonard M. Wright jr. Eingang in die moderne Literatur gefunden. Ein Treffen mit Wright hat BC zu unseren eigenen Versuchen angeregt.

«Midge»-Fischen

Es gibt viele sehr kleine Wasser- und Landinsektenarten, die ihren Weg ins oder auf das Wasser finden. Von diesen sind die Zuckmücken und die Kriebelmücken die beiden für den Angler interessantesten Familien. Die Kriebelmücken (*Simulium* ssp.) sind den Fliegenfischern seit Jahrhunderten bekannt. In der alten Angelliteratur wurden sie oft als der «Black Curse» (Schwarze Fluch) bezeichnet, denn wann immer die Forellen nach ihnen stiegen, war kein Fisch zu fangen. Damals gab es noch keine Haken, die klein genug gewesen wären, um eine brauchbare Nachbildung dieser kleinen Fisch-Nährtierchen darauf zu binden. Auch heute noch sind selbst die allerkleinsten Haken noch zu groß dafür. Es ist jedoch durchaus möglich, ab und zu eine Kriebelmücken aufnehmende Forelle an allerfeinstem Gerät zu fangen, vorausgesetzt, man beherrscht die Bindetechnik soweit, um auch noch auf 26er oder 28er Haken eine brauchbare Nachbildung zustandezubringen.

Die Amerikaner haben diese Fangweise, die sie «Midge»-Fischen nennen, zu einer regelrechten Kunst verfeinert und verwenden dabei gespließte Gertchen von 6½ – 7½ Fuß (1,95 – 2,25 m) Länge von knapp 30 bis etwas über 80 Gramm Gewicht. Entsprechend zierlich sind auch Rolle und Schnur, und die verwendeten Vorfächer haben eine Spitzentragkraft von ¾ – 2 Pfund.

Viele Angler in Amerika betrachten das «Midge»-Fischen als die höchste Stufe des Fliegenfischens und sind der Ansicht, daß es die Geschicklichkeit des Anglers in nicht mehr zu übertreffender Weise auf die Probe stellt. Denn bei derartig feinem Gerät hat fraglos die Forelle das Heft in der Hand: Alles, was der Angler tun kann, ist, den Fisch (hoffentlich!) zu heften, ohne daß das Vorfach bricht, mit dem Fisch in Kontakt zu bleiben, ihn hoffentlich von Hindernissen fernzuhalten und ihn allmählich zu ermüden.

Die Amerikaner wenden die gleiche Taktik bei Forellen an, die nach Zuckmückenpuppen steigen, denn diese winzigen, im Oberflächenfilm abtreibenden Tierchen sind an vielen alkalischen Fließgewässern in Amerika weit verbreitet. Selbst in Großbritannien sind Zuckmücken heute viel häufiger und weiter verbreitet als früher, und auch wir hatten schon oft das anregende Vergnügen, Zuckmücken aufnehmende Forellen zu befischen.

Die Larven der Zuckmücken leben im Schlamm oder Feinsand des Flußbettes. Ihre sprunghafte Zunahme innerhalb der letzten etwa zehn Jahre, insbesondere an unseren Kalk- und Kreideflüssen, ist zweifellos auf zwei Ursachen zurückzuführen: stärkere Belastung mit organischen Schmutzstoffen und stärkere Schlammablagerung als Folge durch Wasserableitung verminderter Strömungsgeschwindigkeit.

Die bei uns wohl häufigsten Puppen sind etwa 3 mm lang und variieren in der Färbung je nach Art zwischen Grün und Orangebraun bis beinahe Schwarz. Man kann sie hinreichend genau mit farblich auf die jeweils vorkommenden Arten abgestimmten Puppenmustern auf 18er bis 20er Haken nachahmen, notfalls auch mit entsprechend winzigen Nymphenmustern. Diese ziemlich kleinen Puppen treiben ganz knapp unterhalb des Oberflächenfilms mit der Strömung daher und sind aus diesem Grunde so gut wie nicht zu sehen. Das Schlüpfen der fertigen Mücken ist unglücklicherweise ebenso schwierig auszumachen, denn sie fliegen nach Verlassen der Puppenhaut sehr schnell von der Wasseroberfläche auf. Wann immer man eine hochstehende Forelle scheinbar unsichtbare Fliegen einschlürfen sieht, kann man fast sicher sein, daß sie entweder Kriebelmücken oder irgendwelche Mückenpuppen aufnimmt.

Einen Vorbehalt möchten wir aber hinzufügen. Unserer Ansicht nach ist der Einsatz ultrafeiner Ruten und spinnwebdünner Vorfächer beim normalen, d.h. nicht durch die Umstände diktierten, Befischen großer Fische nicht nur eine schlechte Angewohnheit, sondern eine ausgesprochen *unsportliche* schlechte Angewohnheit. Kein Fisch sollte mit Gerät befischt werden, das unter den obwaltenden Umständen gar nicht erlaubt, ihn zu landen.

Teil IV

Nachahmen:

Angler, Forelle und Fliege

12 Ausgangspunkt: Auf dem Weg zur perfekten Fliege

Die vollkommene Fliege ist noch nicht erfunden, und wir bezweifeln, daß sie je erfunden werden wird. Vielleicht ist dies ganz gut so, denn mit das fesselndste Teilgebiet des Fliegenfischens ist die ständige Herausforderung und der Spaß beim Experimentieren am Bindestock. Zweifellos hat die starke Verbreitung des Fliegenfischens über die ganze Erde zusammen mit den in den letzten zehn Jahren auf dem Markt erschienenen Kunststoffen aller Art gewaltige Verbesserungen der Kunstfliege ermöglicht. Es ist wahrscheinlich richtig, wenn man sagt, daß wir auf dem Gebiet der Unterwasserfliegen näher als je zuvor an die perfekte Fliege herangekommen sind. Manche modernen Nymphen- und Puppenmuster sind so lebensecht, daß sie ohne Hakenbogen und Spitze schwer von den natürlichen Vorbildern zu unterscheiden wären.

Vollkommene naturgetreue Wiedergabe ist jedoch keineswegs die endgültige Lösung der Probleme des Anglers, wie viele unserer führenden Fliegenbinder erkannt haben. Mit Sicherheit ist bewiesen worden, daß Muster, die gewisse Schlüsseleigenschaften der natürlichen Vorbilder betonen oder gar *übertreiben*, oft wirksamer sind als Muster, die lediglich *aussehen*, wie das natürliche Vorbild. Zudem wissen wir alle, daß man zu gewissen Zeiten mit Fliegen, die Nachahmungen natürlicher Insekten sind, Erfolg haben kann, wenn man sie in ganz uncharakteristischer Weise einsetzt – sie im besonderen viel schneller führt, als sich das natürliche Vorbild je bewegt. Das Problem ist demnach verwickelt, und der Fliegenbinder muß auf dem weiten Weg zur Vollkommenheit lernen, vielerlei Faktoren in Betracht zu ziehen.

Auf Grund der umfangreichen Untersuchungen, die wir bei den Vorarbeiten zum vorliegenden Buch vorgenommen haben, sind wir zu dem Schluß gelangt, daß das bei weitem schwierigste Problem des Fliegenbinders die Entwicklung von Fliegenmustern ist, die die vielen Arten von geflügelten Insekten erfolgreich nachahmen, die von der Forelle an der Wasseroberfläche genommen werden. Bei der Entwicklung von Mustern für das Fischen unter Wasser geht es einfach (!) um direkte Ähnlichkeit, verbunden mit richtiger Führung, am richtigen Platz, zur richtigen Zeit, in der richtigen Tiefe.

Das Problem, einer vorsichtigen Forelle einen mit Federn, Wolle und Lametta geschmückten Haken *auf der Wasseroberfläche* so anzubieten, daß sie sich täuschen läßt, ist seit den Anfängen unseres Sports eine echte Herausforderung des Fliegenfischers geblieben.

Die Geschichtsschreiber des Fliegenfischens haben festgestellt, daß die Entwicklung der Oberflächenfliege in der ersten Hälfte des 19. Jahrhunderts begann, unter anderem als Folge der Herstellung besserer Haken. Die bis dahin gebräuchlichen Haken waren auch bei Verwendung bestschwimmenden Bindematerials zu grob und schwer. Weitere Fortschritte wurden zwar gemacht, doch erst mit dem Erscheinen des bedeutenden, aber auch umstrittenen F.M. Halford auf der Fliegenfischerszene in der zweiten Hälfte des 19. Jahrhunderts kam die Trockenfliege, so wie wir sie kennen, in Gebrauch. Sein erstes Buch «Floating Flies and How to Dress Them» («Schwimmende Fliegen und ihre Bindeweise») war vielleicht der größte Meilenstein in der Angelgeschichte, und der puristische Kult der Trockenfliege, den dieses Werk hervorrief, hat sich in manchen Gegenden bis heute erhalten. Die vielen, zarten, lebensechten Fliegenmuster, die Halford entwickelte, waren Meisterwerke der Fliegenbindekunst, und einige seiner Bindeweisen sind auch heute noch weithin in Gebrauch.

So außergewöhnlich Halfords Muster waren, der große Mann machte unglücklicherweise den Fehler, die Farben seiner Kunstfliegen so auf die Farben der natürlichen Vorbilder abzustimmen, wie sie von oben betrachtet im direkten Licht gegen einen weißen Hintergrund erscheinen. Außerdem sind viele der von ihm verwendeten Körpermaterialien – Flockseide, Pferdehaar, Kiel und ähnliches – undurchsichtig und erscheinen von unten gegen die Wasseroberfläche betrachtet dunkel und «leblos». Erstmals mit dem Buch von I.W. Dunne: «Sunshine and the Dry-Fly» («Sonnenschein und die Trockenfliege») in den frühen zwanziger Jahren wurde ein neuer Weg beschritten.

Bei seinem Erscheinen verursachte Dunnes Buch eine Sensation, denn er verwarf nicht nur den Typ der Halfordschen Fliegen mit undurchsichtigem Körper, sondern entwickelte auch eine neue Theorie zugunsten von vollkommen durchsichtigen Fliegenkörpern, die er nicht nur glänzend darlegte, sondern auch mit einer ganzen Musterreihe in die Praxis umsetzte. Von unten gegen die Sonne betrachtet waren sie in der Tat durchsichtig, was Dunne dadurch erreichte, daß er den Hakenschenkel weiß lackierte, den Körper mit einer besonderen Art Kunstseide band und mit Paraffin tränkte. Mit diesen Mustern wurden zwar Forellen gefangen, im Lauf einiger Jahre stellte es sich jedoch heraus, daß sie kaum fängiger waren als die Standardfliegen, dafür aber viel zeitraubender zu binden. So starben sie eines natürlichen Todes.

In neuerer Zeit ist fluoreszierendes Bindematerial in Gebrauch gekommen. Wir haben keine moralischen Bedenken gegen diese Materialien, nur macht es uns Schwierigkeiten, die richtigen Farben herauszufinden. Unsere Experimente mit den Körpern natürlicher, auf dem Wasser schwimmender Insekten aus der Sicht der Forelle ergaben, daß der Körper einmal durchsichtig und ein andermal undurchsichtig erscheint, je nach seiner Stellung im Fenster sowie der Stärke und dem Einfallswinkel des Lichtes. Das führte uns zu der Schlußfolgerung, daß Körper aus Flusen und Federfibern – den beiden traditionellen Körpermaterialien – wahrscheinlich zur Zeit diejenigen sind, die diesen wechselnden Bedingungen am besten entsprechen. Wie schon die Angler früherer Zeiten erkannt hatten, geben diese Stoffe dem Körper der Fliege lebendigen Glanz, sind hinreichend durchsichtig und nehmen leicht Schwimmfett an. Wir meinen, daß auch Kiel brauchbar ist. Kielkörper sind zwar undurchsichtig, für Spinner-Nachbildungen jedoch vertretbar, denn die Forelle bekommt sie stets frühmorgens oder spätabends, bei schlechter Beleuchtung, zu Gesicht.

Nach dieser Aufzählung einiger Schwierigkeiten, die der Körper der Trockenfliege dem Binder bereitet, wollen wir uns dem allerschwierigsten Problem zuwenden – der Frage, wie eine Kunstfliege gebunden sein muß, damit sie so hoch auf der Wasseroberfläche sitzt, daß ihr Leib diese kaum berührt: genau so, mit anderen Worten, wie das natürliche Insekt der Forelle von ihrem Standplatz aus erscheint.

Das natürliche Vorbild, besonders die an der Wasseroberfläche frischgeschlüpfte Dun, schwimmt hoch und trocken wie Distelflaum. Und sofern die Oberflächenhaut nicht sehr dünn ist, vermag die Fliege ihr Körpergewicht mit den Beinen abzustützen und den Körper ganz oder zum großen Teil in der Luft zu halten. Wie im Kapitel über die Sehfähigkeit gezeigt und durch Fotos erläutert wurde, ist die Dun, solange sie sich im Bereich des Spiegels befindet, für die Forelle so gut wie unsichtbar, wenn man von den winzigen Lichteindrükken absieht, die ihre Füße dort erzeugen, wo sie das Wasser berühren. Die gleiche Wirkung mit einer auf herkömmliche Weise gebundenen Kunstfliege zu erzielen, ist – wie ohne weiteres einzusehen – nahezu unmöglich, weil das Gewicht des Angelhakens den Körper der Fliege ins Wasser drückt. Dazu kommt, daß die in traditioneller Weise hinter dem Öhr um den Hakenschenkel gewundene Hechel, die die Beine und Flügel des natürlichen Insektes nachahmen soll, die Wasserhaut auf unnatürliche Weise durchbricht und zudem die Färbung des Körpers überdeckt.

Im Lauf der Jahre sind zahllose Versuche unternommen worden, einige der mit all dem verbundenen Probleme zu lösen. So entwickelte anfangs dieses Jahrhunderts ein gewisser Dr. Baigent eine neue, «Refracta-Fliegen» genannte Kunstfliegen-Serie, bei der mit Hilfe einer sehr kurzfibrigen, steifen, kurzflaumigen Hahnenhechel die Beine des natürlichen Insektes nachgeahmt wurden. Über diese wurde als Schwimmhilfe eine sehr langfibrige, feinflaumige Hechel gewunden. Obgleich damit einige der erwähnten Nachteile vermieden wurden, konnte auch diese Bindeweise nicht verhindern, daß der Hakenbogen das Schwänzchen der Fliege ins Wasser zog, so daß diese Fliegen schließlich in Ungnade fielen. – Die Palmer-Bindeweise ist ein weiterer dieser Versuche. Bei ihr wird die Hechel spiralförmig über die ganze Körperlänge gewunden. Palmer sind immer beliebt gewesen, sie schwimmen schön hoch auf dem Wasser, sind aber auf glatter Wasseroberfläche nur selten erfolgreich, weil das Allzuviel an Hechel einen schlechten Umriß ergibt. Der amerikanische Fliegenfischer Vincent Marinaro entwickelte unlängst einen neuen Bindestil, der etwas an die alte Palmer-Bindeweise erinnert. Nur wird die Hechel unregelmäßig zum Kopf und Schwanz abgespreizt gebunden. Dieser Bindestil ist bis zu einem gewissen Grad erfolgreich, vor allem bei kleinen Hakennummern. Auch er hat jedoch keinen besonderen Anklang gefunden, vielleicht weil so gebundene Fliegen etwas zerzaust aussehen.

Eine andere, zunächst etwas ungewöhnlich anmutende Fliege ist die vor vielen Jahren erfundene Fallschirmhechelfliege. Bei ihr wurde die Hechel erstmalig horizontal über dem Körper gebunden, so daß die fertige Fliege einen Umriß erhält, nicht unähnlich einem Hubschrauber im Flug. Mit ihr ist zwar ein sehr zartes Aufsetzen beim Wurf möglich, die Bindeweise ergibt auch einen von unten, aus dem Wasser gesehen, ausgezeichneten Umriß mit Lichtpünktchen, doch leider liegt der Körper unter der Hechel, wie es beim natürlichen Insekt nie zu sehen ist.

Das andere Extrem bilden die Kunstfliegen ganz ohne Hechel (wie die bekannte Hasenohrfliege), die schon seit langem im Gebrauch sind. Unlängst veröffentlichten zwei amerikanische Fliegenfischer, Swisher und Richards ein Buch mit dem Titel «Selective Trout» («Wählerische Forellen»), in dem sie eine Art von hechellosen Fliegen bekannt machten. Diese neuen, als «No-Hackle-Duns» bezeichneten Fliegen sind geschickt gebunden und haben Pelzkörper für gute Schwimmfähigkeit sowie Flügel für richtigen Umriß. Die Verfasser behaupten, daß ihre Fliegen in aufrechter Haltung schwimmen und, korrekt gebunden, außerordentlich fängig seien. IG hat sie ausgiebig ausprobiert, jedoch mit wenig Erfolg. Er hatte vor allem große Schwierigkeiten, sie dazu zu bringen, zuverlässig in aufrechter Haltung zu schwimmen. Hingegen erwiesen sie sich als sehr fängig auf Forellen, die hauptsächlich auf Fehlstarter – Duns, die Pech beim Schlüpfen hatten und in der Wasserhaut gefangen sind – stiegen.

In allerjüngster Zeit hat die Einführung des Kielhakens (engl.: *keel hook*, wegen der Schiffskiel-Form) das Binden interessanter Trockenfliegen-Typen ermöglicht. Mit ihm ist eines der Hauptprobleme des nach Perfektion strebenden Fliegenbinders lösbar geworden – das Problem, daß Hakenbogen und -spitze ins Wasser hängen. Leider haben diese Haken jedoch auch einen schwerwiegenden Nachteil. Der niedrige Schwerpunkt der Fliege, der es zuwegebringt, daß sie mit der Hakenspitze nach oben auf dem Wasser aufsetzt, hat auch zur Folge, daß Hakenschenkel und damit der Körper der Fliege unter die Wasserhaut gedrückt werden – eine, wie wir oben auseinandergesetzt haben, höchst unerwünschte Eigenschaft für eine Trockenfliege, die eine eben geschlüpfte Dun nachahmen soll. (Nicht unerwünscht ist dieser Nebeneffekt natürlich bei einer Fliege, die flach in der Wasserhaut schwimmt. Bei einigen unserer flach im Oberflächenfilm zu fischenden neuen Muster haben wir Gebrauch davon gemacht.)

Dieses langsam tastende Suchen nach der vollkommenen Fliege dauert nun schon – nur die systematische Entwicklung gerechnet – mehr als hundert Jahre an. Mit gutem Grund müssen wir uns im Hinblick auf diese langandauernden Anstrengungen anglerischen Erfindergeistes ernsthaft fragen, ob wir noch etwas Neues anzubieten haben und es uns gelungen ist, die Kunst, natürliche Insekten an einem Metallhaken nachzuahmen, einen kleinen Schritt weiterzubringen. Fürs erste wären wir damit zufrieden, ein wenig zu weiterem Nachdenken über die damit zusammenhängenden Probleme angeregt zu haben.*

* Dem interessierten Fliegenfischer sei hier das Werk: Klaus v. Bredow «Das große Buch vom Fliegenbinden» empfohlen, erschienen im Albert Müller Verlag, Rüschlikon-Zürich, und in jeder guten Buchhandlung erhältlich. In ihm sind die Ergebnisse von Clarke/Goddard auch berücksichtigt. (Anmerkung des Verlages.)

13 Ziel: Was wir erreichen wollten – und warum

Als Ergebnis unserer Experimente und Beobachtungen unter Wasser haben wir eine Serie künstlicher Fliegen entwickelt, die nach unserer Meinung mehr als alles, was wir bisher gesehen und von dem wir bisher gehört haben, dem Bild der natürlichen Fliege entspricht, *wie die Forelle sie sieht.*

(Wir möchten jedoch hervorheben, daß wir im Lauf der Entwicklung unserer neuen Fliegentypen in unsere Muster und neuen Bindetechniken viele der in den letzten Jahren auf dem Gebiet der naturgetreuen Nachahmung erfolgten schrittweisen Verbesserungen übernommen haben.)

Was unsere Absicht anging, mittels unserer neuen Fliegentypen die Dun nachzuahmen, hatten wir uns folgende Entwicklungsziele gesetzt:

a. eine Fliege, die gut schwimmt;

b. eine Fliege, die bei mindestens 80 Prozent der Würfe in richtiger Haltung aufsetzt (was wesentlich mehr ist, als man von den meisten Flügelfliegen, die in den vergangenen hundert Jahren entwickelt wurden, sagen kann);

c. eine Fliege, die von unten aus dem Wasser heraus betrachtet einen Umriß aufweist, der dem des natürlichen Vorbildes sehr ähnlich ist;

Und am allerwichtigsten:

d. eine Bindeweise, die den Körper der Fliege über der Wasseroberfläche hält;

e. *eine Fliege, die das zeigt, was wir für die Schlüsselauslöser des Steigens der Forelle halten: die sternförmigen Lichtpunkte der Fußeindrücke des natürlichen Vorbildes im Oberflächenfilm, wie sie der Fisch im Spiegel sieht, und Flügel, die im Ringrand des Forellenfensters in ähnlicher Weise auftauchen, wie die Flügel der natürlichen Dun.*

Bei unserer Spinnernachahmung ging es uns vor allem darum, eine Fliege zu entwickeln, die den Anforderungen (a), (b) und (c) genügte und die (d) so gebaut war, daß der Körper flach im Oberflächenfilm liegt, genau wie beim natürlichen Spinner.

Nach vielem Experimentieren und einigen Dutzend verworfenen Prototypen haben wir schließlich eine Fliegenserie entwickelt, die jede einzelne der oben aufgezählten Anforderungen erfüllt und zahlreiche kleinere Feinheiten aufweist.

Die Dun-Nachbildung z.B. hat, wie weiter unten noch im einzelnen erklärt wird, eine Flügel/Hechel-Kombination, die bewirkt, daß die Fliege so auf das Wasser fällt, wie wir dies haben möchten.

In bezug auf den Spinner möchten wir zwei Dinge erwähnen. Erstens bestehen die *Flügel* aus Polyäthylen mit winzigen Löchern und Einbuchtungen. Die Löcher halten kleine Luftbläschen fest und lassen Licht nach unten zur Forelle durch in genau der gleichen Weise wie die Flügel des natürlichen Spinners – Flügel, die kreuz und quer von Adern durchzogen sind, wodurch Einbuchtungen gebildet werden, die Luft festhalten. *Ohne* die Löcher läßt Polyäthylen ein *annähernd* richtiges Lichtmuster nach unten ins Wasser dringen, *mit* ihnen ist das Lichtmuster genau richtig. Die Löcher sind unser Gegenstück zur Flügeläderung des natürlichen Insekts – und diese Flügel sind erstaunlich wirksam.

Als zweites haben wir versucht, die *Schwanzfäden* der Kunstfliege zu verbessern. Von unten als Silhouette im Fenster gesehen, haben die Schwanzfäden des natürlichen Insekts eine ganz bestimmte Form, die durch das übliche Bündel Hechelfibern denkbar schlecht nachgebildet wird.

Da der Hakenbogen bei unserem Spinnermuster ganz außerhalb des Wassers liegt und die Fallschirmanordnung von Hechel und Flügeln für ausreichende Schwimmkraft sorgt, konnten wir die Schwanzfäden naturähnlicher machen. Daß uns dies gelungen ist, dürfte aus den Fotos auf Seite 96 hervorgehen. Aus den verschiedensten Blickwinkeln von unter Wasser ist unser Spinnermuster vom natürlichen Vorbild *nicht zu unterscheiden*.

Die neuen Dunmuster haben wir Upside down (kurz USD)-Paradun genannt. Das Spinnermuster bekam wegen seiner Flügel die Bezeichnung USD Polyspinner.

Als Ergänzung zu den neuen Mustern für das Fischen *stromauf* – als bewegungslos treibende Trockenfliegen – haben wir einige auf der Wasseroberfläche schwimmende Muster, denen *Bewegung* zu verleihen ist, entwickelt, vor allem zum Fischen *stromab* (s. dazu Kap.11).

Unsere Liste enthält außerdem einige neue Nymphen, Puppen, Flohkrebse und Ähnliches, die sich – in der beschriebenen Weise geführt – als sehr fängig erwiesen haben. Einige dieser Muster stammen von uns, andere sind von Freunden entwickelt worden, bei einigen handelt es sich um altbewährte Favoriten.

Alle USD Paraduns und Polyspinner wurden unter Anwendung unserer im Labor und unter Wasser gewonnenen Erkenntnisse entwickelt: unter Berücksichtigung der eingangs geschilderten Verhaltens- und Sehweise der Forelle. Sie sind an den verschiedensten Flüssen, mit manchmal spektakulärem Erfolg, getestet worden.

Wir bilden uns nun nicht ein, die perfekte Fliege erfunden zu haben, denn zum Glück (ehrlich!) passiert es hin und wieder, daß die Forellen ihr Geheimnis für sich behalten und auch unsere Muster versagen. Andererseits waren sie aber vielfach auch dann sehr erfolgreich – wenn die üblichen Fliegen versagten.

Vielleicht liegt der wahre Wert unserer Muster darin: Sie sind so etwas wie ein Präzisionsgewehr (wenn der Vergleich erlaubt ist) für den Einsatz auf solche Ziele, die mit der Schrotflinte der herkömmlichen Fliegentypen nicht zu treffen sind.

Die herkömmliche, mit der Hechel um den Schenkel gebundene Fliege wirkt zweifellos bei den meisten Fischen. Es gibt jedoch noch andere, durch Erfahrung gewitzte, aber auch *höchst begehrenswerte* Fische, die auf eine solche simple Fliege nicht hereinfallen und etwas mehr verlangen.

Unsere Fliegen haben bewiesen, daß sie häufig mehr zu bieten haben, vor allem der Forelle, aber auch dem Angler, der diese fangen möchte, wie auch dem begeisterten Fliegenbinder, der *seine* Befriedigung darin findet, eine Fliege zu binden, die dem natürlichen Vorbild aus der Sicht der Forelle so nahe kommt, wie dies nach unseren heutigen Erkenntnissen möglich ist.

Bevor wir die Bindeweisen beschreiben, möchten wir eines mit Nachdruck wiederholen: Wir meinen nicht, daß die nach unserer Bindeweise gebundenen Fliegen die herkömmlichen Fliegentypen ersetzen können. Wir sehen sie als

Ergänzung zu den herkömmlichen Fliegen. Und gewiß erwarten wir, daß im Lauf der Zeit noch weitere Verbesserungen gemacht werden, vor allem hinsichtlich der von uns benutzten Materialien. Insbesondere hoffen wir auf Verbesserung beim Flügelmaterial für die Duns. Wir verwenden dazu bislang Ausschnitte aus der Mitte von Hahnen- und Hennenhecheln, weil wir damit den Flügeln jene Auswärtsbiegung verleihen können, die bewirkt, daß die Fliege in aufrechter Haltung auf dem Wasser landet. Leider sind derartige Hechelausschnitte etwas steifer, als es für ein Flügelmaterial von Trockenfliegen erwünscht ist. Hier müßte die Suche nach anderen Materialien einsetzen.

Jeden Augenblick ... BC konzentriert sich auf «seinen» Fisch (Reproduktion mit Erlaubnis von *Sunday Times*)

14 Lösung: Die Bindeweisen der neuen Fliegenmuster

Die USD Paraduns

Die USD Paraduns werden an feindrähtige Standardhaken mit aufwärts gebogenem Öhr in Größen und Farben gebunden, die dem jeweils schlüpfenden Insekt entsprechen.* Ihr auffallendstes Merkmal besteht darin, daß sie verkehrt gebunden werden und auf einer Fallschirmhechel stehen, die auf der Unterseite des Hakens angebracht wird. Diese Bindeweise ist das unmittelbare Ergebnis unserer Beobachtungen natürlicher Duns von unter Wasser (s. Teil II). Bei der im Fallschirmstil umgekehrt eingebundenen Hechel liegen die Fibern ausgebreitet auf dem Wasser und erzeugen Eindrücke im Wasserfilm und Lichtfünkchen, ähnlich den Fußeindrücken der lebenden Dun im Spiegel. *Was jedoch noch wichtiger ist: Bei dieser Bindeweise bleibt der Körper der Dun-Nachbildung über Wasser, genau so wie der Körper vieler natürlicher Duns.*

Die Flügel, die mit einer Flügelstanze aus dem oberen Teil einer Qualitätshechel ausgestanzt werden, sollten etwas länger sein als bei einem Dun-Standardmuster. Sie werden auf der Hakenseite *gegenüber* der Hechel eingebunden und mit einer ausgeprägten Auswärtsbiegung versehen, wie die Flügel einer «Fan Wing»-Maifliege. Diese auswärts gebogenen Flügel wirken wie kleine Stabilisatoren und bewirken, daß die Fliege mit der Hakenspitze nach oben auf dem Wasser landet, trotz der Fallschirmhechel auf der anderen Seite. Die Länge der Fallschirmhechel und die Anzahl der Hechelwindungen sind sehr wichtig: Zu wenige Windungen ergeben eine schlecht schwimmende Fliege und zu viele heben die stabilisierende Wirkung der Flügel auf. Außerdem muß die Hechel so gewunden werden, daß ihre Fibern in einer Ebene liegen. Nach unten herausstehende Fibern müssen weggeschnitten werden, weil die Fliege sonst nicht in aufrechter Haltung *auf* der Wasseroberfläche schwimmt. Mit etwas Erfahrung gelingt es bald, Länge und Breite der Flügel und die Dichte der Hechel

*Hierfür hat JG kürzlich einen Spezialhaken entwickelt: Partridge K5ST (Anm. des Übersetzers).

Die USD Paradun von der Seite, von vorne und von oben

aufeinander abzustimmen. Bei mehr als acht von zehn Würfen wird die Fliege dann in der richtigen Schwimmhaltung aufsetzen.

Für die Schwanzfäden der größeren Muster verwenden wir zwei oder drei Barthaare der Bisamratte oder vom Nerz, entsprechend der Zahl der Schwanzfäden der Dun, die wir imitieren wollen. Sie sollten in gespreizter Stellung, wie bei der natürlichen Fliege, eingebunden werden. Wir glauben, daß es sich lohnt, wenn man sich auch in diesem Punkt an die Natur hält. Dies gilt besonders für die Spinnermuster, die später folgen. Auch sind diese Barthaare – oder der dafür vorgeschlagene Ersatz – viel stärker und dauerhafter als die üblichen Hechelfibern. Nun sind zwar weiche Barthaare unserer Meinung nach nahezu ideal für Schwanzfäden von Trockenfliegen, da sie stark und doch sehr fein und biegsam sind und auch spitz zulaufen. Trotzdem haben wir bei den kleineren Mustern der Paraduns auf kräftige Bündel von Hechelfibern zurückgegriffen. Sie werden ziemlich weit auf dem Hakenbogen eingebunden, um sicherzustellen, daß die Fliege mit dem Haken nach oben aufsetzt. Bei diesen kleinen Fliegen reicht die Flügelfläche nicht aus, um die Fliege stets mit dem Haken nach oben auf dem Wasser landen zu lassen. Barthaarschwänzchen lassen sich mit wasserfesten Filzstiften anfärben.

Wir bringen drei verschiedene Binderezepte für dieses neue Muster, doch können selbstverständlich beliebig viele Muster mit der gleichen Technik gebunden werden, um weitere, an einem bestimmten Fischwasser häufig vorkommende Duns nachzuahmen.*

Bindeweise der USD Paraduns
Es ist vielleicht gut, gleich hier darauf hinzuweisen, daß diese Fliegen keineswegs einfach zu binden sind. Der Fliegenbinder sollte deshalb alle Grundbegriffe des Handwerks beherrschen, wenn seine Fliegen gut werden sollen. Um Zeit und Arbeit zu sparen, empfiehlt es sich, diese Fliegen für besonders schwierige Forellen zu reservieren.

Nach dem Anwinden der ersten Bindefadenlage bis zum Hakenbogen wird der Haken vorübergehend so im Bindestock umgespannt, daß der Schenkel schräg abwärts zeigt. Das erleichtert das Einbinden der Schwanzfäden sehr, weil diese bei den USD Paraduns ziemlich weit auf dem Hakenbogen und stark gespreizt gebunden werden sollten (damit die Fliege in aufrechter Stellung aufsetzt).

---

* Nachdem das Manuskript dieses Buches fertiggestellt war, sind wir darauf aufmerksam gemacht worden, daß Hal Janssen, ein berühmter amerikanischer Angler, im Jahre 1973 einen Aufsatz über eine von ihm erfundene und «The stalker» genannte Fliege veröffentlicht hatte. Die Bindeweise dieser Fliege ist so ähnlich unserer USD Paradun – der Gedanke läßt erstaunen, daß Fischer in entgegengesetzten Teilen der Welt innerhalb von ein oder zwei Jahren zur gleichen Lösung desselben Problems gelangten, nach hundertjahrelangen Bemühungen auf diesem Gebiet. Wir möchten jedoch darauf hinweisen, daß sich Janssens Bindeweise in zwei wichtigen Punkten von unserer unterscheidet. Wir fanden, daß die starke Biegung nach außen, die wir den Flügeln unseres Musters geben, die unabdingbare Voraussetzung dafür ist, daß die Fliege in der richtigen Stellung auf dem Wasser landet. Ohne diesen kleinen, aber wichtigen Unterschied ist die Wahrscheinlichkeit, daß die Fliege richtigerweise mit den Hecheln aufsetzt, wesentlich geringer. Außerdem fanden wir, daß ziemlich weit auf dem Hakenbogen eingebundene Schwanzfäden ebenfalls dazu beitragen.

Binden Sie nun das Körpermaterial ein – den Rippfaden und alles was für den Körper benötigt wird. Binden Sie als nächstes die Nylonschleife ein, auf die später die Fallschirmhechel gewunden wird. Ist die Schleife fertig, binden Sie links von ihr und so dicht neben ihr wie möglich die Hechel ein. Sorgen Sie dafür, daß die Hechel im rechten Winkel zum Hakenschenkel steht und schneiden Sie das Stammende weg. Nun kann der Körper hergestellt werden – doch nur bis zur Einbindestelle der Hechel. Das überschüssige Körpermaterial darf nicht weggeschnitten werden, denn Sie brauchen es später noch. Jetzt wird der Körper gerippt und der Rippfaden an der gleichen Stelle abgebunden wie das Körpermaterial, der Überhang aber diesmal weggeschnitten.

Für die nächsten Handgriffe wird der Haken im Bindestock umgedreht und das Flügelpaar mit einer Achterwindung und etwa 90 Grad aufgespreizt eingebunden, daß es aufrecht oder leicht nach vorn geneigt steht und sich V-förmig nach oben öffnet. Schneiden Sie die Flügelstummel weg und führen Sie dann eine Zausnadel auf der Außenseite jedes Flügels unter schwachem Druck von unten nach oben, so daß eine kräftige Biegung nach außen entsteht, und befestigen dann die Fliege wieder in normaler Stellung im Bindestock. Binden Sie nun mit dem von früher noch abhängenden Körpermaterial den Rest des Körpers und die Brust und schneiden die Überhänge weg. Als letztes muß nun noch die Fallschirmhechel um die Nylonschleife gewunden, das Hechelende durch die Schleife gesteckt und diese Schlinge zugezogen werden.

Ein Bindegalgen ist bei diesen letzten Operationen eine wertvolle Hilfe.

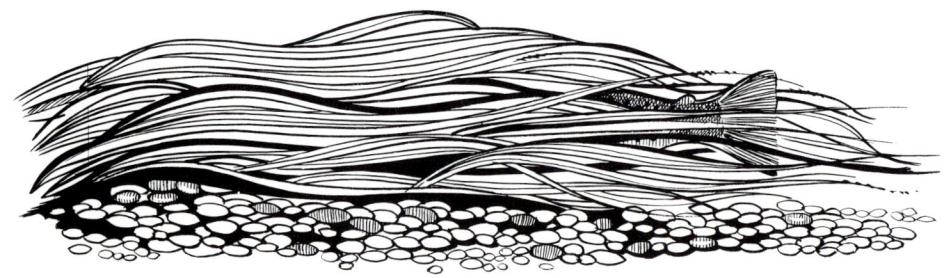

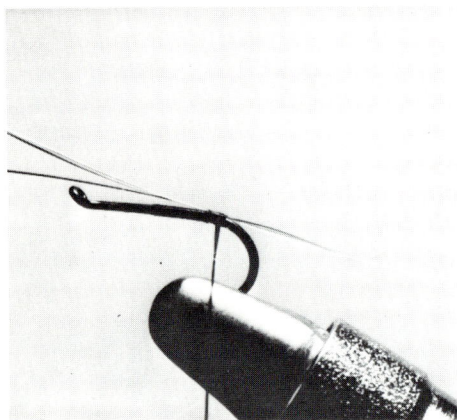

1 Winden Sie den Bindefaden an den Hakenschenkel an und ein gutes Stück auf den Hakenbogen. Binden Sie 2 oder 3 Bartfäden oder ein Bündel Hechelfibern als Schwänzchen ein.

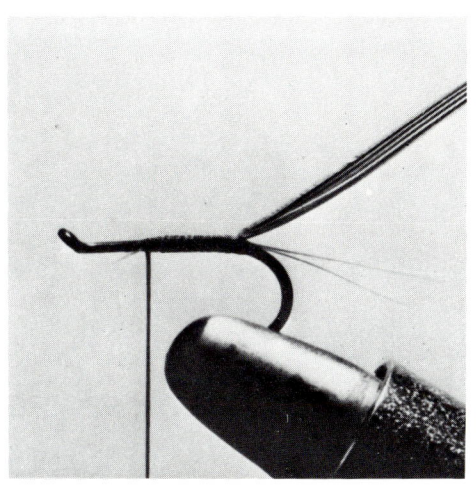

2 Befestigen Sie das Körpermaterial am Hakenbogen, und führen Sie den Bindefaden dann zwei Drittel der Schenkellänge in Richtung zum Öhr zurück.

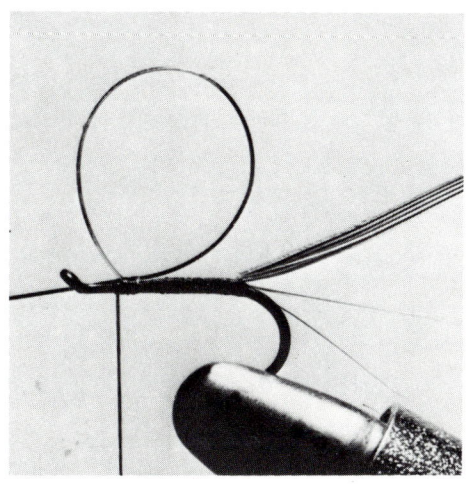

3 Binden Sie die Nylonschlinge, ziehen Sie sie aber noch nicht zu eng zu.

4 Binden Sie eine gute Hechel mit kurzem Flaum rechtwinklig zum Hakenschenkel so dicht wie möglich hinter der Schlinge ein, und schneiden Sie dann das Stammende weg.

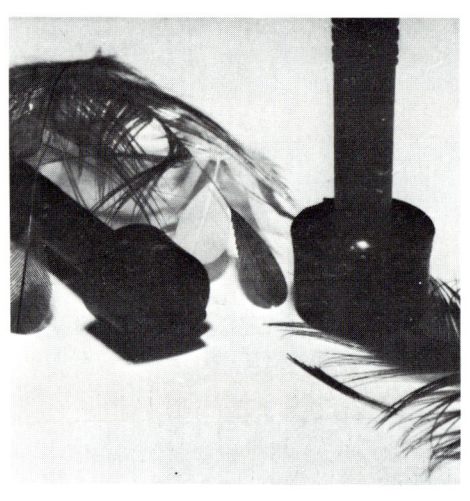

5 Stanzen Sie die Flügel mit Hilfe der Flügelstanze aus dem oberen Mittelteil einer guten Hennenhechel heraus.

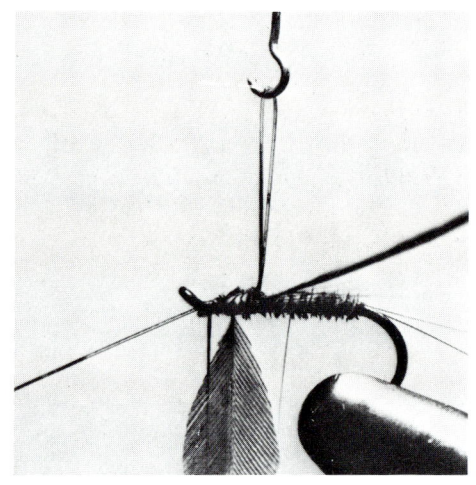

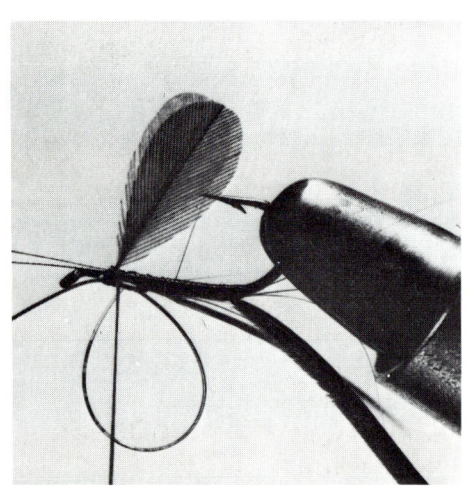

6 Drehen Sie den Haken im Bindestock um (für gerippte Muster s. hiernach Nr.7). Befestigen Sie mit Achterwindungen ein Paar Stanzflügel so, daß sie vom Hakenöhr aus gesehen wie ein V erscheinen. Schneiden Sie beide Flügelstümpfe weg, und führen Sie dann eine Zausnadel unter leichtem Druck auf der Außenseite beider Flügel nach oben, um ihnen eine kräftige Biegung nach außen zu verleihen.

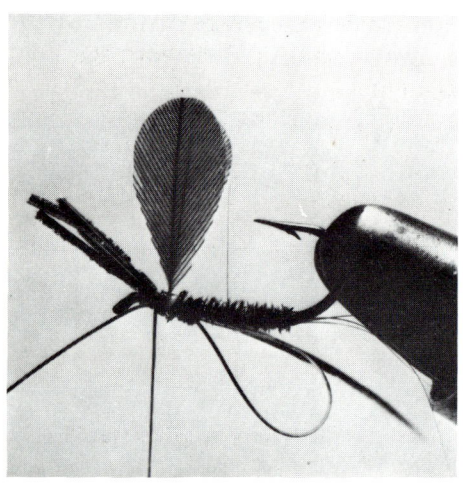

7 Winden Sie das Körpermaterial bis zum Öhr, und schneiden Sie den Rest weg. (Bei Mustern mit geripptem Körper muß dies vor dem Befestigen der Flügel vorgenommen werden.)

8 Drehen Sie den Haken erneut im Bindestock um, und hängen Sie die Nylonschlinge in den Haken eines Bindegalgens ein. Jetzt können Sie die Hechel winden, wobei die ersten 2 bis 3 Windungen möglichst eng und dicht am Hakenschenkel um die Schlinge gelegt werden sollen.

9 Winden Sie die restlichen Hechelwindungen um die Schlinge, stecken Sie die Spitze der Hechel durch die Schlinge, und halten Sie die Hechelspitze mit Daumen und Zeigefinger fest (der Deutlichkeit wegen im Foto nicht gezeigt).

10 Die Schlinge wird zugezogen, um die Hechelspitze einzuklemmen, die dann abgeschnitten werden kann. Bringen Sie dort, wo die Schlinge die Hechel hält, einen Tropfen Lack auf. Ist der Lack getrocknet, schneiden Sie das überstehende Ende der Schlinge und alle über die Horizontale nach unten herausragenden Hechelfibern weg.

11 Die fertige USD Paradun

Bindematerial

Nr. 1 USD Para-Blaugeflügelte Olivfarbene
Bindefaden: Orange
Haken: Nr. 12, 14, 16 UE*
Schwanzfäden: 3 Barthaare von Bisam oder Nerz, oder Hechelfiber-Büschel
Körper: Reiherfibern
Flügel: Dunkelgrau oder dunkel Blaugrau
Hechel: Rostig Grau

Nr. 2 USD Para-Olivfarbene
Bindefaden: Braun
Haken: Nr. 12, 14, 16 UE
Schwanzfäden: 2 olivgefärbte Barthaare von Bisam oder Nerz, oder Hechelfiber-Büschel
Körper: Reiherfibern, mit Pikrinsäure olivgefärbt
Flügel: Hell Blaugrau
Hechel: Oliv

Nr. 3 USD Para-Blaßwasserfarbene
Bindefaden: Gelb
Haken: Nr. 16 oder 17
Schwanzfäden: Hell honigfarbenes Hechelfiber-Büschel
Körper: Hellgraue Wildgans-Handschwungfederfibern
Flügel: Schmutzig Weiß oder hell Blaugrau
Hechel: Rostig Grau

*UE = up-eye = Aufwärts gebogenes Öhr

Der USD Polyspinner

Das bezeichnende für diese Spinner ist, daß sie wie die Paraduns umgekehrt, jedoch auf Kielhaken gebunden werden. Sie besitzen außerdem Flügel aus Hochdruck-Polyäthylenfolie, die auf besondere Weise präpariert wird. (Vor dem Einbinden werden die Flügel, wie erwähnt, an vielen Stellen durchlöchert, damit ihre Unterseite rauh wird und damit Luftbläschen festhält, wie näher im Kap. 13 ausgeführt.)

Auch dieses Muster ist mit einer Fallschirmhechel versehen, die jedoch gemeinsam mit den Flügeln auf der *Oberseite* des Körpers angebracht wird. In dieser Stellung ahmt die Hechel nicht nur täuschend die Beine des natürlichen Insektes nach, sondern sorgt auch dafür, daß der Körper darunter, d.h. wie beim natürlichen Spinner ganz im Wasserfilm liegt. Bei diesem Muster konnten wir nicht wie bei den Paraduns mit Hilfe der Flügelform sicherstellen, daß die Fliege beim Wurf mit dem Hakenbogen und der Spitze nach oben aufsetzt, weil die Flügel ja vollkommen flach eingebunden werden. Wir mußten das Problem der Schwimmhaltung daher auf andere Weise lösen – mittels des Kielhakens. Für die Duns wäre dieser Haken gänzlich ungeeignet gewesen, weil er die Fallschirmhechel ins Wasser gedrückt hätte. Zum Spinnermuster dagegen paßt er ganz ausgezeichnet, weil er den Körper in der gewünschten Weise in die Wasserhaut preßt, wobei die Fallschirmhechel und die flachen Flügel auf der Wasseroberfläche bleiben und die Fliege schwimmend halten.

Auf Grund der Polyäthylen-Flügel hat die Fliege die Neigung, sich beim Wurf um die Längsachse zu drehen. Bei den kleinen Mustern ist dies kaum hinderlich, bei größeren Fliegen dagegen, wie dem großen Maifliegen-Spinner, wird das Vorfach dadurch so stark verdrillt, daß wir diese wenigen Muster lieber mit den herkömmlichen Flügeln aus Hechelspitzen binden. Alle neuen Spinnermuster sind mit den für die Paraduns vorgeschlagenen neuartigen Schwanzfäden versehen und schwimmen ebenfalls gut.

Bindeweise des USD Polyspinners

Die ersten Arbeitsgänge beim Binden der Polyspinner sind fast die gleichen wie bei den Paraduns, d.h. Schwanzfäden und Körpermaterial werden eingebunden und der Körper bis zu der Stelle angewunden, an der die Nylonschlinge für die Hechel auf der Kielseite angebracht werden soll. Dann wird die Fliege umgedreht und bleibt für die nachfolgenden Arbeitsgänge so.

Die Flügel aus dünnster Hochdruck-Polyäthylenfolie werden mit der Flügelstanze paarweise ausgeschnitten, indem man die Folie faltet und an der Faltkante stanzt (Abb. 54). Bevor man die Flügel einbindet, legt man sie auf einen dicken Kartonbogen und durchlocht sie an vielen Stellen mit einer dicken, aber scharfen Nadel. Wenn dies richtig gemacht wird, dringt die Nadelspitze eben noch durch den Flügel und erzeugt gleichzeitig mit dem Loch eine deutliche Einbuchtung. Als nächstes wird die Nylonschlinge befestigt, um die die Hechel gewunden wird. Man windet das Körpermaterial bis zum Öhr weiter und bindet es ab. Die Hechel befestigt man dann so nahe wie möglich an der Einbindestelle der Schlinge und legt 2 bis 5 Hechelwindungen möglichst dicht am Haken um den unteren Teil der Schlinge. Dann steckt man die Spitze der Hechel durch die

Abb. 54. Das Ausstanzen eines Plastik-Flügelpaares

Schlinge, legt noch das Flügelpaar in die Schlinge ein und klemmt beides durch Zuziehen der Schlinge fest. Die Flügel sollten zusätzlich durch eine Achterwindung gesichert werden, wobei man darauf achten muß, daß keine Hechelfibern mit eingebunden werden. Es ist wichtig, die Neigung dieser Spinner, das Vorfach beim Wurf zu verdrillen, dadurch zu vermindern, daß man dünnstes Polyäthylen verwendet und die Flügel so klein ausstanzt, wie es der Imitationszweck eben erlaubt.

1 Winden Sie den Bindefaden bis zum Hakenbogen, und binden Sie dort 2 oder 3 Nerzbarthaare als Schwanzfäden ein.

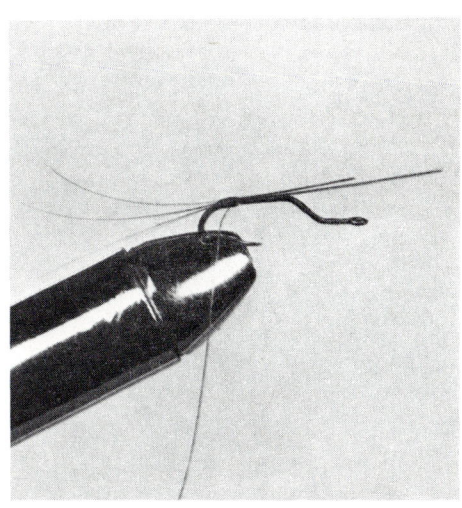

2 Die Schwanzfäden sollten die im Foto gezeigte gespreizte Stellung aufweisen. Durch einen Tropfen Lack auf die Einbindestelle lassen sie sich in dieser Stellung fixieren.

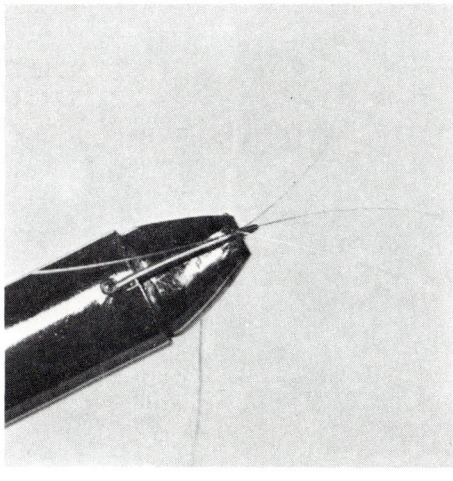

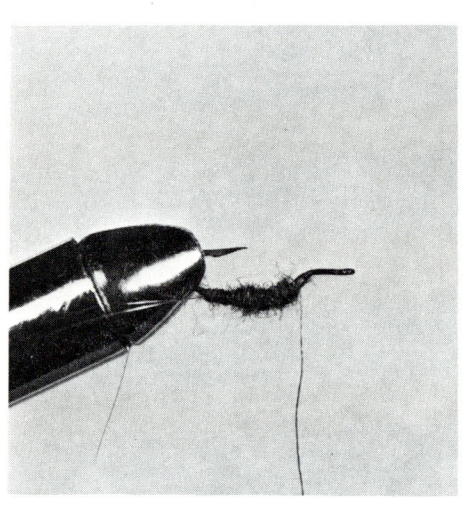

3 Drehen Sie den Haken um, spinnen Sie das Körpermaterial (in diesem Fall Seehundwolle) an den Bindefaden, und winden Sie den Spinnfaden bis zum ersten Knick des Hakenschenkels.

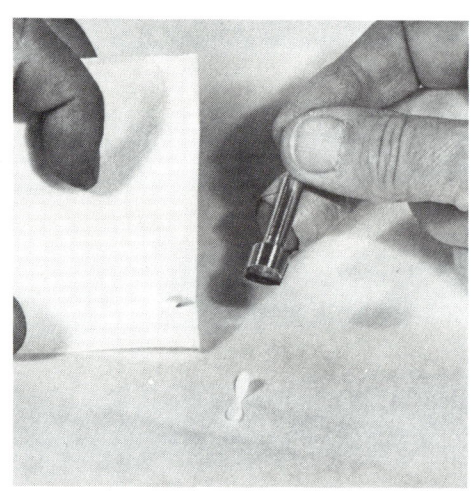

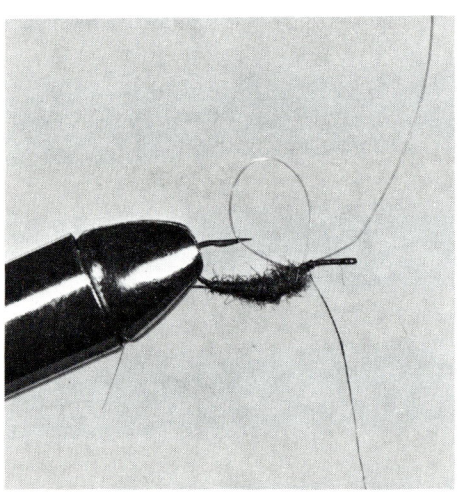

4 Binden Sie nun halbwegs zwischen den beiden Knicken die Nylonschlinge nicht zu stramm ein. Spinnen Sie weiteres Körpermaterial an, und legen Sie eine weitere Windung auf die Öhrseite der Schlinge.

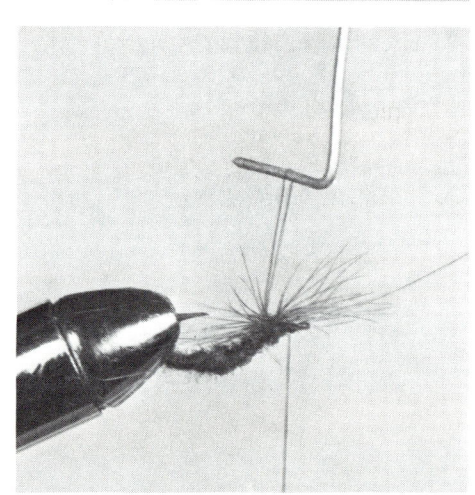

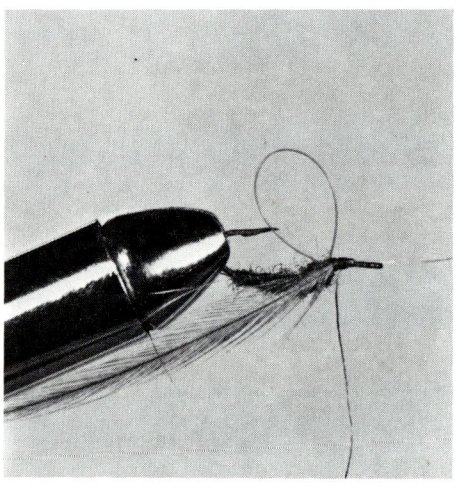

5 Binden Sie die Hechel mit dem Stamm möglichst dicht an der Nylonschlinge ein, und bringen Sie am Bindestock einen Bindegalgen an.

6 Stanzen Sie mit Hilfe einer Flügelstanze geeigneter Größe aus einem gefalteten Bogen dünnsten Polyäthylens ein Flügelpaar aus, und durchbohren Sie dieses mit einer Nadel. (Die Präparation der Flügel sollte vor dem Binden besorgt werden.)

7 Legen Sie je nach Hakengröße 2 bis 5 enge Hechelwindungen um die Basis der Nylonschlinge. Die Hechelspitze wird mit dem Zeigefinger und Daumen festgehalten, bis der Arbeitsgang 8 beendet ist.

8 Stecken Sie das vorbereitete Flügelpaar in die Schlinge.

Bindematerial

Nr. 1 USD Poly-Fasanenschwanzspinner

Haken: Kielhaken Nr. 12 oder 14
Bindefaden: Orange
Schwanzfäden: 2 hellbraun gefärbte Barthaare von Nerz oder Bisam
Körper: Fasanenschwanzfibern
Flügel: Polyäthylen, mit der Flügelstanze ausgestanzt
Hechel: Rostig Grau

Nr. 2 USD Poly-Rotspinner

Haken: Kielhaken Nr. 12, 14 oder 16
Bindefaden: Braun
Schwanzfäden: 2 hell blaugrau gefärbte Barthaare von Nerz oder Bisam
Körper: Rote Seehundwolle
Flügel: wie Nr. 1
Hechel: Hell Blaugrau

Nr. 3 USD Poly-«Yellow Boy»

Haken: Kielhaken Nr. 14 oder 16
Bindefaden: Gelb
Schwanzfäden: 2 hellgelb gefärbte Barthaare von Nerz oder Bisam
Körper: Mittelgelb gefärbte Seehundwolle
Flügel: wie Nr. 1 und 2
Hechel: Hell Sandfarben

Nr. 4 USD Poly-«Orange Spinner»

Haken: Kielhaken Nr. 14
Bindefaden: Orange
Schwanzfäden: 3 braungefärbte Barthaare von Nerz oder Bisam
Körper: Orangefarbene Seehundwolle
Rippfaden: Flockseide, DFM-orange
Flügel: wie Nr. 1–3
Hechel: Hell Ingwerfarben

Nr. 5 USD «Sherry Spinner» (Typ Skues)

Haken: Kielhaken Nr. 14
Bindefaden: Orange
Schwanzfäden: 3 Barthaare von Nerz oder Bisam
Körper: Orange und grüne Seehundwolle, gemischt mit Wolle von der Hasenstirn
Rippfaden: Feiner Golddraht
Flügel: wie Nr. 1–4
Hechel: Honigfarben mit dunklem Flaumstreifen

9 Ziehen Sie die Nylonschlinge zu. Die Flügel werden mit weiteren Achterwindungen gesichert, was nicht einfach ist, da der Bindefaden durch die Hechelfibern geführt werden muß, ohne Fibern einzuklemmen. Winden Sie den Kopfknoten, und sichern Sie ihn mit Lack.

Der USD Maifliegenspinner

Es wurde schon erwähnt, daß sich für große Spinnermuster, wie die Nachbildung des Maifliegenspinners nach der Eiablage (Spent Gnat), Polyäthylen-Flügel nicht eignen. Für diesen und andere große Spinner haben wir deshalb auf die üblichen Hechelspitzen-Flügel zurückgegriffen. Wir binden aber auch diese Spinner auf Kielhaken, um eine aus der Sicht der Forelle möglichst lebensechte Nachahmung zu erreichen. Auf den ersten Blick scheinen die ziemlich grellen Farben recht stark von dem allgemein mehr eintönigen Farbeindruck von Flußmustern abzuweichen. Trotzdem hat sich dieses Muster als geradezu verheerend wirksam erwiesen. Die grell orangefarbene Hechel ist sehr auffallend (und auch bei einem starken Fall natürlicher Spinner leicht zu erkennen), und das Körper/Flügel-Deformationsmuster im Spiegel sowie der ausgezeichnete Umriß täuschen die Forelle auch aus der Nähe.

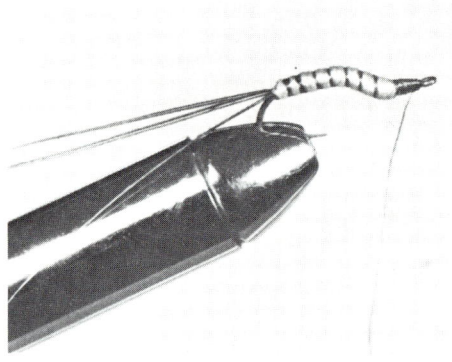

Der USD Maifliegenspinner ist ziemlich einfach zu binden. Man nimmt einen langschenkligen Kielhaken und windet einen gelben Bindefaden vom Öhr bis zum Hakenbogen. Als Schwanzfäden werden 3 Fasanenschwanzfibern gut gespreizt eingebunden. Danach bindet man eine Länge schwarzes Monocord als Rippband ein und windet den Bindefaden zum Öhr zurück. Das Körpermaterial aus weißen Polypropylenfibern wird auf die Oberseite des Hakenschenkels gelegt und mit dem Bindefaden festgelegt. Dann wird der Bindefaden erneut zum Öhr gewunden, das Polypropylen darübergewickelt, dessen Überhang weggeschnitten und der Körper mit dem Monocord gerippt. 2 «grizzle» Hechelspitzen guter Qualität werden mit Achterwindungen befestigt. Je 2 Windungen einer grell orange gefärbten Hechel hinter und vor den Flügeln, die zuletzt am Öhr abgebunden wird, vervollständigen die Fliege.

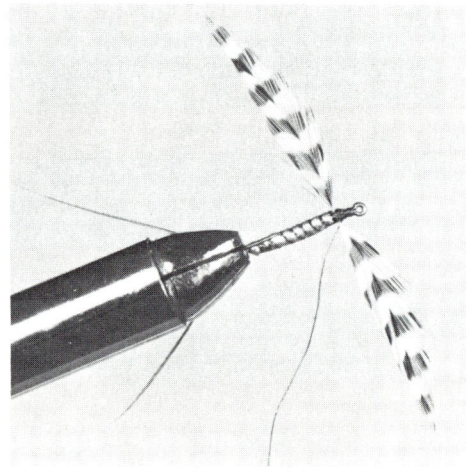

Zu beachten: Für das Fischen in rauhem Wasser empfiehlt es sich, eine zusätzliche Hechelfeder, am besten auch «grizzle», anzuwinden.

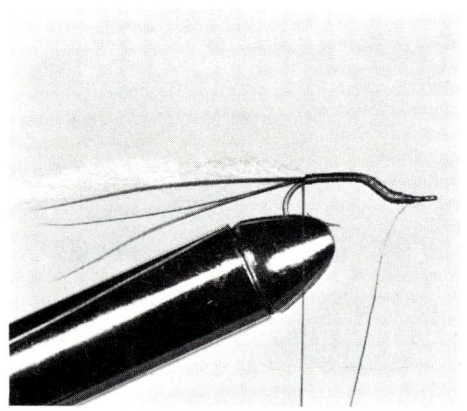

1 Binden Sie mit gelbem Bindefaden 3 dunkle Fasanenschwanzfibern und als Rippband eine Länge schwarzes Monocord ein. Führen Sie dann den Bindefaden zum Öhr zurück, und befestigen Sie eine Länge weiße Polypropylenfasern auf der Oberseite des Hakenschenkels. Winden Sie anschließend den Bindefaden zum Öhr zurück.

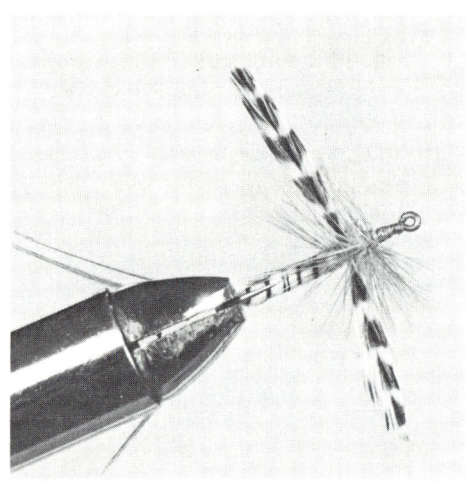

2 Winden Sie das Polypropylen zum Öhr, rippen Sie den Körper, und schneiden Sie die Überhänge ab.

3 Binden Sie mit Achterwindungen 2 «grizzle»-Hahnenhechelspitzen guter Qualität in waagrechter Stellung ein, und schneiden Sie die Stammenden weg.

4 Binden Sie vor den Flügeln eine grell orange gefärbte Hahnenhechel ein, und legen Sie mit dieser 2 Windungen hinter den Flügeln und 2 Windungen davor. Schließen Sie dann mit dem Kopfknoten ab, schneiden Sie alle Überhänge kurz weg, und sichern Sie den Kopfknoten mit Lack.

Bindematerial
Haken: Kielhaken Nr. 10 oder 12
Bindefaden: Gelb
Schwanzfäden: 3 dunkle Fasanenschwanzfibern
Rippband: Schwarzes Monocord oder schwarze Seide, gedoppelt
Körper: Weiße Polypropylenfasern
Hechel: Grell Orange
Flügel: «Grizzle» Hechelspitzen

Das neue «Suspender»-Muster

Dieses sowie die beiden folgenden Muster wurden gemeinsam mit Neil Patterson entwickelt. Jedoch stammt die Idee, eine künstliche Nymphe dadurch im Oberflächenfilm zu halten, daß halbschwimmfähiges Material mit einem Stück Nylonnetz an der Nymphe befestigt wird, von dem bekannten amerikanischen Angler Charles E. Brooks. Der Gedanke war zwar originell, in der Praxis zeigte sich jedoch, daß Polypropylen, selbst mit einem Schwimm-Mittel behandelt, nicht so schwimmfähig ist, wie wir es gern gehabt hätten. Nach zahlreichen Versuchen fanden wir heraus, daß der moderne Polyäthylenschaum zur Zeit das schwimmfähigste Material für diesen Zweck ist. Ein kleines Stück davon, mit der Hechelschere zu einer Kugel zurechtgestutzt, erwies sich als beste Lösung. Ein Kügelchen von diesem Material in einem Nylonnetz (Damenstrümpfe sind ideal dafür) in passender Stellung auf der Oberseite des Hakens befestigt, ergibt eine Fliege, die selbst im rauhesten Wasser notfalls tagelang schwimmt. Zudem läßt sich Polyäthylenschaum schnell und dauerhaft mit einem wasserfesten Filzschreiber anfärben. Wie Brooks erkannte, ist dieses Kügelchen am oberen Ende des Hakenschenkels durchaus nicht fehl am Platz, denn es ahmt ganz gut die Brust und die Flügelscheiden der schlüpfbereiten Nymphe nach. (Und außerdem, wie wir später merkten, imitiert ein weißes, über dem Öhr befestigtes Stück Polyäthylenschaum durch die Nylonmaschen hindurch sehr lebensecht das große Büschel weißer Kiemenfäden der meisten schlüpfreifen Mückenpuppen.)

«Suspender»-Nymphe

Die Bindeweise, die wir hier beschreiben, gilt für ein Muster, das die Nymphen der vielen in unseren Flüssen häufigen olivfarbenen Eintagsfliegen nachahmt. Durch Abänderung der Körperfärbung können mit ihm auch die Nymphen anderer Eintagsfliegenarten nachgeahmt werden. Die Größe des Schaumstoff-Kügelchens kann zwischen 3mm und 6mm betragen, je nach Hakengröße, d.h. erforderlicher Tragkraft. Wenn die Kunstnymphe nicht aus einem bestimmten Grund besonders hoch in der Wasserhaut schwimmen muß, schlagen wir vor, das Schaumstoff-Kügelchen so klein wie möglich zu halten, so daß die Nymphe eben noch schwimmt.

Gebunden wird die Nymphe folgendermaßen. Man windet, wie üblich, braunen Bindefaden an den Hakenschenkel bis zum Bogen und bindet hier 3 oder 4 grüngefärbte Goldfasan-Kragenfederfibern weit gespreizt ein. Sie sollen die kurzen quergestreiften Schwanzfäden der echten Nymphe nachahmen. Dann schneidet man ein Stück Polyäthylenschaum zu einem Kügelchen zurecht. Aus einem Damen-Nylonstrumpf schneidet man ein quadratisches Stück mit 20–25mm Seitenlänge aus. Man wickelt das Kügelchen in das Strumpfstück wie in eine Tasche ein und befestigt es auf der Oberseite des Hakens, etwa ein Drittel der Schenkellänge vom Öhr entfernt, indem man die Netzränder auf dem Schenkel festbindet und dabei den Bindefaden möglichst dicht am Kügelchen führt. Der überstehende Teil des Netzes kann nun weggeschnitten werden. Alsdann bindet man ein Stück Silberdraht für die Körperrippung ein, spinnt die Seehundwolle oder «Sealex» an den Bindefaden, windet den Körper bis vor das Öhr, schneidet den Rest weg und rippt den Körper. Schließlich wird eine «Grizzle»Hechel hinter dem Öhr und unter dem Kügelchen ziemlich stark nach hinten anliegend gebunden und das Kügelchen mit Filzstift dunkelbraun gefärbt.

Maifliegen-«Suspender»-Nymphe

Als halbschwimmende Fliege wird sie nach dem gleichen Verfahren gebunden wie die vorhergehend beschriebene «Suspender»-Nymphe: Ein Polyäthylenschaum-Kügelchen hält den Kopf über der Wasseroberfläche, läßt aber Körper und Schwanzfäden in völlig natürlicher Haltung schräg nach unten im Wasser hängen. Da dies ein viel größeres und für die Forelle auffälligeres Muster ist, haben wir uns darüberhinaus bemüht, es in Aussehen und Färbung so lebensecht wie möglich zu binden. Dazu gehört, daß die 3 mittellangen Schwanzfäden aus rahmfarbenen Straußenfederfibern in gut gespreizter Stellung eingebunden werden (ein Tropfen Lack auf ihre Basis hält sie in dieser Stellung). Das zurechtgeschnittene Schaumstoff-Kügelchen in seinem Nylonnetz wird, wie vorstehend für die schlüpfende Nymphe beschrieben, dicht hinter dem Öhr befestigt. Danach bindet man ein Stück Monocord als Rippband ein. Eine Mischung aus weißer, brauner und gelber Seehundwolle wird an den Bindefaden gesponnen, bis vor das Öhr um den Hakenschenkel gewunden und abgebunden, aber noch nicht abgeschnitten. Dann wird der Körper gerippt und der

Bindematerial

Haken: Nr.14 oder 16 DE*
Bindefaden: Braun
Schwanzfäden: 3 olivgefärbte Goldfasan-Kragenfederfibern
Rippband: Silberdraht
Körper: Olivfarbene Seehundwolle oder «Sealex»
Hechel: «Grizzle»
Flügelscheiden: Kügelchen aus Polyäthylenschaum in Nylonnetz, dunkelbraun gefärbt

---

*DE = down eye = Abwärts gebogenes Öhr

Rest Monocord abgeschnitten. Als letztes windet man mit dem Rest des Körpermaterials beidseits des Kügelchens die Brust und zupft mit der Zausnadel etwas Wolle heraus, um damit die Beine vorzutäuschen.

1 Winden Sie den braunen Bindefaden bis zum Bogen an, und binden Sie dort 3 rahmfarbige Straußenfeder-Fiberspitzen als Schwanzfäden ein. Ein Tropfen Lack hält die Fibern in gespreizter Stellung fest.

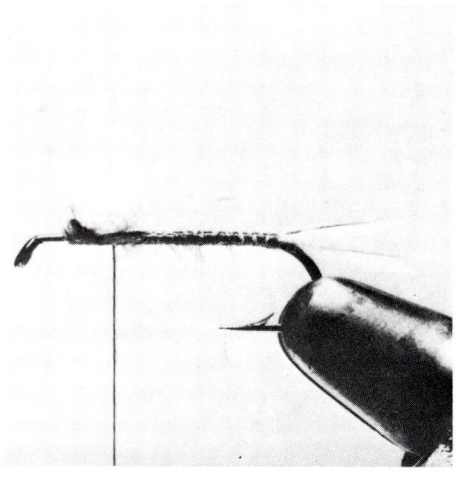

2 Winden Sie den Bindefaden zwei Drittel der Hakenlänge zurück, und befestigen Sie das Schaumstoff-Kügelchen in seinem Nylonsack an der im Foto gezeigten Stelle auf dem Hakenschenkel. Der Rest des Nylonnetzes wird weggeschnitten.

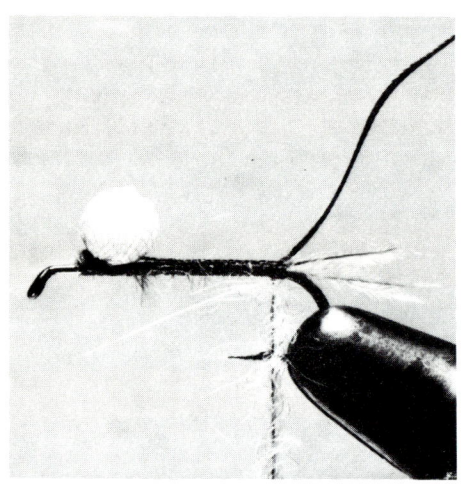

3 Führen Sie den Bindefaden zum Hakenbogen zurück, und binden Sie ein Stück braunes Monocord ein. Spinnen Sie die Seehundwolle an den Bindefaden.

Bindematerial
Haken: Langschenkliger Kielhaken Nr.12
Bindefaden: Braun
Schwanzfäden: 3 rahmfarbene Straußenfeder-Fiberspitzen
Rippband: Braunes Monocord oder braune Seide, gedoppelt
Körper: Mischung aus weißer (1/2), brauner (1/4) und gelber (1/4) Seehundwolle
Flügelscheiden: Polyäthylenschaum-Kügelchen in Nylonnetz, braun gefärbt
Brust: wie Körper

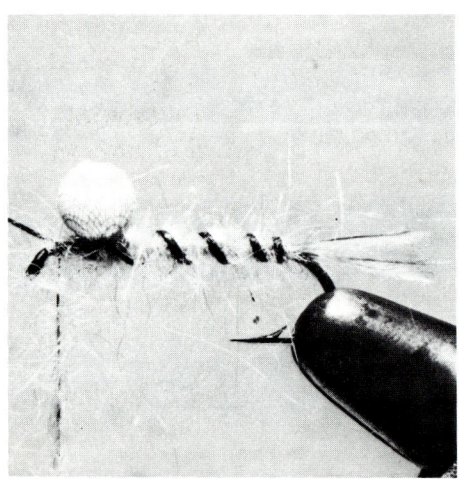

4 Winden Sie mit dem Körpermaterial den Körper, schneiden aber das Überstehende nicht weg.

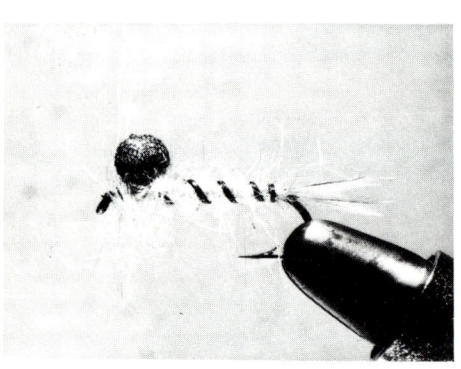

5 Bilden Sie mit dem Rest der Seehundwolle eine dickere Brust, indem Sie abwechselnd Windungen vor und hinter das Kügelchen legen. Legen Sie den Bindefaden mit dem Kopfknoten fest, und sichern Sie den Knoten mit Lack. Jetzt zupfen Sie mit der Zausnadel etwas Wolle aus der Brust heraus. Als letztes färben Sie das Kügelchen mit Filzstift an.

Schlüpfende Mückenpuppe («Suspender»-Bindeweise)

Dieses Muster soll gezielt mittelgroße bis kleine Zuckmücken nachahmen, die in der Oberflächenhaut schlüpfen. Es ist sehr wirksam an leichtem Gerät auf Forellen, die man diese kleinen Puppen einschlürfen sieht – ein an vielen Flüssen immer häufiger zu beobachtendes Bild.

Als erstes wird feine «Midge»-Bindeseide den Hakenschenkel entlang an- und ein gutes Stück in den Hakenbogen hinaufgewunden und dort der Silberdraht für das Rippen des Körpers befestigt. Dann bindet man als Körpermaterial grüne Azetat-Flockseide an, windet diese den Hakenbogen hinauf und bindet an dieser Stelle einen schmalen Plastikstreifen so ein, daß er etwa 6 mm nach hinten übersteht. Die Flockseide wird nun auf zwei Drittel der Schenkellänge angewunden, abgebunden, der Rest weggeschnitten und der Körper gerippt. Jetzt wird ein winziges Polyäthylenschaum-Kügelchen im Nylonnetz unmittelbar hinter dem Öhr und etwas über dieses nach vorn hinausragend befestigt. Zum Schluß wird unmittelbar hinter dem Kügelchen mit einer dunkelbraunen Kondor- oder Truthahnfiber ein dicker Vorderkörper gewunden.

Bindematerial

Haken: Nr. 16 oder 18 DE
Bindefaden: Feine «Midge»-Seide
Körper: Grüne Azetat-Flockseide
Puppengehäuse: Kleiner Abschnitt eines Plastik-Maifliegenkörpers
Rippband: Silberdraht
Vorderkörper: Kondor- oder gefärbte Truthahn-Federfiber, dunkelbraun
Flügelgehäuse: Kleines Polyäthylenschaum-Kügelchen in Nylonnetz

Caenis-Spinner

Dieses neue Muster wurde von dem begabten Fliegenbinder Stewart Canham, einem guten Freund von uns, entwickelt. JG betrachtet dies als sein Standardmuster, wenn diese winzigen Spinner auf dem Wasser sind. Es hat sich aber auch dann als fängig erwiesen, wenn dies nicht der Fall ist. Trotz seiner ungewöhnlichen Kleinheit ist es einfach zu binden. Binden Sie mit weißer Bindeseide die 3 Schwanzfäden in gespreizter Stellung und anschließend einen schmalen Streifen weißes Polyäthylen (aus einer Tragtasche ausgeschnitten) ein, den Sie dann auf zwei Drittel der Schenkellänge zum Öhr winden und festlegen. Winden Sie mit einer braunen Kondor- oder Truthahnfiber die Brust, und binden Sie die mit der kleinsten Flügelstanze aus je einer weißen Hennenhechelfeder ausgestanzten Flügel in waagrechter Haltung («spent») ein. Als letztes wird eine weiße kurzfibrige Hahnenhechel eingebunden und der Hechelkranz auf der Unterseite gestutzt.

Bindematerial

Haken: Nr. 18 UE (Standardlänge)
Bindefaden: Feine «Midge»-Seide
Schwanzfäden: 3 weiße Hahnenhechelfibern
Körper: Weißes Polyäthylen
Brust: Braune Kondor- oder Truthahnfiber
Flügel: Stanzflügel aus je einer weißen Hennenhechel
Hechel: Weiße Hahnenhechel, auf der Unterseite gestutzt

Schlüpfende Köcherfliegenpuppe

Der Leser hat vielleicht bemerkt, daß viele unserer neuen Muster auf etwas kleinere Haken gebunden sind als üblich. Der Grund: Unsere Unterwasserversuche haben gezeigt, daß die meisten Kunstfliegen viel zu groß gebunden werden, um den natürlichen Vorbildern zu entsprechen. Auch bei diesem Muster sind wir diesem Grundsatz treu geblieben und meinen, daß die Nummer 12 der richtige Haken für die meisten Puppenarten ist. Wir waren bestrebt, mit unserem Muster den Umriß des natürlichen Vorbildes so gut wie möglich zu treffen, und wenn auch die beiden von uns vorgeschlagenen Muster farblich den häufigsten Köcherfliegenpuppen entsprechen, so können sie natürlich erforderlichenfalls in anderen Farbschattierungen und Größen gebunden werden. Wir binden diese Puppen mit und ohne Bleibeschwerung. Sie sind zwar für das Fischen im fließenden Wasser bestimmt, eignen sich aber auch für das Stillwasser. Mit dem unbeschwerten Muster fischen wir in der Dämmerung, da um diese

Zeit das Schlüpfen der Köcherfliegen oft seinen Höhepunkt erreicht, dicht unter der Wasseroberfläche. Vielfach ist es besonders erfolgreich, wenn man ihm mit kurzen Rucken, sofern gestattet, Leben verleiht. Tagsüber verwenden wir die beschwerten Muster und bieten sie so an, wie normalerweise die Puppen-Nachbildungen der bei Tag schlüpfenden Arten geführt werden.

Die Herstellung des Musters ist ziemlich schwierig, da die Bindematerialien im richtigen Verhältnis zueinander verwendet werden müssen. Binden Sie zunächst eine Länge Silberdraht als Rippband am Hakenbogen ein, formen Sie dann den Körper aus mittelolivfarbener bzw. oranger Seehundwolle. Das Körpermaterial sollte über etwas mehr als die halbe Länge des Hakenschenkels gewunden werden und wird dann vorläufig abgebunden. Der Körper wird jetzt gerippt, der Rippdraht abgebunden und der Rest weggeschnitten. Winden Sie nun die Seehundwolle weiter gegen das Öhr, doch jetzt etwas dicker, um die Brust zu formen, und binden Sie dann auf beiden Seiten der Brust dicht am Öhr je eine graue Stockenten-Schwungfederfahne so als Flügelscheide ein, daß die Spitzen rückwärts unter den Körper zeigen. Auf der Oberseite des Hakenschenkels werden dann 2 braune Stockentenfibern als Fühler über den Körper, nach hinten gerichtet, eingebunden. Dann binden Sie unter dem Körper als Beine, mit den Spitzen nach hinten zeigend, einige grüngefärbte Rebhuhn-Hechelfibern ein. Beim Binden dieses Musters muß genügend Raum zwischen Öhr und Brust gelassen werden, damit für Beine, Fühler und Flügel ausreichend Platz bleibt.

Flohkrebs im Hochzeitskleid

In manchen Flüssen nehmen die Forellen im Juli und August gierig Flohkrebse, die um diese Zeit ihr Hochzeitskleid angelegt und eine deutliche Orange-Tönung angenommen haben. Unsere Flohkrebsmuster binden wir in verschiedenen Größen und mit unterschiedlicher Bleibeschwerung, ersteres weil die Größe der natürlichen Flohkrebse schwankt, letzteres um verschiedene Wassertiefen befischen zu können. Flohkrebse leben hauptsächlich auf dem Flußbett zwischen Kies, Steinen, Kraut oder Sinkstoffen. Will man Flohkrebse aufnehmende Forellen überlisten, muß die Fliege in der Tiefe angeboten werden, in der die Fische stehen. Eine Forelle, die Flohkrebse nimmt, ist leicht daran zu erkennen, daß sie fast immer ziemlich dicht am Boden steht, mit dem Kopf nach unten und dem Schwanz etwas schräg nach oben. Die von uns verwendeten Körper-Materialien imitieren die verschiedenen Paarungsfarben vieler Flohkrebse sehr gut. Dieser Fliegentyp ist, unter den richtigen Bedingungen, das fängigste aller unserer Muster. Wir haben zwei Grundmuster entwickelt, das eine wird von JG, das andere von BC benutzt. Wir beginnen mit dem von JG, weil es das schwierigere ist. Die einfachere Ausführung von BC wird nach einem im ganzen ähnlichen Verfahren gebunden, aber auf andere Weise beschwert. Es wird weiter unten beschrieben.

Winden Sie den orangenen Bindefaden bis zum Hakenbogen, und befestigen Sie einen dünnen Bleistreifen (ungefähr 10 cm lang und zwei- oder dreimal so breit wie der Hakenschenkel) auf der Oberseite des Schenkels vom Bogen bis

Bindematerial

Haken: Nr. 12 DE (Standardlänge)
Bindefaden: Orange
Körper: Mittelolivfarbene Seehundwolle
Rippband: Silberdraht
Flügelscheiden: Stockenten-Schwungfederfahnen
Fühler: 2 braune Stockentenfibern
Brust: wie Körper
Beine: «Falsch»-Hechel aus grüngefärbten grauen Rebhuhn-Hechelfibern

Orange Version: wie vorstehend, jedoch mit oranger Seehundwolle und brauner Rebhuhnhechel.

fast zum Öhr. Der Bleistreifen wird dann wiederholt vom Öhr zum Hakenbogen und zurück gebogen und zwar so, daß jede Bleilage etwas kürzer wird als die vorhergehende. Auf diese Weise erhält der Flohkrebs das nötige Gewicht und die typische bucklige Form. Jede Lage wird durch einige Bindefaden-Windungen gesichert. Wenn die gewünschte Form und das erforderliche Gewicht erreicht sind, schneiden Sie den Rest des Bleistreifens ab und winden den Bindefaden vom Öhr zum Hakenbogen und noch etwas auf diesen hinauf. Binden Sie dort einen Streifen PVC oder starkes Polyäthylen an. Dieser Streifen sollte etwas länger als der Hakenschenkel, in der Mitte etwa 6mm breit und an beiden Enden etwas verjüngt zugeschnitten sein. Spinnen Sie nun das Gemisch aus verschiedenfarbiger Seehundwolle bzw. «Sealex» an den Bindefaden, winden Sie diesen zum Öhr und binden ab. Zum Schluß ziehen Sie das PVC bzw. Polyäthylen über den Rücken, binden es vor dem Öhr ab und schneiden den Rest weg. Mit der Zausnadel zupfen Sie die Seehundwolle dann auf der Unterseite des Körpers etwas aus. Diese Art der Bleibeschwerung gibt die typische bucklige Form eines auf dem Flußgrund umherkriechenden Flohkrebses sehr schön wieder. Um einen in gestreckter Haltung etwas über dem Grund schwimmenden Krebs nachzuahmen, wird der Bleistreifen ebenfalls hin und her gebogen, doch läßt man die Länge der einzelnen Lagen nach außen nur ganz wenig abnehmen.

BC, der sich das Leben gern einfach macht, spart beim Binden seines Musters Zeit, indem er einfach Bleidraht um den Hakenschenkel wickelt.

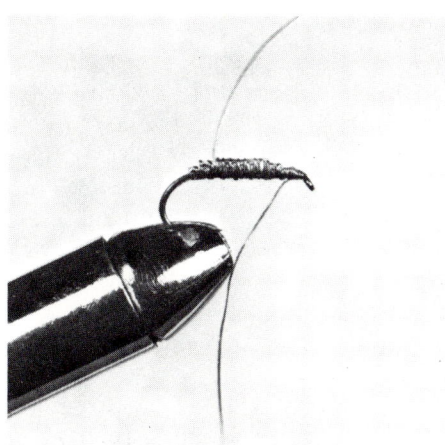

1 Winden Sie den Bindefaden bis zum Bogen an, und binden Sie dort einen langen, schmalen Streifen Bleiblech ein. Drücken Sie den Bleistreifen auf die Oberseite des Hakenschenkels, und legen Sie ihn mit weiten Bindefaden-Windungen fest. Biegen Sie den Streifen dann über ihn selbst zurück, und legen Sie ihn erneut fest.

2 Falten Sie den Bleistreifen in immer kürzeren Lagen hin und her, und sichern Sie jede Lage mit weiten Fadenwindungen. Wenn die auf dem nebenstehenden Foto gezeigte Form erreicht ist, schneiden Sie das übrige Blei fort und winden den Bindefaden in engen Windungen etwas den Hakenbogen hinauf.

3 Binden Sie an dieser Stelle zunächst einen breiten Streifen PVC und dann geeignetes Rippmaterial ein.

Bindematerial

Haken: Nr. 8, 10, 12 (Standardlänge), weitbogig
Bindefaden: Orange, Grün, Olive oder Gelb, womit unterschiedlich stark beschwerte Flohkrebse durch verschiedene Farben gekennzeichnet werden können.
Rücken: Farbloses PVC oder Polyäthylen
Rippband: Ovaler Silberdraht (Version JG), feiner Golddraht (Version BC)
Körper: Version JG: Seehundwolle in Oliv (60%), Braun (30%) und DFM Rosa (10%). – Version BC: Oliv (80%) und Bernsteinfarben (20%)

4 Spinnen Sie das Seehundwolle-Gemisch an den Bindefaden, winden Sie diesen über den Bleiunterkörper bis vor das Öhr, rippen Sie mit Draht, und schneiden Sie den Drahtrest weg.

5 Ziehen Sie nun das PVC unter Spannung über die Oberseite des Körpers, legen Sie es am Öhr fest, schneiden Sie den Rest weg, winden Sie mit dem Bindefaden einen sauberen Kopf, und sichern Sie diesen mit Lack.

Zu beachten: Die obige Bindeanleitung und die Fotos gelten für den Flohkrebs von JG. Der Flohkrebs von BC wird, nachdem die einfachere Beschwerung mit Bleidraht angebracht ist, auf die gleiche Weise gebunden.

Die Goddard-Köcherfliege (G+H-Sedge)

Dieses Muster ist nicht neu, es wurde von JG vor mehreren Jahren zum Fischen im Stillwasser entwickelt, ist heute bewährt und beliebt bei Seefischern und hat sich am Fluß als ebenso fängig erwiesen. Das Hauptkennzeichen dieser Fliege ist der auf Flügelform zurechtgestutzte «Körper» aus Hirschhaar. Diese Technik ergibt einen von unter Wasser gesehen sehr lebensecht wirkenden Flügelumriß. Außerdem verleiht das Hirschhaar der Fliege hervorragende Schwimmkraft. Vor Gebrauch wird es gut mit einem Schwimm-Mittel getränkt. Es schwimmt dann, selbst in rauhem Wasser, stundenlang. Für das Stillwasser bindet JG die Fliege an langschenklige Haken Nr. 8 oder 10. Für Flüsse ist sie nach unserer Erfahrung am fängigsten auf kleinere Haken gebunden und steigenden Fischen wie eine normale Trockenfliege vorgesetzt.

Bindeweise der G+H-Sedge

Leider ist das Binden dieses Musters auch für den erfahrenen Fliegenbinder schwierig und zeitraubend. Legen Sie den grünen Bindefaden am Hakenbogen fest, und formen Sie dabei eine Bindefaden-Schlaufe, die später für den Unterkörper gebraucht wird. Das eigentliche Körpermaterial, das Hirschhaar, wird nach einer ähnlichen Technik wie beim «Muddler Minnow» eingebunden, wobei man sich, am Bogen beginnend, bis zum Öhr vorarbeitet. Mehrere Hirschhaarbüschel sind notwendig, und jede neue Lage muß dicht an die vorhergehende gepreßt werden, bis der ganze Hakenschenkel umsponnen ist. Dann wird das Haar mit einer scharfen Schere zurechtgestutzt – auf der Unterseite und dem unteren Teil der Flanken vollständig, sonst zum Öhr hin sich verjüngend –, damit, von unten gesehen, der richtige Umriß entsteht. Zwei rostig-graue Hahnenhecheln werden zusammen dicht am Öhr eingebunden. Wer will, kann die gestreiften Hechelstämme als Nachbildung der Fühler über das Öhr hinausragend stehenlassen. Die Fibern auf der Oberseite werden nach dem Anwinden der Hechel weggeschnitten. Zum Schluß wird dunkelgrüne Seehundwolle (oder jeder anderen, dem gerade schlüpfenden Insekt entsprechenden Farbe) in die Bindefaden-Schlaufe eingelegt, mit dieser verzwirnt, unter dem gestutzten Hirschhaar zum Öhr gespannt und dort abgebunden.

Bindematerial
Haken: Nr. 10 oder 12 UE, langschenklig
Bindefaden: Grün
Körper: Mehrere Büschel Hirschhaar
Unterkörper: Dunkelgrüne Seehundwolle (bzw. andere Farben, s. o.)
Hechel: 2 rostig-graue Hahnenhecheln, Fibern im oberen Teil weggeschnitten

Die «Gerroff»

Dies ist ein von JG ursprünglich für die Flußfischerei entwickeltes Fliegenmuster, das mit den besonderen Verhältnissen der Saison 1976 fertig werden sollte, als England von der schlimmsten Dürre seit mehr als zwei Jahrhunderten betroffen wurde. Damals floß in den Bächen und Flüssen kaum noch Wasser. Normale beschwerte Nymphen waren nicht sehr wirkungsvoll, weil sie in dem fast stehenden Wasser viel zu rasch sanken. Unbeschwerte Nymphen waren sogar noch weniger fängig, weil sämtliche Forellen in Ermanglung von Oberflächennahrung am Grund oder dicht darüber aufnahmen. Wir kamen deshalb zu dem Schluß, daß ein spezielles Muster notwendig sei, eines, das zwar sinkt, aber sehr, sehr langsam, und doch den Forellen wie etwas Freßbares vorkam. Wir entschieden uns für eine Art Flohkrebsmuster, weil diese fast allen Fischen zusagen. Die erforderliche Sinkgeschwindigkeit suchten wir dadurch zu erreichen, daß wir sehr schwimmfähiges Körpermaterial mit einer Bindeweise kombinierten, bei der nur die halbe Hakenlänge ausgenutzt wird. Damit war das Problem gelöst. Außerdem hatte das Muster den zusätzlichen Vorzug, daß es eine kleine Silhouette mit einem relativ großen Haken verband, der auch starke Forellen halten konnte. Es erwies sich als höchst erfolgreich. Indes, ob dies eher seiner Größe, seinem Aussehen oder dem verwendeten Bindematerial zu verdanken war, wissen wir nicht. Als wir es zum erstenmal einsetzten, brachte es zweimal die Fanggrenze von insgesamt 12 Forellen für zwei Angler, im Gesamtgewicht von 49 Pfund. Seitdem war diese Fliege noch für viele reiche Fänge in Fluß und Stillwasser gut. Was das Stillwasser anbetrifft, so möchten wir sie nicht für große Staubecken oder tiefes Wasser empfehlen. In kleinen, ziemlich klaren Gewässern dagegen ist sie ungewöhnlich fängig. Als einzige Fliege am Vorfach sollte sie beim Fischen mit schwimmender Schnur entweder in die Nähe einer Forelle geworfen werden, die man unter Wasser rauben sieht, oder längs von Krautbetten geführt werden, in denen man beißlustige Forellen vermutet. Das «Plop!», mit dem die Fliege auf das Wasser fällt, lockt oft Fische aus mehreren Metern Entfernung an, und man kann oft sehen, wie die Forellen auf die sinkende Fliege zuschwimmen und sie einsaugen. So vertraut wird diese Fliege genommen, daß wir oft beobachten konnten, wie untermaßige, unerwünschte Forellen herbeischwammen und sie ins Maul nahmen, darauf herumkauten, sie ausspuckten und doch immer wieder packten – längst ehe sie in Reichweite des starken Fisches absinken konnte, dem sie gegolten hatte. Aus diesem Grund hat sie auch ihren merkwürdigen Namen bekommen. Das von uns befischte Wasser war mit einer mehr als erwünschten Menge kleiner Forellen besetzt, und das Problem war, die stärkeren Fische aus der Menge der kleineren herauszufangen. BC brachte den größten Teil eines Morgens damit zu, den gierigen kleineren Fischen die Fliege mit dem Ruf «Get off!» («Hau ab!») aus dem Maul zu ziehen. Die «Gerroff» ist überaus leicht zu binden. Binden Sie mit braunem Bindefaden in der Mitte des Hakenschenkels einen Streifen PVC oder Polyäthylen ein. Mischen Sie dann 3 Teile olivbrauner mit 1 Teil fluoreszierend-rosa Seehundwolle, und spinnen Sie dies an den Bindefaden. Winden Sie einen beidseitig verjüngten, bis zum Öhr reichenden Körper, ziehen Sie den PVC-Streifen straff über den Körper und binden Sie ihn am Öhr ab.

Bindematerial

Haken: Nr.10–14 DE, mit etwas längerem Schenkel
Bindefaden: Braun
Körper: 3 Teile olivbraune und 1 Teil fluoreszierend-rosa Seehundwolle
Flügelgehäuse: PVC-Streifen
Zu beachten: Dieses Muster ist nur für Stillwasser oder schwache Strömung geeignet.

Die PVC-Nymphe

Dies ist eines unserer ältesten Muster, das JG ursprünglich als Nachahmung der in Flüssen lebenden Nymphen der vielen olivfarbenen Eintagsfliegenarten entwickelt hat. Es hat sich aber in jüngster Zeit ebenso im Stillwasser als wirksame Nachbildung der Nymphen der Teich- und See-Olivfarbenen erwiesen. Als dieses Muster entstand, war Sawyers Fasanenschwanznymphe auf dem Weg zu immer größerer Beliebtheit. Obgleich es eine ausgezeichnete Nachbildung der dunkleren Nymphenart ist, insbesondere wenn sie mit der «Reiz»-Methode des «Aufsteigenlassens der Nymphe» angeboten wird, meinte JG jedoch, sie habe die falsche Farbe für die normale Präsentation mit unbewegtem Treibenlassen zu Zeiten, wenn olivfarbene Nymphen schlüpfen. Das neue Muster, das wie Sawyers Fliege mit Kupferdraht gebunden wird, hatte sofort durchschlagenden Erfolg und ist inzwischen immer beliebter geworden. Viele starke Forellen sind ihm in Flüssen und Seen zum Opfer gefallen. Fasanenschwanz- und PVC-Nymphe sollten beide mit ans Wasser genommen werden, da sie sich gegenseitig ergänzen.

Die PVC-Nymphe ist nicht ganz einfach zu binden. Die Verteilung der verschiedenen Bindematerialien gelingt erst nach einiger Übung. Nehmen Sie eine Länge Kupferdraht, und formen Sie damit in einigem Abstand vom Öhr eine dicke Brust – wie bei der Fasanenschwanznymphe –, wickeln Sie dann eine Lage Draht weiter bis zum Hakenbogen, und schneiden Sie den überstehenden Rest ab. Legen Sie am Bogen braunen Bindefaden fest, und binden Sie dort einen 3mm breiten Streifen PVC sowie 3 olivgefärbte Kondorfederfibern ein. Binden Sie zusätzlich 3 olivgrüngefärbte Goldfasan-Schopffederfibern so ein, daß die Spitzen 5mm nach hinten überstehen und die gescheckten Schwanzfäden bilden. Winden Sie den Bindefaden dann zunächst zum Öhr, führen die 3 Kondorfibern in gleichmäßigen Windungen über den Kupferdraht zum Öhr und binden sie ab. Führen Sie den Bindefaden bis hinter die Brust, winden Sie den PVC-Streifen über die Kondorfibern bis zur Brust, und binden Sie ihn ab. Jetzt wird der Bindefaden bis zum Öhr geführt. Schließlich wird mit 2 oder 3 dunklen Fasanenschwanzfibern durch mehrfaches Umlegen vorwärts und rückwärts das Flügelgehäuse gebildet, und die Fibern werden abgebunden.

Bindematerial

Haken: Nr.12–17 DE
Bindefaden: Braun
Schwanzfäden: 3 olivgrüngefärbte Goldfasan-Schopffederfibern
Unterkörper: Kupferdraht
Oberkörper und Brust: 3 olivfarbene oder olivbraune Kondorfibern (oder Ersatz)
Körperabdeckung: 3 mm breiter PVC-Streifen
Flügelgehäuse: 2 oder 3 dunkle Fibern vom Fasanenschwanz

Anmerkung: Bei winzigen unbeschwerten Mustern an Haken der Größe 18 oder kleiner lassen wir den Kupferdraht weg und formen die Brust aus dunkelbraungefärbten Truthahnfibern. Solche winzigen Muster sind manchmal sehr wirksam auf Forellen, die Nahrung dicht unter der Wasseroberfläche nehmen.

Die «Grey Fox Variant»

Dies ist ein amerikanisches Muster, das, zur richtigen Zeit benutzt, auch bei uns sehr fängig sein kann, weshalb wir es nicht unerwähnt lassen dürfen. Die Fliege wurde ursprünglich von Preston Jennings entwickelt und ist in jüngster Zeit von dem Meisterfischer und Fliegenbinder Art Flick weiter verbessert worden. Flick hat in einem Aufsatz betont, er würde ohne Zögern dieses Muster als Fliege seiner Wahl angeben, wenn er gezwungen wäre, die ganze Fangzeit über nur mit einer einzigen Fliege zu fischen. Die «Grey Fox Variant» ist tatsächlich eine wundervolle Fliege, vor allem in der zweiten Hälfte der Saison, wenn Köcherfliegen besonders häufig sind. Sie ist oft erfolgreich, wenn sie wie eine normale Trockenfliege stromauf geworfen wird. Am wirksamsten ist sie jedoch, wenn man ihr Leben verleiht und sie in der Nähe steigender Forellen leicht und zart über die Wasseroberfläche zieht. Auf Grund der speziellen Hechelbindeweise reitet sie dabei hoch auf den Hechelspitzen und gleicht täuschend einer frisch geschlüpften Köcherfliege, die, beim Versuch aufzufliegen, über die Wasseroberfläche schlittert. Besonders wirksam ist diese Fliege auch in der Dämmerung. Es ist erstaunlich, wieviele Forellen durch sie zum Steigen gebracht werden, wenn sie in rasch fließenden Flußstrecken querüber geworfen oder am Oberende von Rieseln, in Taschen und Wirbeln zwischen Krautbetten und Felsbrocken gefischt wird. Die «Grey Fox Variant» kann an Haken unterschiedlicher Größe gebunden werden, je nach der Köcherfliegenart, die gerade schwärmt.

Die Fliege ist schwierig zu binden. Als erstes bindet man 6–8 honigfarbene Hahnenhechelfibern als Schwanz ein, die aber länger als normal sein müssen, damit sie die großen Hecheln am Öhr ausbalancieren. Zur Körperbildung wird ein gestreifter hell-ingwerfarbener Hechelkiel eingebunden, der vorab gut in Wasser eingeweicht wurde. Winden Sie den Kiel nur über ein Drittel der Schenkellänge, binden ihn an und schneiden den Rest weg. Die Hahnenhecheln für diese Fliege müssen von guter Qualität, scharf und möglichst flaumfrei sein. Außerdem sollten sie um drei Hakennummern längerfibrig sein als normal, aber alle gleich groß und von gleicher Flusenlänge. Drei Hecheln werden am Körper auf der Oberseite des Hakenschenkels, mit dem Stamm zum Öhr zeigend und mit der glänzenden Seite nach vorn eingebunden. Die nahe Hechel sollte dunkel-ingwerfarben, die mittlere grizzle und die hintere hell-ingwerfarben sein. Die überstehenden Hechelstämme werden weggeschnitten. Winden Sie dann die dunkel-ingwerfarbene Hechel in eng anliegenden Windungen mit der glänzenden Seite zum Öhr zeigend an. Nachdem sie festgebunden und der Rest weggeschnitten ist, verfährt man mit der Grizzle-Hechel ebenso, indem man sie über die dunkle Ingwer-Hechel windet. Die helle Ingwer-Hechel wird ebenfalls in engen Windungen über die beiden anderen Hecheln gewunden. Nachdem Sie alle querstehenden Hechelfibern weggeschnitten haben, werden Körper und Kopf gut lackiert.

Bindematerial

Haken: Nr.10–14 UE
Bindefaden: Gelb
Schwanzfäden: 6–8 honigfarbene Hahnenhechelfibern
Körper: Hell-ingwerfarbener Hechelkiel
Hecheln: 1 dunkel-, 1 hell-ingwerfarbene und 1 Grizzle-Hahnenhechel

Versunkener Spinner

Es wurde schon erwähnt, daß die weiblichen Spinner einiger Eintagsfliegen-Arten zur Eiablage tief ins Wasser hinunterkriechen. An Stellen, wo dies vor sich geht, liegen Forellen auf der Lauer und nehmen die toten Spinner, die nach Erfüllung ihrer Aufgabe mit der Strömung angetrieben kommen. Der «Versunkene Spinner» ist erstmals von Neil Patterson gebunden worden und hat sich als Nachahmung der Insekten in diesem Stadium sehr wirksam gezeigt. Er sollte weit oberhalb einer auf solche Spinner anstehenden Forelle eingeworfen werden, damit er genügend Zeit hat, auf ihre Standtiefe abzusinken. Wenn er beim ruhigen Abtreibenlassen nicht genommen wird, gibt ihm ein leichtes Anheben der Rute genug Bewegung, um die Forelle auf ihn aufmerksam zu machen.

Bindeweise des Versunkenen Spinners

Binden Sie ziemlich tief auf den Hakenbogen 2 Hasen-Barthaare und ein Stück Angelnylon ein. Ein Stumpf der Barthaare wird kurz abgeschnitten, der andere bleibt als Rippmaterial stehen. Lassen Sie den Bindefaden am Bogen abhängen, legen Sie eine Länge Kupferdraht auf dem Hakenschenkel fest, formen damit die Brust, führen den Draht bis zum vorgesehenen Körperende und wieder zurück. Den Drahtrest schneiden Sie weg. Winden Sie den Bindefaden zur Formung des Körpers bis zur Brust, rippen Sie den Körper mit dem verbliebenen Barthaarende und binden es an der Brust ab. Nun binden Sie hinter der Brust 3 Fasanenhahn-Schwanzfederfibern und vor der Brust 1 Dachshechel an. Legen Sie 2 Hechelwindungen über die Brust, binden Sie die Hechel dahinter ab, und schneiden Sie die Hechelspitze weg. Falten Sie nun die Fasanenschwanzfibern zweimal über dem Bruststück, und binden Sie jede Lage vorn und hinten mit dem Bindefaden an. Alle Hechelfibern unterhalb des Körpers werden jetzt weggeschnitten, so daß die verbleibenden Fibern waagrecht ausgebreitete Flügel bilden. Sichern Sie den Kopf mit Lack.

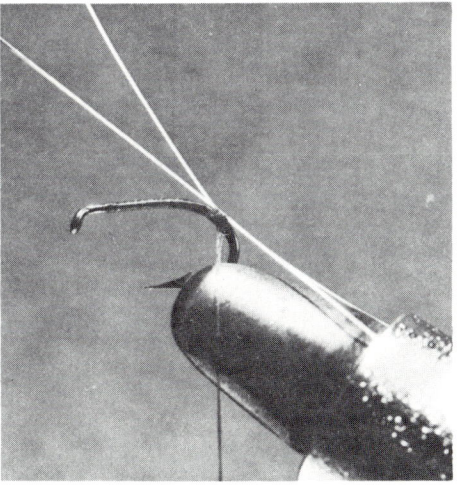

1 Winden Sie eine Bindefadenlage an den Hakenschenkel und ziemlich weit in den Bogen hinein. Binden Sie dort 2 Hasenbarthaare als Schwanzfäden ein, schneiden Sie einen der beiden Stümpfe weg, und lassen Sie den anderen als Rippmaterial stehen.

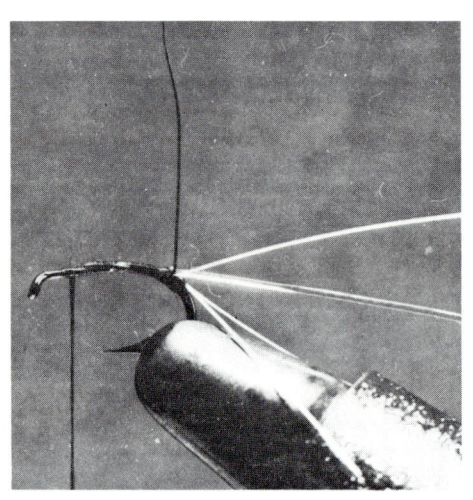

2 Binden Sie eine Lage Angelnylon von 5 Pfund Tragkraft am Hakenbogen ein, legen Sie daneben eine Länge Kupferdraht fest, und winden Sie diesen bis zum Öhr.

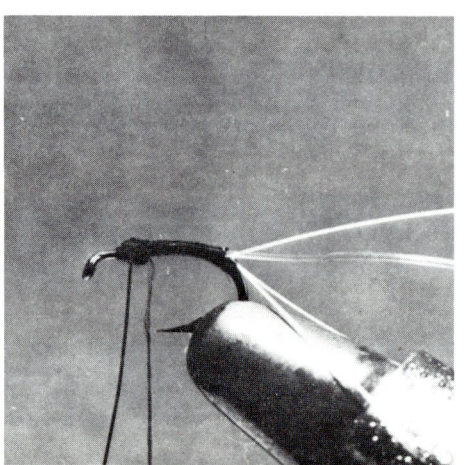

3 Formen Sie mit dem Draht hinter dem Öhr eine dicke Brust, und schneiden Sie den Draht weg. Winden Sie den Bindefaden sauber über die Drahtwindungen bis dicht an die Brust.

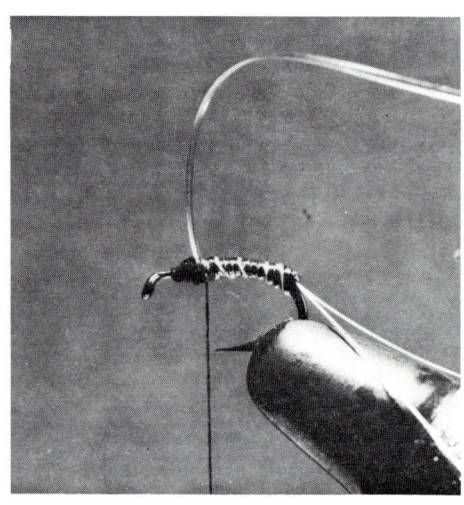

4 Rippen Sie den Körper mit dem stehengelassenen stumpfen Barthaarende, binden Sie das Haar hinter der Brust ein, und schneiden Sie den Rest weg. Winden Sie das Angelnylon in einigen Windungen über den Unterkörper, binden es hinter der Brust ab und schneiden den Rest weg.

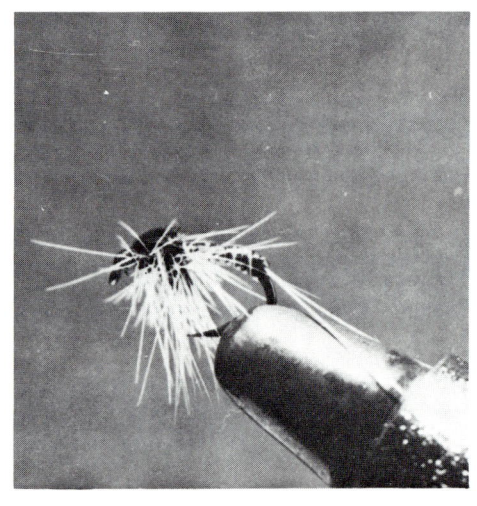

5 Binden Sie unter der Brust 3 Fasanenhahn-Schwanzfederfibern ein und, vor der Brust, 1 Dachshechel. Schneiden Sie die Überhänge kurz weg.

6 Legen Sie 2 oder 3 Hechelwindungen um die Brust, legen Sie die Hechel hinter der Brust fest, und schneiden Sie die Hechelspitze weg.

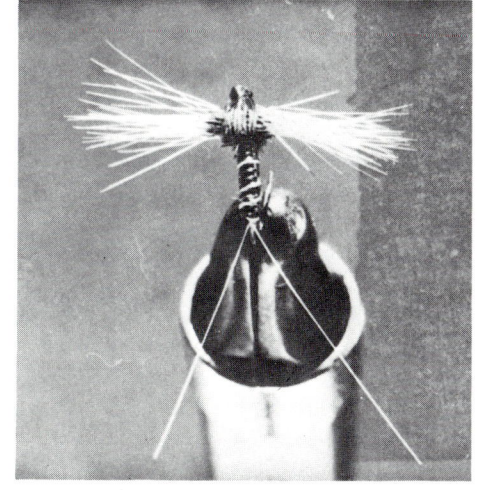

7 Falten Sie die Fasanenschwanzfibern zweimal über Brust und Hechel, legen Sie den Rest der Fibern am Öhr fest, und schneiden Sie den Überhang kurz ab. Formen Sie mit dem Bindefaden einen verjüngten Kopf, und sichern Sie ihn mit Lack. Schneiden Sie alle nicht waagrecht abstehenden Hechelfibern auf der Oberseite der Brust weg.

8 Drehen Sie den Haken im Bindestock um. Kappen Sie auch alle auf der Unterseite nicht waagrecht abstehenden Hechelfibern, so daß die restlichen Fibern waagrecht abstehende Flügel bilden.

9 Bringen Sie auf die Basis der Schwanzfäden einen Tropfen Lack auf, um sie in gespreizter Stellung zu fixieren.

Bindematerial
Haken: Nr.12–14 von Mustad, Nr.14–16 anderer Fabrikate, kurzschenklig
Bindefaden: Karmesin
Schwanzfäden: 2 Hasenbarthaare (ersatzweise 2 Pferdeschwanzhaar-Stücke)
Rippband: Stumpfes Ende eines Hasenbarthaars (bzw. Pferdeschwanzhaars)
Unterkörper: Dunkelrot emaillierter Kupferdraht

Oberkörper: Flachgeklopftes Angelnylon, Tragkraft 5 Pfund
Brust: 3 Fasanenhahn-Schwanzfederfibern
Flügel: 1 Dachshechel

Die USD «Black Gnat»

Wenn diese kleinen Landinsekten (*Bibio johannis* etc.) auf das Wasser geraten, hat sich das Muster als sehr nützlich erwiesen. Es wird ebenfalls im USD-Stil auf einen Kielhaken gebunden. Interessant ist die Art der Flügelbefestigung. Der Flügel ist aus Polyäthylen und wird am hinteren Ende durch Aufspießen auf die Hakenspitze waagrecht gehalten. Das ergibt eine außerordentlich dauerhafte Fliege, da der Flügel an beiden Enden gesichert ist. Die Polyäthylenfolie hat den weiteren Vorteil, daß die Unterseiten des Flügels dünn mit Fett eingerieben werden können, so daß sie von unter Wasser gesehen glitzern und eine Vielfalt von Farben reflektieren, gleich den Flügeln des natürlichen Insektes, wenn es den Außenrand des Sichtfensters durchquert. Alles in allem ist dies wirklich ein sehr lebensechtes Muster.

Die Bindeweise der USD «Black Gnat»

Winden Sie eine Bindefadenlage bis zum Hakenbogen, und binden Sie dort 3 schwarzgefärbte Fasanenschwanzfibern ein. Winden Sie den Bindefaden dann bis zur ersten Hakenbiegung, winden Sie mit den Fasanenschwanzfibern den Körper und binden ab. Der nächste Schritt ist etwas knifflig. Stanzen oder schneiden Sie aus farbloser Polyäthylenfolie einen einzigen Flügel, und schneiden Sie seine Seiten mit der Schere so zurecht, daß sie fast gerade sind, wie beim natürlichen Insekt. Halten Sie nun den Flügel auf den Haken und messen Sie sorgfältig die Länge, und zwar so, daß der Flügel auch dann noch weit genug über das Hinterende des Körpers hinausragt, wenn er vorne eingebunden ist. Haben Sie die Einbindestelle ermittelt, setzen Sie den Flügel auf die Hakenspitze, durchstechen ihn und schieben ihn um den Hakenbogen herum, so daß er auf der Oberseite des Körpers aufsitzt. Zum Schluß binden Sie hinter dem Öhr eine schwarze Hahnenhechel ein.

USD Weißdornfliege

Das die Haarmücke *Bibio marci* nachahmende Muster wird ähnlich wie unsere neue «Black Midge» auf einen Kielhaken und mit Polyäthylen-Flügeln gebunden, hat jedoch 2 Flügel, die flach auf der Oberseite des Körpers und etwas aufgespreizt befestigt werden. Die Brust sollte sehr dick gewunden und der Körper gut ausgezupft werden, um die Schwimmfähigkeit zu erhöhen.

Bindeweise der USD Weißdornfliege

Nehmen Sie einen Kielhaken Nr.12, winden Sie eine Bindefadenlänge vom Öhr zum Hakenbogen an, und binden Sie dort eine Länge Angelnylon von 4 Pfund Tragkraft ein. Dann binden Sie 5 oder 6 schwarze Straußenfederfibern ein, winden sie bis zum Öhr, legen sie dort fest und rippen den Fiberkörper mit dem Angelnylon. Drehen Sie den Haken im Bindestock um, und stutzen Sie den Körper so zurecht, daß er sich zum Hakenbogen hin verjüngt. Stanzen oder schneiden Sie aus farbloser Polyäthylenfolie 2 Flügel, und binden Sie diese auf der Körperoberseite, etwa ein Drittel der Schaftlänge vom Öhr entfernt, ein. Die Flügel sollten einen spitzen Winkel einschließen und leicht aufwärts gerichtet sein. Knoten Sie aus schwarzgefärbten Fasanenschwanzfibern 2 lange Beine,

Bindematerial

Haken: Kielhaken Nr.18
Bindefaden: Schwarz
Körper: Schwarzgefärbte Fibern einer Fasanenhahn-Schwanzmittelfeder
Hechel: Schwarze Hahnenhechel

und binden Sie diese auf beiden Seiten des Brustabschnittes schräg nach hinten zeigend ein. Als letztes binden Sie die schwarze Hahnenhechel ein und schließen mit dem Kopfknoten ab.

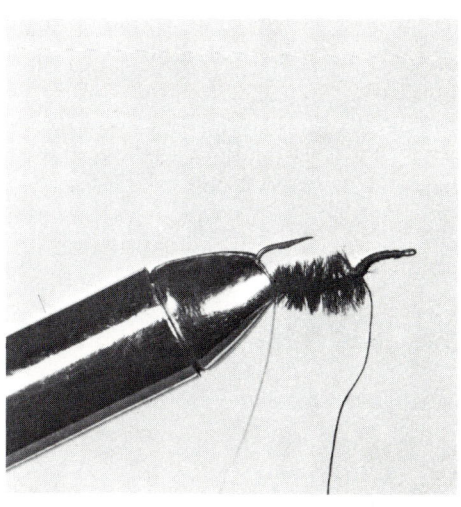

1 Spannen Sie einen Kielhaken Nr. 12 mit der Spitze nach oben in den Bindestock. Legen Sie vor dem Hakenbogen ein Stück Angelnylon als Rippmaterial und dann 5 oder 6 schwarze Straußenfederfibern an, die gemeinsam bis zum ersten Knick des Hakenschenkels gewunden werden.

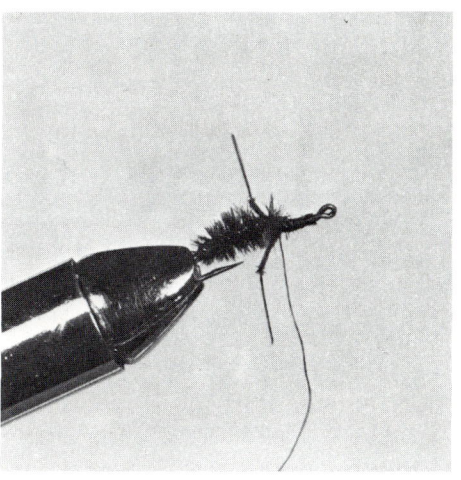

2 Rippen Sie den Körper und stutzen Sie ihn mit der Schere so zurecht, daß er sich zum Hakenbogen hin verjüngt. Binden Sie 2 geknotete schwarze Fasanenschwanzfibern etwas nach hinten zeigend unter dem Körper ein. Sie sollen die schräg nach hinten hängenden langen Hinterbeine des Vorbildes vortäuschen.

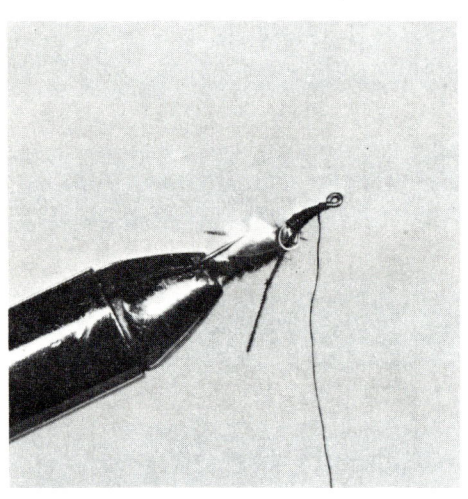

3 Binden Sie dicht am Öhr 2 Flügel aus farblosem Polyäthylen ein.

Bindematerial
Haken: Nr. 12, Kielhaken
Bindefaden: Schwarz
Rippband: Angelmonofil, 4 Pfund Tragkraft
Körper: 5 oder 6 schwarze Straußenfibern
Flügel: Farbloses Polyäthylen, mit der Flügelstanze ausgestanzt
Hechel: Schwarze Hahnenhechel
Hinterbeine: 2 schwarzgefärbte Fasanenschwanzfibern mit Knoten in halber Länge

4 Winden Sie zwischen dem Öhr und den Flügeln 3 oder 4 Windungen einer dickfibrigen schwarzen Hahnenhechel. Kopfknoten und Sichern mit Lack.

5 Die fertige Fliege von oben gesehen.

PB Maifliege

Diese neue Fliege war von Anfang an erfolgreich und brachte in ihrer ersten Saison viele starke Forellen. Ihr Körper liegt ganz im Oberflächenfilm, wie bei der verhältnismäßig schweren natürlichen Maifliege. Trotzdem schwimmt sie ausgezeichnet, auch in rasch strömendem und rauhem Wasser. Sie hat einen Plastikkörper (englisch: plastic body, abgekürzt PB) und ist ziemlich leicht zu binden, wenn die nachstehende Anleitung befolgt wird.

Die 3 Schwanzfäden werden ziemlich weit auf dem Hakenbogen mit grell orangem Bindefaden gebunden und sollten leicht gespreizt sein. Binden Sie eine Länge fluoreszierender Flockseide (Marke Firebrand) und dann eine Länge olivfarbene Flockseide (Marke Marabou) ein, woraus ein dicklicher Unterkörper geformt wird. Rippen Sie diesen *sparsam* mit dem Firebrand, binden beide Fäden am Öhr ab und schneiden den Überhang weg. Schneiden Sie von einem Maifliegenkörper (der Firma Veniard) die äußerste Spitze weg, so daß ein kleines Loch entsteht, mit dessen Hilfe man ihn, mit dem spitzen Ende voran, über das Hakenöhr streifen kann. Wenn das weggeschnittene Stück die richtige Länge hatte, dann ist das entstandene Loch etwas weiter als der Durchmesser des Unterkörpers. Der Plastikkörper wird über den Unterkörper bis zum Schwanz geschoben – nachdem man jedoch vorher etwas wasserfesten Klebstoff um das Schwanzende des Unterkörpers verteilt hat, der das Loch im Plastikkörper abdichtet. In das andere Ende des Plastikkörpers kann man einen Schlitz schneiden, damit auch er leicht über das Öhr gestreift und mit einigen straffen Bindefaden-Windungen festgelegt werden kann. Zwischen dem Öhr und dem Anfang des Plastikkörpers muß jedoch genügend Raum für 2 Hecheln bleiben. Die beiden Hecheln können gleichzeitig angewunden werden.

Die «Super Grizzly»

Die Mehrzahl der von uns bisher empfohlenen Muster wurde für besondere Gelegenheiten entwickelt oder sollte ein bestimmtes Insekt nachahmen. Es kommt jedoch nicht selten vor, daß eine dem eben schlüpfenden Insekt entsprechende Fliege gar nicht nötig ist oder der Angler nicht schlüssig wird, was die Forellen nehmen. Für solche Anlässe ist ein *Universalmuster* wertvoll. Nun gibt es zwar schon viele Kunstfliegen dieser Art. Trotzdem ist immer noch Platz für eine mehr, sofern sie gut ist. Unsere neue Fliege ist gut: Sie ist ungewöhnlich fängig und hat ihren Wert in Flüssen, Seen und Bergbächen bewiesen. Sie ist als Universalmuster für alle Eintagsfliegen mit dunklerem Körper gedacht. An und für sich kann sie auf Haken jeder beliebigen Größe gebunden werden. Wir fanden aber doch in den meisten Fällen Nr.14 und 16 richtig – was eigentlich ja auch auf der Hand liegt.

Die «Super Grizzly» ist ziemlich einfach zu binden. Winden Sie den orangefarbenen Bindefaden bis zum Hakenbogen, und binden Sie dort 2 Bisambarthaare (ein Büschel Hechelfibern für rauhes Wasser) als Schwanzfäden ein. Binden Sie anschließend 3 Reiherfibern ein, drehen sie zusammen, winden sie zur Formung des Körpers bis zum Öhr und binden dort ab. Die beiden Hecheln, Rücken gegen Rücken, gemeinsam anwinden. Sie sollten von bester Qualität sein, mit kurzem Flaum und sehr steif. Färben Sie zum Abschluß die Schwanzfäden mit Filzstift hellgrau und tupfen einen Tropfen Lack auf ihre Basis.

Bindematerial

Haken: Nr.10 oder 12, langschenkliger Kielhaken
Bindefaden: Grell Orange
Schwanzfäden: 3 dunkle Fasanenschwanzfibern oder Elchmähnenhaare
Körper: Plastik-Maifliege (Veniard)
Unterkörper: Olivfarbene Flockseide Marabou, orange fluoreszierende Flockseide (Firebrand)
Hechel: Je 1 olivfarbene und Grizzle-Hechel

Bindematerial

Haken: Nr.14, 16, feindrähtig UE
Bindefaden: Grell Orange
Schwanzfäden: Hell-Rotbraunes Hahnenhechelfiber-Büschel oder Bisambarthaare (für mäßige Strömung)
Körper: 3 Reiherfibern
Hecheln: Je 1 grizzle und rote Hahnenhechel

15   Postskriptum: Der bartlose Haken

Wir möchten dieses Buch mit einem Appell zu Gunsten der Forelle schließen.

Beim Fliegenfischen werden fast überall Haken mit Bart (Widerhaken) benutzt. Dennoch glauben wir, daß sowohl aus praktischen wie ästhetischen Gründen in Zukunft bartlose Haken ohne Nachteil für die Angler verwendet werden könnten. Schaden hätten davon vielleicht nur die Gegner des Angelns.

Der Widerhaken dient zwei Zwecken: Bei vielen Angelmethoden hat er die praktische Aufgabe, den Köder am Haken zu halten. Bei allen Angelarten – auch der unseren – hat er den zweiten Zweck: Er sorgt für die Seelenruhe des Anglers. Der Gedanke, daß ein Haken bis über den Bart eingedrungen ist und *nicht ausfallen kann*, es sei denn unter ganz ungewöhnlichen Bedingungen, wärmt das Anglerherz. Er ist eine Art Versicherung gegen das Abkommen eines Fisches.

Aber ist er das wirklich? Während mehrerer Fangzeiten haben wir bartlose Haken benutzt – gekaufte oder gewöhnliche Haken, deren Bart wir entweder weggefeilt oder mit einer winzigen Zange an den Hakenschaft gedrückt hatten –, und wir konnten nicht feststellen, daß wir mehr Fische verloren.

Natürlich sind uns *einige* Fische abgekommen. Angler, denen so etwas nicht passiert, dürften sehr selten sein. Ganz bestimmt gingen uns nicht *mehr* Fische verloren, und JG ist ganz sicher, daß ihm viel weniger abkamen.

Wie ist dies möglich?

Die Kiefer einer Forelle sind überwiegend knochig – ledrig. Wenn ein Haken mit Bart loskommt, dann meist deshalb, weil er nicht weit genug, das heißt bis über den Widerhaken, eingedrungen ist. Und wenn der Haken beim Drill nicht einfach ausfällt, dann geht ein Fisch oft dadurch verloren, daß infolge der starken Hebelwirkung auf die Spitze eines nur mit der Nadel sitzenden Hakens sich der Haken entweder aufbiegt oder an seiner schwächsten Stelle bricht – und dies ist die Kerbe unmittelbar hinter dem Widerhaken.

Vom bartlosen Haken mag hin und wieder ein Fisch abkommen, weil der Haken ausfällt. Unter normalen Bedingungen dringt jedoch der bartlose Haken immer ein: Es ist einfach nichts da, was ihn hindern könnte. Und weil der Druck immer auf eine voll eingedrungene Spitze wirkt, biegen sich unsere Haken nicht auf und brechen auch nicht. Tatsächlich kann sich keiner von uns daran erinnern, daß uns ein bartloser Haken *jemals* gebrochen oder aufgebogen wurde. Wenn ein bartloser Haken gelegentlich wirklich einmal ausfällt, wird dieser Verlust durch die geschilderten Vorteile mehr als ausgeglichen. Wir glauben nicht, daß Haken mit Widerhaken, und ganz besonders solche mit den heute üblichen riesigen Widerhaken dazu beitragen, daß mehr Fische gelandet werden.

Was wir bisher vorbrachten, waren praktische Erwägungen. Es gibt aber auch ästhetische Überlegungen.

Die überwiegende Mehrzahl erfahrener Fliegenfischer dürfte darin einig sein, daß der Augenblick der Täuschung *der* große Moment in der Ausübung ihrer Kunst ist, daß das Steigen nach der Trockenfliege oder das Nehmen der Nymphe oder Naßfliege der eine Augenblick ist, der ihnen die größte Befriedigung verschafft. Die Jagd und das Anpirschen sind spannend, aber doch nur Einleitung zum Wurf. Der Drill und die Landung vermögen Augenblicke der Erregung und des Siegesgefühls zu verschaffen, hängen aber eben doch vom

Anbiß ab. Die *Täuschung* allein ist Ergebnis und Beweis des Könnens. Ist sie gelungen, so geben sich viele Angler damit zufrieden, den Fisch zu drillen und wieder ins Wasser zurückzusetzen.

Bevor jedoch die Forelle wieder ins Wasser kommt, muß der Haken aus ihrem Maul entfernt werden. Jeder von uns weiß, daß dies oft genug nicht einfach ist. Der Haken muß mühsam herausmanipuliert werden, er reißt ein Loch ins Fischmaul, und nicht selten fließt dabei Blut.

Werden verletzte Fische ins Wasser zurückgesetzt, dann kümmern sie oft genug dahin. Häufig geht ein blutender Fisch ein. Was für einen Sinn hat es, einen Fisch ins Wasser zurückzusetzen, der von da an zum Kümmern verdammt oder zum Tode verurteilt ist?

Der bartlose Haken macht all das unnötig. Er kann mit einer leichten Fingerdrehung entfernt werden. Für die Forelle bedeutet dies nicht mehr als ein Nadelstich beim Menschen. Blut fließt dabei fast nie. Ja es ist oft möglich, den Fisch vom Haken zu befreien, ohne ihn anzufassen – viele Fische erleiden ja allein schon durch das Anfassen Schaden. Indem man die Rute mit einer Hand weit nach hinten hält und die andere Hand am Vorfach entlang zum Haken gleiten läßt, kann die Forelle oft vom Haken befreit werden, ohne daß sie aus dem Wasser genommen wird. Dies gelingt besonders leicht und ist namentlich wichtig, wenn untermaßige Fische – die Sportfische von morgen – zurückgesetzt werden.

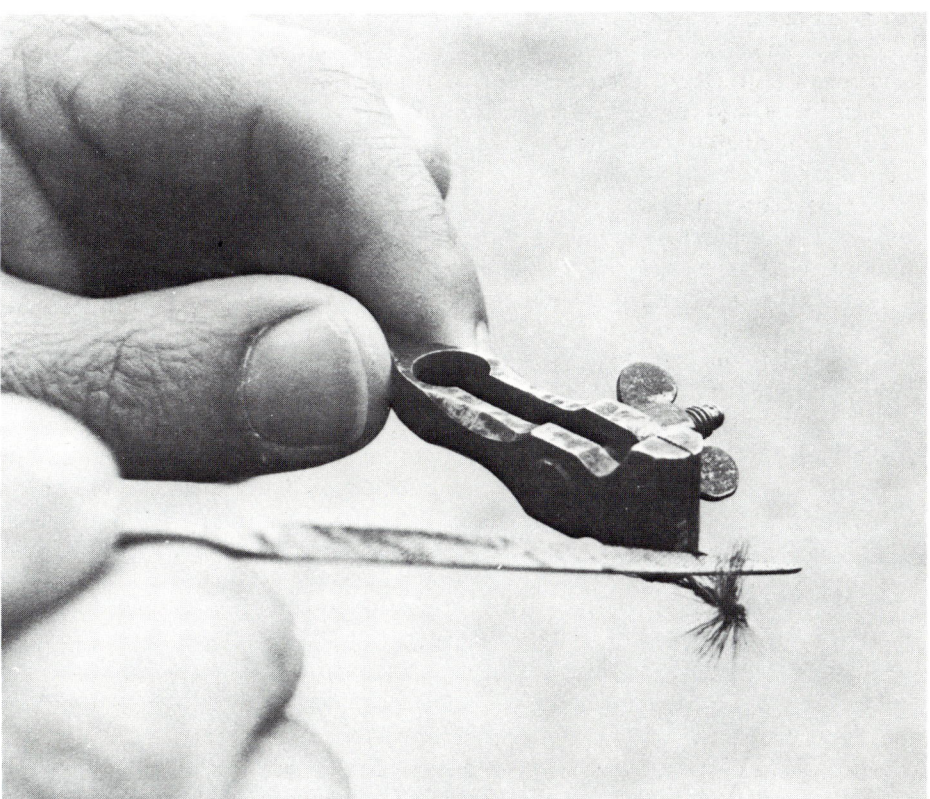

Abb. 55. Die meisten heute käuflichen Haken sind mit Widerhaken versehen. Wir fischen jedoch lieber mit bartlosen Haken. Das Foto zeigt, wie man den Bart von jedem Haken durch ein paar Striche mit einer feinen flachen Feile entfernen kann. Ebenso gut läßt sich der Widerhaken mit einer Miniatur-Flachzange an den Hakenschenkel drücken.

Für uns selbst töten wir nur wenige Fische. In gut besetzten Gewässern, in die Fische zurückgesetzt werden dürfen (was in den meisten stehenden Gewässern in England gegen die Vorschriften verstößt), töten wir von den Hunderten gefangener Forellen kaum mehr als ein Dutzend zum Essen. In Wildgewässern, die nicht besetzt werden, töten wir Fische nur dann, wenn das Wasser den Verlust offensichtlich gut verträgt und wir sehr gern einen Fisch essen möchten.

Dort wo die Umstände es erlauben, sind wir entschieden für die Schaffung von Fischwassern, in die alle gefangenen Fische wieder zurückgesetzt werden müssen – oder wenigstens für Teilstrecken, in die alle unverletzten Fische wieder zurückgesetzt werden dürfen. Damit würde zwar dem Angler das Täuschungsgeschäft erschwert, dafür aber die Kosten für Besatz gesenkt und der Augenblick des Triumphs noch denkwürdiger. (Noch etwas anderes müssen wir im Zusammenhang mit entnahmefreiem Fischwasser hervorheben. Es hat keinen Sinn, bartlose Haken zu verwenden, wenn die Forelle infolge der Art, wie sie gedrillt wird, doch eingeht. Viele Fische sterben oder kümmern durch Sauerstoffmangel und durch Gehirnschäden, weil der Drill zu sehr in die Länge gezogen wird. Drillen Sie Ihre Fische immer hart, wie es das Gerät erlaubt, und lassen Sie Fische, die Sie zurücksetzen wollen, so rasch wie möglich wieder frei.)

Doch zum Schluß noch das Wichtigste.

Jedem, der an den Ufern unserer Flüsse und Seen wandert und dem das Wohl unseres Sports am Herzen liegt, muß auffallen, daß hier vieles im Namen des Sports geschieht, was die Mehrzahl von uns für abscheulich hält.

Unser wohl häufigstes Versagen als Gruppe besteht darin, daß wir uns nicht soviel um unsere Beute kümmern, wie wir könnten. Und die Leute, die uns um unseren Sport bringen möchten – ihre Zahl nimmt zu –, werden dieses Versagen gegen uns benutzen, wenn sie ihr Schwarzbuch zusammenstellen.

Jeder von uns hat die Pflicht, dafür zu sorgen, daß das Verhalten der Angler am Fischwasser sich bessert, solange noch Zeit dafür ist. Zuoberst auf der Liste der notwendigen Verbesserungen muß das Vermeiden jeder Art von unnötiger Quälerei der Fische stehen. Die verbindliche Einführung von bartlosen Haken, als erster Schritt in diesem Bestreben, wäre keine schlechte Sache.

Die numerierten Illustrationen

Abb.		Seite
1	Annäherung ans Ufer	19
2	Zwei Burschen von der Mafia	23
3	Wie das Spiegelbild eines Baumstamms das Glitzern der Wasseroberfläche ausschaltet	24
4	Ein heller Fleck ... und der flüchtige Anblick einer starken Forelle	28
5	Ein Schatten auf dem Flußgrund vermag den wahren Standort einer Forelle zu verraten	29
6	Der durchsichtige Fisch: eine hoch stehende Forelle	30
7	Die längsgerichtete Unterwasserwelt und das Signal der senkrechten Hinterkante des Forellenschwanzes	30
8	Ein wundervoller Standplatz für eine Forelle	33
9	Der Außenbogen einer Flußschleife ist ein klassischer Forellen-Standplatz	35
10	Ein sehr großer Fisch haust unter dieser Brücke	36
11	Ein Wehr, eine Schwelle oder ein Wasserfall ist ziemlich sicher ein Forellen-Standplatz	39
12	Kräftige Strömung – Kraut – eine Tasche mit tiefem Wasser: hier kann man Fische erwarten	40
13	Das wichtige Zeichen einer mit der Strömung abtreibenden kleinen Schlammwolke	42
14	Helle Flecken – ein todsicheres Anzeichen für Forellen-Standplätze	44
15	Ein heller Fleck aus der Nähe	45
16	Drei Stadien der Schwanzabnutzung durch dauernde Bodenberührung	46
17	Unsichtbare Fische verraten häufig ihren Aufenthaltsort durch eine Störung von Spiegelbildern im Wasser	50
18	Ein subtiles Anzeichen für die Anwesenheit einer Forelle im rauhen Wasser: kurze Unterbrechung des Wellenmusters	51
19	An Steine angeklammerte Flohkrebse veranlassen Forellen, die sie packen wollen, zu ungewöhnlichen Bewegungen	53
20	Die «gründelnde» Forelle – die in die Luft gestreckte Schwanzflosse kann irreführen	53
21	Das «Kuß»-Steigen ist eines der faszinierendsten Steigzeichen	55
22	Die Blaugeflügelte Olivfarbene	59
23	Die Wirkungen der Lichtbrechung	63
24	Was die Lichtbrechung für den Angler bedeutet	64
25	Das äußere Gesichtsfeld der Forelle	64
26	Wie die Forelle die Überwasserwelt sieht	65
27	Die «Fenster»fläche wird kleiner, je mehr sich der Fisch der Wasseroberfläche nähert	66
28	Das Auge der Forelle	67
29	Das Gesichtsfeld der Forelle	67
30	Das Prinzip der Scharfeinstellung	69
31	Durchmesser des «Fensters» der Forelle	73
32	Wie die Forelle eine auf sie zu schwimmende Dun sieht	76
33	Die Farbe der Kunstfliege kann wichtig sein	79

Abb.   *Seite*

34 Das Aufblitzen der Rute von unter Wasser gesehen   102
35 Welche Fliegenschnur-Farbe?   103
36 Die naturgetreue Nymphe, die Pionierleistung von Skues   111
37 Sawyers Fasanenschwanznymphe   111
38 Die Bahn der Nymphe beim «Leisenring-Heber»   112
39 Der künstliche Flohkrebs   114
40 Die Körperhaltung des Fisches verrät die Richtung, aus der er
   Nahrung erwartet.   115
41 Ein Wehrkolk. Hier ist allein die tiefgeführte Nymphe angebracht   117
42 Der Nadelknoten   118
43 Der doppelte Grinnerknoten   119
44 Der häufigste Fall, in dem das «Plop»-Angebot seinen Wert erweist   121
45 Die Forelle unter einer Brücke – auch ein Anwärter für das «Plop»-
   Angebot   122
46 Der gewitzte Fisch kann durch rechtzeitiges «Reizen» doch gefan-
   gen werden   126
47 Das Sich-Heben oder der «vermutete» Anbiß   129
48 Bewegungen des Vorfachs sind ein Schlüssel für das unsichtbare
   Nehmen der Fliege   130
49 Forelle, die auf einem Auge blind ist   136
50 Forellen steigen nach Fliegen an der Wasseroberfläche nicht senk-
   recht auf   137
51 Zupfen beim Fischen stromab   138
52 Zwei offensichtliche Kandidaten für die stromab angebotene Trok-
   kenfliege   142
53 Schwoienlassen stromab   143
54 Wie man ein Plastik-Flügelpaar ausstanzt   160
55 Wie man den Widerhaken am Haken entfernt   185

Alle Fotos wurden von den Verfassern aufgenommen, ausgenommen jene, die das Binden der neuen Fliegenmuster zeigen, sowie die im «Dank» besonders erwähnten Abbildungen.

Register

Abendsprung 72
Anbieten s. Nymphenfischen, Trocken-
  fliegenfischen, Werfen
Angler
  Deckung 19
  Kleidung 18, 102
  Sichtbarkeit von unter Wasser 93,
  101–102
Annäherung, Anpirschen 18–20
Aufsteigenlassen d. Nymphe
  s. Nymphenfischen
Auge der Forelle 67–71
  beidäugiges Sehen 67–68
  einäugiges Sehen 67
  Gesichtsfeld 67–68
  Lichtstärke 68
  Scharfeinstellung 71
  Tiefenschärfe 68–71
Ausmachen von Forellen s. Signale,
  Steigzeichen

Baëtis-Spinner 100, 123–124
Baigert, Dr. (Refractafliegen) 148
Bart s. Widerhaken
Baum
  Deckung f. Angler 19
  überhängend (Forellen-Standplatz)
  38–40
Beobachtung (Art und Weise; Ziele:
  Objekte und Erscheinungen) 18–19,
  22–60, 134–135
Beschwerung 111, 113–114, 117, 170–171
Bewegungen
  Angler 18–20, 24–25
  Forelle 26–28
Bindematerial
  Federfibern 147
  Federkiel 147
  fluoreszierendes 147
  Flusen 147
  Nylonnetz 165–169
  Polyäthylenfolie 150, 160, 163, 172,
  182
  Polyäthylenschaum 165–169
  PVC 171, 172, 174, 175
Binden s. Fliegen, künstl.; Fliegen-
  binden
Blaugeflügelte Olivfarbene (BWO) 59
Blinde Fische 135–136
Brille gegen Lichtreflexe 23
Brooks, Ch. E. 165

Brücken (Standplatz) 37
«Plop»-Einwurf bei 120, 122
BWO s. Blaugeflügelte Olivfarbene

Caenis-Spinner 95, 169
Canham, St. 169
Clark, J. 62
Cutthroat-Forelle 40

Darbietung oder Nachahmung? 133
Deckungsmöglichkeiten 19
Dreggen s. Furchen
Dun (Subimago d. Eintagsfliegen), künst-
  liche; s. a. USD Paradun
  Schlüsselmerkmale 79, 150–152
  Schwimmfähigkeit, besondere
  147–148
Dun, natürliche
  Flügel im «Fenster» 76–79, 150
  Füße im Oberflächenfilm 75–76, 78,
  90, 150
  Füße im «Spiegel» 80–81, 90
«Dunkeld» 72
Dunne, J. W. 147
«Durchsichtiger» Fisch 30

Eintagsfliegen, s. a. Dun
  Eisenblaue 123
  Olivfarbene, große dunkle 123
  –, kleine 123
  –, mittelgroße 123

Fallschirmhechelfliegen 148
Farbe
  bei Dunkelheit, Wahrnehmung 80–81
  und der «gewitzte» Fisch 79–80
  Oberflächenfliege 77–78
  Unterscheidungsvermögen d. Forelle
  71–72, 89
Fasanenschwanznymphe 82, 110–111,
  114, 175
  Wichtigkeit v. Umriß u. Farbe
  110–111
Federkiel s. Bindematerial
«Fenster» 62, 63–66, 72–74, 89–91
Fliege, künstliche; s. a. Nymphe, Oberflä-
  chenfliege, Trockenfliege, Unterwasser-
  fliege 75–82, 146–183
  Beschwerung 170–171
  Farbe 77–79, 89
  Flügel-Ausstanzen 154, 160, 162

geflügelte, Probleme d. Nachah-
  mung 146
Größe 78, 79
hechellose 148–149
Muster, neue 79–80, 94–95, 146–183
Naturtreue 77, 82, 133
Schlüsselmerkmale, Übertreibung 146
für Stillwasser 81
Umriß (Silhouette) 78, 79, 89, 147, 150
Fliege, natürliche
  im Oberflächenfilm gefangen 55–56
  Verhalten s. Standplätze, Steigzeichen
  unter Wasser eierlegende Arten 123
Fliegenbinden
  Anforderungen, allgemeine an Ober-
  flächenfliegen 77–80
  – – – Unterwasserfliegen 81–82
  Bindeanleitungen 146–183
  Muster, neue 79–80, 94–95
Fliegenfischer s. Angler
Fliegenschnur s. Schnur
Flohkrebs
  künstl. 114, 151
  natürl. 52–54, 97
  im Hochzeitskleid (Mating
  Shrimp) 95, 170–172
Flügel
  Aufleuchten b. Sonnenuntergang 81,
  85
  Aufscheinen im «Fenster» 76–77, 78,
  79, 91, 150
  Ausstanzen 154, 160, 162
  Herstellungsweisen 150, 154–155, 164,
  169, 180
Fluoreszierendes Bindematerial 147
Forelle
  Aggressivität im See 48
  Anzeichen für Vorhandensein
  s. Signale
  Bewegung, sichtbare 26–28
  blinde 135–136
  Farbsehvermögen 71–72, 77–79
  Flach- und Mittelwasser, im 34
  Freßverhalten (Steigzeichen) 48–60,
  86–87
  Gesichtsfeld 67–68
  «gewitzte» 10, 78–80, 120–121, 151
  Nachtsehvermögen 72–74
  Nahrungsaufnahme 48–60, 86–87
  schnellströmendem Wasser, in 34
  Schwanzflosse s. d.

Forelle (Fortsetzung)
  Sehvermögen 62–74
  Sichtbarkeit d. Anglers für 93,
    101–102
  Standplätze s. d.
    Verteidigung 33–34, 35
  Steigzeichen s. d.
  Tarnung 22, 26–27, 88
  unzugängliche 120–123
Furchen 104–105, 135
  bei Wurf stromab 141
Fußeindrücke der Dun s. Dun

Gemeinschafts-Standplätze 47
«Gerroff» 95, 126, 174
«Gewitzte» Forelle 10, 78–80, 120–121,
  151
G + H Sedge 95, 173
Goddard-Köcherfliege s. G + H Sedge
«Grey Fox Variant» 95, 176
Grinnerknoten 119

Haken 149, 154, 155, 160, 164, 173, 175,
  180, 183
  Kiel-(«Keel»-)Haken 149, 160, 164,
    180, 183
  umgedrehter (USD) 10, 79–80
  widerhakenlose 184–185
Halford, F. M. 146–147
«Hatching Midge Pupa» s. Schlüpfende
  Mückenpuppe
«Heller Fleck» am Flußgrund 44–47, 85
Hechel 77–78, 82, 96, 111, 112, 133, 148,
  150–152, 154–159, 160, 176, 177, 183
Hechellose Fliegen (No-Hackle)
  148–149
Horizontalwurf 93, 102, 141

Imitation s. Nachahmung
Induced take = Aufsteigenlassen der
  Nymphe s. Nymphenfischen
Insekten im Oberflächenfilm 56–57,
  s. a. Fliege, natürl.

Janssen, H. 155
Jennings, P. 176

Kapitaler Fisch s. Gewitzte Forelle
Kiel-(«Keel»-)Haken s. Haken
Kite, O. 123
Kleidung 18, 102
Knoten 118, 119

Köcherfliege
  «Platscher» als Steigzeichen auf 57
Köcherfliegenpuppe s. Schlüpfende K.
Kräuselung des Wassers 24, 28, 50–51
Krautbett (Standplatz) 40–41
Kriebelmücke 143
Kunstfliege s. Fliege, künstl.
«Kuß» (Steigzeichen) 54–57

Leisenring-Heber 112
Licht
  Bedingungen 24
  Brechung 62–65
  Gesetzmäßigkeiten, physikal. 62–66
  und Schatten 25
  Sonnen-, 23, 29–30
Löcher im Flußbett (Standplatz) 42
Luftblasen (Steigzeichen) 55–60

Maifliege 57
  PB Maifliege s. d.
Maifliegen-«Suspender»-Nymphe 95,
  166–168
«Mating Shrimp» s. Flohkrebs im Hoch-
  zeitskleid
«Mallard and Claret» 72
Marinaro, V. 62
  Bindeweise 148
«Midge»-Fischen 143–144
Mückenpuppe s. Schlüpfende
  Mückenpuppe
Muntz, W. R. A. 70, 71

Nachahmung
  Charakteristikum des Fliegen-
    fischens 13, 48, 133
  naturgetreue – wann? 77, 82, 133
Nachtsehvermögen der Forelle 72–74
Nadelknoten 118–119
Nahrungsangebot
  an der Oberfläche 56–57
  und Standplätze 32–34
  unter Wasser 51–54
Nahrungsaufnahme s. a. Standplätze,
  Steigzeichen
  abends 57, 72
  Grundmuster 32, 57, 72
Naturgetreue Nachahmung – wann? 77,
  82, 133
Nierenförmiger Wirbel 59–60

Nymphe
  Nehmen der Nymphe, Wahrnehmungs-
    möglichkeiten 127–132
    bei sichtbaren Forellen 129–130
    bei unsichtbaren Forellen 128–129
    Vorfachbewegung 130–131
    Weiße, das im Maul 127–128
Nymphen, künstl. 82, 95, 97, 110–111, 114
  beschwerte 111, 113–114, 117
  Bindeanleitungen 165–168, 170–172, 174,
    175
Nymphen, natürl. 56, 100
  «Steig»zeichen nach 51–52
Nymphenfischen 110–132
  Anbiete-Technik 111–126
  «Anbiß»zeichen 127–132
  Anschlag 127–128
  Aufsteigenlassen der N. (induced take)
    111–112, 124–126
  Definition 110
  «Plop»-Einwurf 120–126
  Spinner, versunkener 82, 95, 123–124
  Standtiefe d. Forelle/Strömungsgeschwin-
    digkeit, Einfluß von 113–114, 119
  stromab 111–112
  stromauf 110–111
  Tiefgeführte Nymphe 111, 116–120
    Anbieten 119–120
    Anforderungen 118
    Vorfach für 118–119
    Werfen 118–120
  Traditionelle Methoden 110–112

Oberflächenfilm
  Steigen nach Insekten im 54–58
Oberflächenfliege (surface fly)
  Anforderungen an Nachahmung 77–80
  Eigenschaften als Auslöser des Steig-
    reflexes 75–81
  Farbe 77–78
  Flügel im «Fenster» 76, 79, 150
  Füße im Oberflächenfilm 75–76, 78,
    80–81, 150
«Orange Quill», Fängigkeit 80

«Parmachene Belle» 72
PB (Plastic Body) Maifliege 95, 183
«Peter Ross» 72
«Platscher» (Steigzeichen) 57
«Plop»-Einwurf
  auf unzugängliche Forellen 120–123

in langsamem Fließgewässer 124–126
Polarisationsbrille 23
Polyäthylenfolie s. Bindematerial
Polyäthylenschaum s. Bindematerial
PVC s. Bindematerial
PVC-Nymphe 95, 111
    verglichen mit Fasanenschwanznymphe
    175

Querkräuselung des Wassers 50–51

«Refracta»-Fliegen 148
Richards, C. 148
Ring (Steigzeichen) 51–52, 53–54
Rinnen im Flußbett (Standplatz) 42
«Rolle» (Steigzeichen) 54
Rute
    Haltung 18, 93
    Lackierung gegen Vergrämen 93, 102
    Sichtbarkeit unter Wasser 93, 102

Sawyer, F. 26, 110, 111, 123
Schatten (Anwesenheitszeichen) 29–30
Schlammfahnen 42–43
Schlüpfende Köcherfliegenpuppe 95,
    169–170
Schlüpfende Mückenpuppe («Suspender»-
    Bindung) 95, 169
«Schlürfer» (Steigzeichen) 54–57
Schnur
    aus Sicht der Forelle 92, 103–104
Schwanzflosse
    abgenutzte 45–47
    Bewegung, sichtbare 27, 30
    erzeugt «hellen Fleck» 44–47, 85
    Wedeln (Steigzeichen) 53–54, 57–58
Sedge s. Köcherfliege
Seitenwurf s. Horizontalwurf
Sicht (Wahrnehmungsbild)
    des Anglers 22–24
    der Forelle 62–74
Signale f. Vorhandensein von Forellen
    25–30, 50–60, s. a. Steigzeichen
    Bewegungen des Wassers, vom Norma-
        len abweichend 26–28
    «Heller Fleck» 44–47
    Lichtblitz 27, 87
    Lichtschimmer 27, 30
    Linie, senkrechte 30
    Querkräuselungen 50–51
    Schatten 29

Schlammfahnen 42–43
Spiegelbilder, gestörte 50
Skues, G.E.M. 59, 110–111
Snell'scher Kreis 66, 77
Sonnenuntergang
    Lichtwirkung auf Füße der Dun 80–81
    Lichtwirkung auf Flügel der Spinner
        80–81, 85
Sosin, M. 62
«Spent Spinner» s. Spinner, versunkener
«Spider»-Fliegen 82
«Spiegel»
    Begriff 62
    Eigenschaften, physikal. 65–66
    Wichtigkeit f. Forelle 75, 82–83, 90, 97
Spiegelbilder, gestörte 50
Spinner, künstl. s. a. Polyspinner
    Körper im Oberflächenfilm 79, 96
    Schlüsselmerkmale 150–151
Spinner, natürl. 56, 85, 96, 123–124
Spinner, versunkener 82, 95, 123–124,
    177–179
Standplatzwechsel d. Forelle 32–33
Standplätze d. Forelle
    Arten und Auswahlgründe 32–36
    Bäume, überhängende 38–40
    Brücken 37
    Felsblöcke 40
    Futterplatz 32–33, 36
    Gemeinschafts- 47
    «gute» 35–36
    «Heller Fleck» 44–47, 85
    Krautbetten 40–42
    Löcher, Rinnen 42
    Ruheplatz 32–33, 36
    Schwellen 38
    Stauungen 38
    Strömungshindernisse auf Fluß-
        grund 40
    vor Hindernissen 21, 38, 40
    Wehrkolke 37–38
Steigreflex, Auslösung 75–82
Steigverhalten 49–50
Steigzeichen
    «Kuß» 54–57
    Luftblasen 59
    «Platscher» 57
    Querkräuselungen 50–51
    Ring, normaler 58
    Ring durch Schwanzflosse bei «Grün-
        deln» 53–54

«Rolle» 54
«Schlürfer» 54–57
Spiegelbilder, gestörte 50
Unterwasser-«Ring» 51–52
Vierteldrehung 52–53
«Wedeln» 53–54, 57–58
Wirbel, nierenförmiger 59–60
Stillwasser
    Fliegen für 81
    Schnurfarbe 103
Stromab-Wurf
    Nymphe 112
    Trockenfliege 138–144
Strömung
    Einfluß auf Nahrungsangebot 32
    Hindernisse als Standplätze 21, 38, 40
    Nebenströmungen 114–115
    schnelle
        Anforderungen an Kunstfliegen
            81–82
        Gefahr für Forelle 24
«Super Grizzly» 95, 183
«Suspender»-Muster 165
«Suspender»-Nymphe 95, 166
Swisher, D. 148

Tarnung
    Angler 18
    Forelle 22–27, 88
«Teal and Silver» 72
Tiefenschärfe des Forellenauges 68–71
Trockenfliege s. a. Dun
    Durchsichtigkeit 78, 89, 147
    Anforderungen an Nachbildung
        150–152
    Geschichte 146–149
    Hakengewicht, Wirkung 148
    Körpermaterial, fluoreszierendes 147
    Sonnenuntergang-Effekt an Flügeln
        80–89
    Schwimmfähigkeit, besondere
        147–148
Trockenfliegen-Fischen 133–144
    Anbieten, «richtiges» 133
    Bewegung verleihen 134–135
    Einwurf direkt auf Fisch 134
    «Midge»-Fischen 143–144
    Stromab-Wurf 138–143
    Stromauf-Wurf 133–137, 141
    Stromauf-Zupfen 139–141

Überkopfwurf 93, 102
Unsichtbarer Fisch, Ausmachen von 50–54
Unterwasserfliegen (subsurface fly) 81–82, 95, 97, 110–111, 114, 150–152, 165–168, 170–172, 174, 175
Unterwasser-«Ring» (Steigzeichen) 51–52
USD «Black Gnat» 94, 95, 180
USD Maifliegenspinner 95, 164–165
USD Paradun 94, 151–152, 154–159, s. a. Dun, künstl.
USD Para-Blaugeflügelte Olivfarbene 159
USD Para-Blaßwasserfarbene 159
USD Para-Olivfarbene 95, 159
USD Poly-Fasanenschwanzspinner 163
USD Poly-«Orange Spinner» 163
USD Poly-Rotspinner 163

USD Poly-«Yellow Boy» 163
USD «Sherry»-Spinner 162
USD Weißdornfliege 95, 180–182

Verhaltensweisen der Forelle s. a. Nahrungsaufnahmen, Standplätze, Steigzeichen
Geschwindigkeit 49, 55–56, 57
Vierteldrehung (Steigzeichen) 52–53
Vorfach
Anbißzeichen am 130
gefettet 92, 104
für Nymphenfischen 113, 118–119
Sichtbarkeit 92, 104

Wasser
Beobachtung 24–28
Bewegung gegen Strömung 27
gekräuseltes 24, 28, 50–51

ruhiges 24, 28
Störungen der Oberfläche 34, s. a. Signale, Steigzeichen, Strömung
Waten 20, 93
«Wedeln» (Steigzeichen) 53–54, 57–58
Wehrkolk (Wehrgumpen)
Standplatz 37–38
Stauwasser vor 38
Werfen
Horizontal (Seiten-)wurf, Vorzüge 93, 102, 141
Nymphen-Anbieten 114–119
stromab 112, 138–144
Überkopfwurf, Nachteile 93, 102
Widerhakenlose Haken 184–186
Wirbel, nierenförmiger 59–60
Wright, L. M. jr. 143

Zuckmücke 143–144